岩 波 現 代 文 庫

越境する民

近代大阪の朝鮮人史

杉原 達

Toru Sugihara

学術 463

岩波書店

目　次

注記

一、本書では、在日韓国・朝鮮人を総称して在日朝鮮人と記述している。

二、資料のなかには、不適切な表現が散見されるが、そのままに記載した。

三、資料の引用の際には、カタカナをひらがなに、また旧字体の漢字を新字体に直した。

四、〔 〕内は、著者による補足である。

五、章によって、~さん、~氏などと呼び方が不揃いになっているが、その時々の文章の流れに従った。ご理解いただければ幸いである。

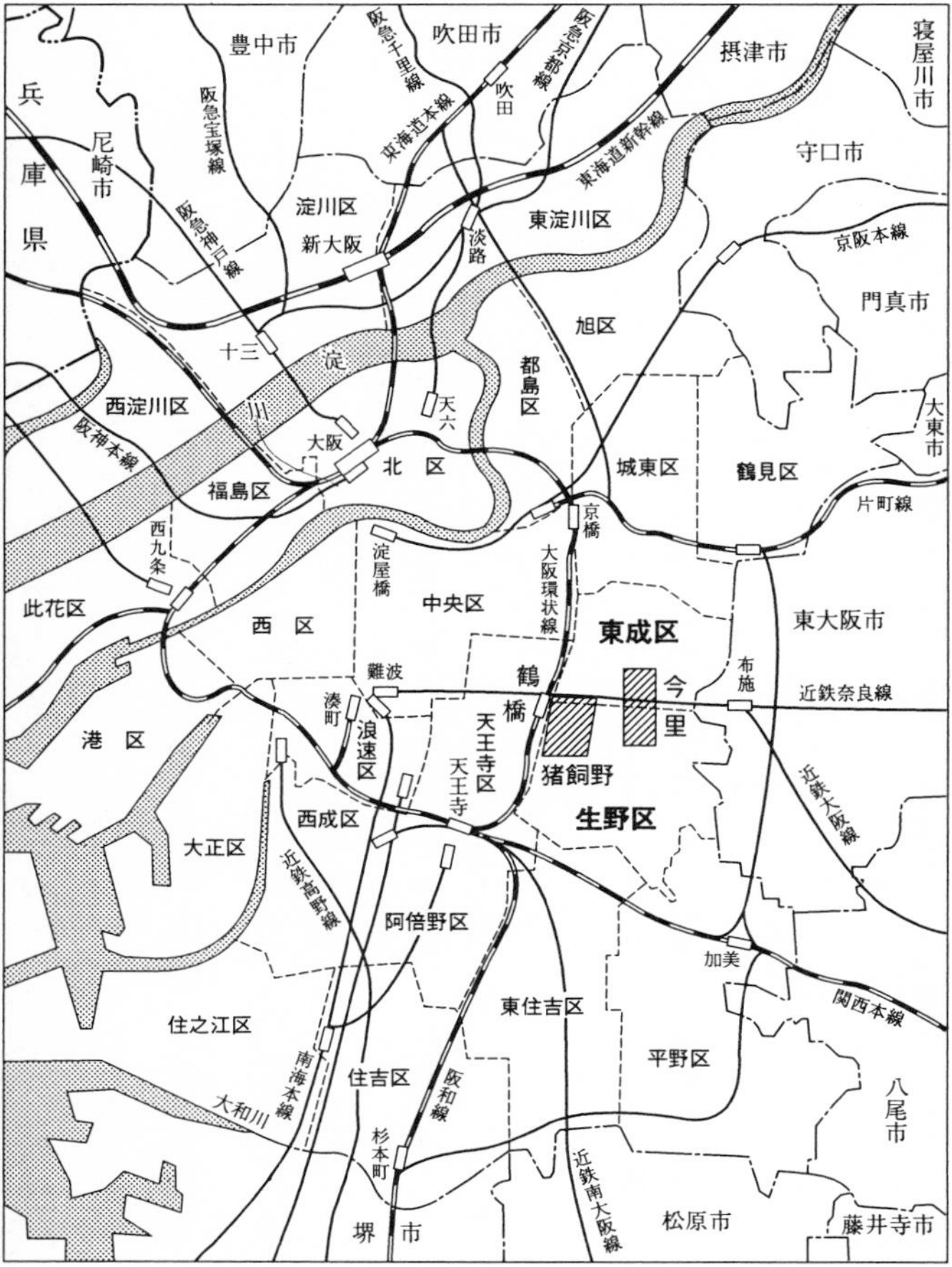
豊中市
吹田市
摂津市
寝屋川市
兵庫県
尼崎市
阪急宝塚線
阪急千里線
阪急京都線
吹田
東海道本線
東海道新幹線
守口市
阪急神戸線
淀川区
新大阪
淡路
東淀川区
京阪本線
門真市
旭区
十三
淀川
都島区
天六
西淀川区
阪神本線
大阪
北区
城東区
鶴見区
大東市
福島区
京橋
片町線
西九条
淀屋橋
大阪環状線
中央区
此花区
西区
東成区
東大阪市
難波
鶴橋
今里
布施
近鉄奈良線
湊町
浪速区
天王寺区
港区
猪飼野
生野区
近鉄大阪線
天王寺
西成区
大正区
近鉄高野線
阿倍野区
加美
住之江区
東住吉区
関西本線
南海本線
住吉区
阪和線
平野区
八尾市
大和川
杉本町
近鉄南大阪線
松原市
堺市
藤井寺市

大阪市

序章　大阪・今里からの世界史

第一節　上方落語「代書」をよむ

　大正期から昭和前期にかけてのことである。上方演芸において次第に力を増してきた漫才重視・落語軽視の風潮に反発し、その路線を推進する吉本を脱退して、上方落語の孤塁を守ろうとするグループがあった。五代目笑福亭松鶴を中心に「楽語荘」(大阪市東成区片江にあった松鶴の自宅におかれた)に集った同人たちがそれである。四代目桂米團治もその流れに棹さす一人で、落語を演じるだけでなく、その個性的な観点と優れた文才をもって、ほぼ月刊で発行された機関誌『上方はなし』の編集にも携わりながら、落語の復権に力を尽くしていた。その間、一九三八(昭和十三)年には、代書人の資格をとって、「楽語荘」のすぐ近くの東成区大今里の自宅で代書屋を開業し、糊口をしのいでいたことがあった。

　彼の手にかかる新作落語「代書」の初演が、行論上、問題とはなるが、今のところ、恐らくは一九三九年(昭和十四年)四月十五日(土)午後一時より、大阪の松屋町内本町の松竹座で開催された『『上方はなし』を聴く会』で話されたのが初公演とみて間違いなかろう(『上方はなし』第三五集に掲載された「聴く会」の案内、および野崎万里「桂米之助君の新作『代書』を聴く」[同第三六集]、による)。まさに代書屋稼業の実体験に基づいての新作落語であったわけだ。四代目米團治を襲名したのは一九四三(昭和十八)年のことであるから、まだ二代目桂米之助を名乗っていた時分の話ということになる。

この「代書」という一席、色々なものを書いてもらいにきた客と、代書屋のおやじとのユーモラスな掛け合いが眼目である。弟子の桂米朝によれば、元来はじっくりと聞かせる落ちついた芸風の米團治にしては珍しい爆笑物で、もっとも得意とする出し物であったそうだ。

履歴書の代筆を頼みにきて、来歴を面白おかしく述べたてた挙げ句に、ちゃっかり代金を負けてもらう男や、結納の受け取りを書いてもらうはずなのに、代書屋の使う墨やさらには筆遣いが気に入らず散々文句をつけた後で、結局依頼を取り下げて帰ってしまうご隠居など、にぎやかで風変わりな客が続いた後に、一人の男が入ってくる。

「ハイ。チョド物をタツねますカ、アナダ、トッコンションメンするテすか」
「変ったたんが来るなア今日は。トッコン、ショメンて何や」

「解らんテすか。ワダシ郷里《くに》に妹さん一人あるテす。その妹さんコント内地きてボーセキてチョコーするてす。その時警察《ケサツ》テ判貰わぬと船乗れぬテス。タカラ警察へ判貰う願書《ネカイ》タステス」
「アア渡航証明かい」
（引用は、『上方はなし』第四六集、一九四〇［昭和十五］年五月、から）

すでにこの冒頭のやりとりの中に、いくつもの問題が含まれているだろう。まず「渡航証明」とは何であったのか。一九一〇年の併合によって、日本の植民地体制下に組み込まれた朝鮮からは、形式的には日本「内地」への渡航は自由であった。だがそれはあくまで形の上のことで、実際にはさまざまな制限と勧誘という、一見したところ矛盾するような二つの方向が併存していた。

制限というのは、第一に抗日民族運動家を取り締まるという政治的事情、そして第二に日本の労働市場の安全弁として、好不況に応じて弾力的に規制することをさしている。他方、勧誘というのは、低賃金の肉体労働者に対する需要を満たすためには、むしろ朝鮮人労働者を積極的に導入することを望む動きがあったことをさしている。日本の工業化の進展に伴って、景気の変動はあっても、とりわけ苛酷な労働現場での重労働に携わる労働力への需要は根強いものがあった。炭鉱や紡績工場がその典型であったことは、いうまでもなかろう。

このように、自由渡航という建前の下で、実態としては厳しい渡航管理が行われていたのである。「代書」が語られていた時代、朝鮮の警察署の発行する証明書がなければ、そもそも合法的に朝鮮人たちは日本へ渡ることができない仕組みになっていた。出稼ぎに行こうとする者が、この「渡航証明書」の交付を受けるには、警察に願書を出さなければならない。その際、行った先の日本の地で、確実に就職口があることを示す必要があった(後には一〇円の持ち金を示すことも求められた)。国家が人の流れをコントロールしようとする渡航管理政策は、くらしのなかの問題としては、たとえば代書屋への「願書」代筆の依頼としてあらわれたのであり、それは、わずらわしい手間とそれなりの出費をともなう面倒なことに他ならなかった。紡績女工として大阪へ働きに来ようとする妹のために、男が代書屋を訪ねてきた背景には、こういう事情があったわけである。

この依頼主の妹さんが、紡績女工として実際に大阪へ働きに来たかどうかは、確かめるすべもない。だが当時、済州島の若い女性が、続々と大阪へ渡って来たのは事実であった。彼女たちは、この話のように兄を頼ったり、親類縁者や友人をめざして、あるいは「トリシマ」(取締り)と呼ばれる朝鮮人男性に引き連れられて、大阪各地の紡績工場および寄宿舎へと向かった。「女は紡績、男は職工」という言い方は、とくに済州島出身者の場合、鮮やかに当てはまった。一九三四(昭和九)年の時点で、済州島出身の在日朝鮮人女性二万人余り(ちなみに男性は三万人弱であった)の職業をみると、紡績工は約五四〇〇人で断然トップを占めていた。それに続くゴム工が約一八〇〇人、ミシン裁縫工が約一二〇〇人であったことを思えば、その圧倒的な位置がわかるであろう。

代書屋に語る兄の話によれば、彼らの故郷は「翰林面上摹里」である(上摹里は大静面に属するがここでは問わない)。翰林面も、またその南に隣接する大静面も、済州島の西部に位置しており、当時の調査によれば、日本への渡航者が多く、とりわけ紡績女工の出身地として名高い地域であった。この妹さんが大阪をめざしたとすれば、その道筋は、翰林または摹瑟浦から島を西回りにぐるっとほぼ一周して済州・城内に至り、そこから荒波で有名な玄界灘を越えて下関に着き、そして瀬戸内海を大阪に向かったにちがいない。「警察テ判貰わぬと船乗れぬテス」と兄さんは言ったが、彼女が乗った船は、「君が代丸」というまことに象徴的な名前を持った千トンにも満たない連絡船であったにちがいない。

兄さんが大阪へやって来たのは、いつだったのだろう。昭和の初めの頃であれば、兄さんの乗った船は、尼崎汽船部の「君が代丸」か、朝鮮郵船の「京城丸」であったろうか。それとも鹿児島郵船の「順吉丸」に乗って来阪したかもしれない。あるいはひょっとしたら、済州島の住民および在阪の済州島出身者たちを合わせて一万を越す組合員を結集し、日本資本の船会社に対抗して自主的に組織された東亜通航組合の「伏木丸」であった可能性も大いにあろう。だが官憲による激しい弾圧と、船賃のダンピング競争の結果、この航路で生き残ったのは「君が代丸」だけだった。日露戦争の時に上海で武装解除されたロシア艦を貨客船に改造したこの船は、船首が異様に前に張り出すという旧式の軍艦の姿をとどめており、戦前多くの船で賑わった大阪・築港桟橋でも、一際目を引いたそうである。そして朝鮮語では「クンデファン」と読むその船名は、大阪に住む済州島出身の年配の人々に、今なお複雑な思いと共に記憶されている。

思わず話が脱線したようだ。船をめぐる物語は後の楽しみということにして、兄さんと代書屋のおやじとの会話に、話を戻そう。

警察に出す願書を書くには、まず身分関係を明らかにしなければならない。いきおい持参の戸籍抄本に基づいて、必要事項を記載することになるのだが、これが大変なシロモノであることがわかってくる。とっくに亡くなったはずの戸主が存命中であり、しかも願書を出す妹さん当人が「そんな十八の女の子なんて、戸籍に載ってないがナ」という状態なのである。何ともはや、これでは申請どころではなかろう。このあたり、日本の法制度が済州島民衆の伝来の生活スタイルに網をかけていく状況の一端が、期せずして描かれている。そもそも「戸主」を軸として「家」を管理する戸籍制度とは、日本が植民地統治の過程で、「朝鮮民事令」や「朝鮮戸籍令」の制定を通じて進めた民衆統制の手段であり、しかも「朝鮮戸籍」と「内地戸籍」の間には、特殊な場合を除いて前者を後者に移すことはできないという絶対的な差別の壁が存在していたのである。ややうがった見方をすれば、このはなしが一九三九年のことであるから、併合以来三〇年の支配でも、このように網の目から漏れ落ちる庶民の暮らしが存在したこと、にもかかわらず渡航証明書の提出というハードルによって、やはり管理の中に組み込まれていかざるを得なかったことが示されていると言えるかもしれない。

ともあれ、主客のやりとりがひとしきり続いた後の結論はこうであった。

「土台戸籍が無茶苦茶や。先に戸籍を整理せん事にはどんな願書出したかて許可にならへん」

「そテすか。そんならパン事、よろしく頼むテす」

「宜しや、鳥渡手間取るが待ってや。まず死亡届。死亡届失期理由書。出生届。同じく失期理由書……アア漸う出来た。しかし是れ科料《バッキン》取られるで」

目当ての「渡航証明」を取るには、その前に多くの面倒な書類を書いてもらわなければならず、また罰金も科せられそうだということがわかって男は仰天する。

「パッキン要るテすか。何んぽ要るテす」

「そら解らん。裁判所から書き附けが来るのや。五十銭以上十円以下……」
「チュウ円ッ。チュウ円ッ。そらいかんテす。ワタシもう止めるテす」

一〇円といえば、済州島から大阪までの船賃にほぼ匹敵する大金である。事態が容易ならざることをいやというほど知らされたこの客は、最後に、

「チニーヤ、タルキマニ」
「シルバシヤカンリ。内地コトパ解ラン解ラン。テレカンリョウロ。ヒレパレヒレパレ。左様なら。……」

と言って店を飛び出していくのである。

この最後の表現は、済州島の方言である。済州島出身の方にお聞きしたところ、表記が音韻をふまえていないので、正確な訳は困難なのだが、おおよそ意味するところ、「何たることだ。代理で書いたんだから、支払いは待っとくれよ」というあたりか、と教えていただいた。

ここで私がこだわっておきたいのは、米團治が、耳に響いた済州島方言を、民衆娯楽たる落語の言葉として写し取っていた点である。そのことの意味を、やや詳しく考えて

おきたい。テキストにみられる両義性は、生活次元の両義性と深い関係をもつにちがいないからである。

「中濱代書事務所」（米團治の本名は中濱賢三であった）が開かれていた今里は、大阪のなかでも、屈指の朝鮮人、とりわけ済州島出身者の集住地域であった。近くに朝鮮人が住んでいることは、付き合いが深いということを意味するわけでは決してない。視野に入っているはずなのに見えていないという関係が成り立つことは、大いにあり得る。あるいはまた日常的な出会いがあるからこそ摩擦や矛盾も多く、日本人側が侮蔑と排除の感覚を研ぎ澄ます場合の方が多いとも言わねばなるまい。

米團治が、朝鮮人に対する当時の社会意識のなかで生きていたことは、紛れもない事実である。一般に存在した差別的なまなざしから、まったく自由であり得たはずはない。日本語の発音の困難をあえて強調して「朝鮮人らしさ」を際立たせるという類型化された人物づくりにも、その一端はうかがえるだろう。あるいはまたこの話には、戸主が虎に食われて亡くなったというくだりが出てくる。そこには、朝鮮出兵時の加藤清正の「虎退治」の伝説も一枚かんでいるだろう。この設定には明らかに文明とは縁遠い存在というステレオタイプ化された朝鮮人像が前提されており、それを文明の「大大阪」と対比することによって笑いをとるという手法には根深い問題が存在している。というのも、いうなれば優越意識の共同体が、噺家と聴衆とが一体となった場において成立し共有されるからである(桂米朝は、インタビューに答えて「そら戎橋松竹でも京都の富貴でも『代書』やったら客席わんわんわかせてた」「あれほどはじめからしまいまで受けるネタはありませんでした」と語っている。『上方芸能』第九三号、一九八六年)。

だがそれにもかかわらず、このストーリーの細部には、見落としてしまいかねないような、しかしきわめて重要な事実が記されてもいる。一例をあげよう。客の持ってきた戸籍抄本を見ながら、代書屋は問う——。

「戸主李大権……開国四〇六年生れ……これ明治何年や」
「今から九十五年前《チュウコ》デス」
「甚い長命《ながいき》やねナ」

日本統治下の朝鮮では、もちろん「明治」「大正」「昭和」という元号が使用された。だが戸籍記載については、「旧韓国時代ニ出生シタル者ノ出生年月日ハ旧韓国年号ヲ以テ記載ス」とされ、併合以前に生まれた朝鮮人の戸籍には「旧韓国年号」による表記がおこなわれていた。それが開国紀元であり、「李氏朝鮮王朝が成立した一三九二年を元年とする紀年法で、李氏朝鮮末期に使われた」(金英達「韓国・朝鮮の年号」『むくげ通信』第一四〇号、一九九三年九月)ものである。金氏によれば、韓国は、甲午改革の中で「一八九四年、従来用いていた清国の年号を廃し、自国の公用年号として開国紀元を採用（西暦一八九四年は開国五〇三年）」したのであった。それゆえ「開国～年生」という記載には、併合前の朝鮮のナショナリズムが反映されているのであり、さりげない細部に思わぬ史実が定着させられているといえよう（ただし戸主が開国四〇六年生まれとするならば、西暦では一七九七年にあたり、年代としては整合性に欠けるように思われる）。

またこの問答のなかで、兄さんは「開国何年」と朝鮮の年号で語り、代書屋は「明治何年や」と問う。これに対して客は「九五年前です」と答えている。そこには朝鮮人労働者にとって日本の元号がなじみのないものであることが示されている。これまた些細なことながら、考えさせられ納得させられる一件ではあるだろう。

一席を聞き終えると、「この客、ムチャを言いよる難儀なやっちゃ」と苦笑する代書屋の姿がありありと目に浮かんでくるようだ。とはいえおやじの嘆息は、駆け込んできた済州島の客を否定し去る性質のものではあるまい。このことは言説の全体を総合的に視野におさめるならば、一段と明確になってくる。先にも記したように、「代書」のなかのこの部分は、客が日本語とは異なる表現をふりまきながら退散する形で終わるのであるが、そこでは不完全ながらも済州島の言葉が使われているのである。一般的にいって、異世界から来た他者の表現を誰もが写し取れるわけでは決してない。くらしのなかで接する機会がある場合でも、他者に対する共感と反発の両義的な方向が常に併存している。やはりこの場合でも、生活の場における具体的な位置のとり方、関係のもち方が、こうした叙述を可能とするかどうかの分け目となっているのであり、職業上の体験と生活上の実感とに支えられた米團治の個性、そこから滲み出る他者への豊かなまなざしに規定されての済州島方言での表現だったとみることができよう。

くらしのなかの排外意識の問題性は、常に具体的なできごとに即して現れるものである。排除と同化強要がセットとなって、異なる文化的背景をもつ人びとに対する圧力として作用し、ステレオタイプ化された朝鮮人像が、広く社会的にまた地域のなかで蓄積され、そして諸個人の意識を規定してきた歴史と現実が確実に存在している。この意味では、米團治も、そしてまた私たち自身も例外ではあり得ない。だがその場その場のせめぎあいのなかで、オールタナティブな方向はあり得るのであり、だからこそ他者に対する誠実な理解へと道を開いていくような可能性が、掘り起こされ継承されるべきであろう。米團治の生活史に疎い者として軽々しいことは言えないのだが、朝鮮民族の言葉を、このような形で自身の仕事の中にさりげなく書き留めていたことに感じるところは多い(なお大衆演劇における朝鮮および朝鮮人像については、川村湊「曾我廼家五郎劇の『朝鮮人』」『季刊青丘』第九号、一九九一年、を参照のこと)。

さてこの「代書」は、桂米朝をはじめ三代目桂春團治や二代目桂枝雀なども得意の噺のひとつとしているようだが(偶然ながら、一九九三年、四国・松山に向かう飛行機内でイヤフォンを通じて、桂小南の語る「代書屋」一席を楽しませてもらったこともある)、本章で紹介した箇所は演じられていないようだ。しかしながら、桂米團治の創作落語「代書」とは、他の箇所の味わいもそれぞれに深いものであることを充分に認めた上で、なおかつこの部分にこそ、米團治をおいて他には創り得なかった値打ちが存在するのであり、その深みと緊張を、人びとの交わりと笑いの中に読み取っていきたいと思う。上方落語「代書」は、ことほど左様にさまざまな想像をかきたててくれる名作であるといえよう。

第二節　今里の現在

かつて米團治が代書屋を営んでいた大阪市東成区大今里は、現在は地下鉄千日前線今里駅の界隈である。昔も今も今里ロータリーと呼ばれるそこから南へ数分も歩けば、近鉄奈良線の高架にぶつかり、ガードをくぐると生野区に入ってくる。

大阪市生野区。大阪市の東南部に位置し、東大阪市と境を接している。元来は東成区の一部であったが、一九四三(昭和十八)年に分離し、独立した区となった。現在、人口約一六万のこの街の住人のうち、四人に一人は在日朝鮮人である。なかでも「猪飼野」と呼ばれる地域は、在日朝鮮人の比率がきわめて高く、またその中でも済州島の出身者が非常に多い。この地域については、通称「国際市場」や「朝鮮市場」の焼肉屋、キムチ屋また民族衣裳店が、エスニック・ブームにからんで時折テレビで放映されたり、あるいは地域の在日青年たちの創意工夫から始まり、十周年をすでに数えた「生野民族文化祭」の存在などで、徐々に知られるようになってきた。「昔は『日本国猪飼野　金某行き』で郵便が届いたものだ」という伝説は、在住者のネットワークの強さを示す例として、この地域について語る人々がしばしば引用する話である。

バイリンガルを体験したければ、まずは生野区内の病院へ行くことをお薦めしたい。耳鼻科、歯科、内科……、どこもお年寄りが大勢いるが、体験的に言えば、極めつけは眼科だろう。そこは一世のハルモニ(おばあさん)たちの社交場でもある。そしてとりもなおさず、朝鮮語と日本語が混ざり合って飛び交う空間である。あるいは端的に言って、済州方言と大阪弁が重なり合いながら、それぞれ自己主張をしている世界なのである。

さて「代書」の舞台となった東成区の大今里から、ほぼ東南に方角をとると、そこは生野区の新今里である。引き続きこの「今里」一帯に目を向けてみよう。この街には二つの顔があるように思われる。

第一の顔は、生野、東成そして東大阪とつながるこの地域の在日朝鮮人たちに共通のものである。この一帯に住みついた在日朝鮮人が、戦前から担っていた仕事といえば、食品加工やゴムやガラス製造業、あるいはまた金属加工の下請けといった部門であったが、とりわけ工や遊興業などを別にすれば、今なおそれらは在日の主要産業を構成している。

けヘップ・サンダル(ケミカル・サンダル)の製造は、この地域の看板といってもよいだろう。

生野在住の在日シンガー、ホン・ヨンウンのアルバムには、在日の野球選手・張本勲を歌った名作「走れ！　背番号一〇番」や、越境せざるを得なかった家族への深い思いを綴ったいくつもの作品があるが、また生野のしごとやくらし、実感や夢を歌ったものも多い。たとえば、

「ミシンの音が　ギシギシギシ
シンナーのにおいが　鼻にしみるぜ
お前もおいでよ　俺の町へ」(「俺の町」)

といった具合だが、なかでもリズミカルな、あたかもミシンの音にあわせたような調子の「アチャッキマン」は私の好きな曲のひとつだ。

「糊の匂い　プンプンプン
アチャッキの音　シュッシュッシュッ
アチャッキ踏んで　日が暮れてく

チャッチャッチャッ　アチャッキマン
アチャッキ踏んで　明日が来たら」

ヘップ・サンダル製造の作業工程のなかで、「貼り工」が担当するのは糊付けの部分だが、その際使われるのが圧着機である。歌詞にある「アチャッキ」とは、この圧着機の現場での通称だ。こうした伝統的な家内工業では出来高払いが普通であり、それゆえに家族総出の刻苦奮闘、忙しければ日曜日もなく早朝から深夜まで繰り返される肉体消磨的な労働世界が、相変わらず現在まで続いているのである。有機溶剤のにおいがただよい、ヘップ・サンダルのためのゴム地を切る裁断機が「ガッチャガン」と間歇的に大きな音をたて、動力ミシンが「ズズッ、ズズズーン」と持続低音のごとくに家々を共震しながら響きわたり、そして材料と半製品を家から家へと受け渡しする軽トラックが、あちこちの狭い路地裏を走り回る街であると形容すれば、おおよそのイメージが描けるであろうか。

さて今里の第二の顔は、猪飼野とはちがうこの地域特有の近代史に関わっている。ホン・ヨンウンの歌でいえば、これも私の好きな一曲である「ダンボールの町」に登場する今里商店街を通り抜ければ、もうそこは今里新地の世界である。昭和の初めに、この地に今里新地が開かれて以来約七〇年、ここは、大阪市東部の「遊興地」として、南部の飛田新地などと並んで、特別な位置を占めてきた一帯であった。一九二九(昭和四)年の年末に、芸妓一三名をもって開業した今里新地は、一〇年後にはその数も二四九四名に激増しており、当時の人気ぶりがうかがえる。元来の中心地は当時の大阪電気軌道(現・近鉄)の北部にあったが、戦災で消失したこともあって、戦後の急速な復旧過程では、生野区側の今里新地が名実ともに中心となった(生野区役所総務課『生野区五〇年の歴史と現況』一九九三年)。

ついこの地域の略史にふれたが、現在の今里新地に入ったとき、他の新地とは大きく異なる特徴があるのが、この一帯である。それは、たかだか一辺一キロにも満たぬほぼ正方形の界隈で、三千里、アリラン、……といった名称の店はもとより、韓国料理ソウル屋、料亭慶州、焼肉釜山亭、クラブ大邱、居酒屋新済州という具合に、たとえて言えば、韓国の主要都市がぐるりと一回りできるほどに、朝鮮・韓国にまつわる店が多いことである。さらに言えば、南山といったソウルの中の街の名前をつけた店もあれば、少し離れたところにはハルラサン(漢拏山、済州島の中央部にある火山の名前)という名のローカルといえばローカルな、しかしいかにも固定客のありそうなスナックがあったりもするのである(とはいえ店じまいになってしまったようだが)。

ところで、猪飼野で育ちそこに暮らす金徳煥氏が、雑誌『済州島』(発売・新幹社)に連載している「新・猪飼野事情」は、この地域の生活を自然な形で内から伝える貴重な記録である。そこでは在日朝鮮人が、「一世」「新一世」「新々一世」という三つの系列に分けられている。

「一世」とは、日本の植民地支配の直接の結果として戦前に来日せざるを得なかった世代である。困苦の中で生活を切り開いてきたこの人々も、年と共に少なくなり、現在では在日朝鮮人の中で一割に満たなくなってきた。もちろん生涯現役で活躍する方々もいるとはいえ、その子孫にあたる二世・三世が、労働と生活の中心世代となっている。

「新一世」とは、戦後高度成長の時代に、済州島をはじめ韓国各地から「どんぶらこ」とも呼ばれる「密航船」に身を潜ませて渡ってきた人々である。今はアジア各国の追い上げにあって後退を強いられているが、猪飼野のヘップ・サンダルは、最盛期には一日一二万足、日本の生産高の六割を担ったという。このヘップ産業に従事するために「親類を頼り、働き場を求めて、数多くの済州サラム(人)がこの猪飼野の地にやってきた。そして、五年、一〇年、時が経るうちに家庭をもち、工場をもち、『特別在留許可』を受け、その街に定着するようになった。その結果、いまや猪飼野は、八五パーセント以上が済州島出身者の街となった」と、金氏は述べている(同誌第一号、一九八九年)。

そして「新々一世」とは、近年続々と韓国とくに済州島からこの地域へ入ってきている人々をさしての表現である。

猪飼野と同様に今里でも、「一世」およびその子孫である在日二世・三世と「新一世」

がそれぞれに生活と労働をしてきたわけだが、数年来、とくに新地周辺には、新しい風が吹き始めてきたようだ。「新々一世」の登場がそれである。一九八九年以降、韓国の三十歳未満の青年たちにも外国旅行自由化の波が押し寄せたことの結果であろう、その前後から、韓国語で会話をしているファッショナブルな若い男女の姿が、今里界隈で急速に増えてきた。新地のみならず大阪各地の韓国料理屋やスナックに勤めたり、あるいは各種のサービス業に従事する彼らは、手軽で新しいマンションに共同で部屋を借り、夕方頃から活躍をはじめるのである。彼らの増大にあわせるかのように、この地域でも、ワンルーム風マンションが林立した。そして韓国ビデオ・ショップや、看板がハングルのパーマ屋が相次いで誕生し、さらには二四時間営業をうたった韓国居酒屋もオープンしている。そういえば、ごみ・ステーションの掲示板が、日本語とハングルでバイリンガル表示化されるようになったのも、何年も前のことではない。こうなってくると、とっくに消えてしまったかのようにみえた代書屋という商売、案外、新しい形で求められる仕事として復活するのではあるまいかと思ったりもする。

だが新しく流入してきたのは、実は若い人々に限らない。目立たないながらもけっこう年配の、とくに女性たちも確実に増えているように思われる。たとえば、昨夜の宴の跡を早朝より片付け洗い流したり、目新しいインテリジェント・ビルを清掃する作業をしているのは、その服装と雰囲気から、一目で「新々一世」とわかる中年の人々である。

また人気の高いキムチ商店の作業場で、にぎやかに仕事に励む女性たちもいる。韓国式のおんぶの仕方をしたハルモニやオモニたちが、小さい子を背負って散歩している姿もよく見かけるようになった。かつては当然ながら見慣れた風景であったろうが、少なくとも一〇年前には、そうした子守姿を、ほとんど見かけることはなかった。それが明らかにぐっと増えているのである。

最近の国際労働力移動に関する研究によれば、大都市における情報化・サービス化の進展が、新しい仕事口を外国人労働者に提供する面があるという。具体的にいえば、二四時間コンビニエンスストアの業務、ビルの保守とくに清掃、ベビーシッターなどがあげられよう。確かにこうした点のいくつかは、このところの今里の変容についてもなるほどと感じるところがある。

八〇年代末以降の出稼ぎ労働者である「新々一世」の中には、三Kと呼ばれる土木建設作業や工場内労働に従事する人たちも多い。今里でも、街角の国際電話から故郷の家族に電話をしたり、仕事の情報交換をしているらしい姿をよく目にするようになった。先に今里には二つの顔があると述べたが、「新々一世」はそのいずれにも入ってきている。第一の顔、つまり「一世」「新一世」につながる従来からの在日朝鮮人産業に入っていく流れは、決してなくなったわけではない。とはいえもっぱら第二の顔に即して「新々一世」を取り上げてきたのは、やはりその登場の仕方が今里の特殊性に関わっているからである。

こうした近年の現象は、地域の日本人、定着している在日朝鮮人、そして新たな人々の間に、さまざまな文化摩擦を引き起こしつつある。それは、一面で一九二〇〜三〇年代に朝鮮人労働者が続々と大阪へ渡ってきた時に生じた諸問題の再現であると共に、他面では日本の産業構造や消費志向の急速な変化を反映した新しい諸問題をも背景としているだろう。節をかえて、ちがった角度からいくつかの問題を論じてみたい。

第三節　くらしの中のオリエンタリズム

「国際化」という現象を、自己と他者の関係、他者に映じた自己の姿の問題として、批判的に考えようとする時、E・サイード『オリエンタリズム』(平凡社、一九八六年、文庫版、一九九三年)は、今や必須の参考文献になった感がある。サイードはオリエントに関する欧米の文学・思想・科学等の膨大な言説を分析して、それらの中にあっては、オリエントは、それ自体としては常に受動的・後進的・従属的な存在でしかなく、西洋によって注目されてはじめて意味を持ち、また救済されるような存在であり続けてきたことを暴き出した。つまり「オリエンタリズム」とは、単なる東洋趣味などではなく、オリエントに対する思考の様式かつ支配の様式に他ならないことを明確に打ち出したのである。

そしてこのサイードの問題提起を、日本近代史における知と権力のあり方を再検討するための手がかりとして、また現代に生きる私たちの他者認識、とりわけアジアや在日外国人に対する視線を問い直す上での不可避の課題として受けとめ、「日本的オリエンタリズム」の問題として再提示しようとする傾向が出てきた。姜尚中氏の論考(「『日本的オリエンタリズム』の現在」『世界』一九八八年十二月号)は、その先鞭をつけたものであり、氏のその後の一連の業績(たとえば『オリエンタリズムの彼方へ』岩波書店、一九九六年)も注目される。また『岩波講座　近代日本と植民地』(全八巻、一九九二〜九三年)も、ある意味では「日本的オリエンタリズム」の問題を意識した企画であるともいえよう(とくに第七巻『文化のなかの植民地』をみよ)。

ところでサイードの豊かな議論のもっている不充分点のひとつ——というよりも後続の者たちが発展させるべき論点のひとつ——は、「内なる他者」を外部に投影・疎外することによって、オリエンタリズムが成立するという関連のもとで、彼が「犯罪者・狂人・女性・貧乏人」といった西欧社会内部の「嘆かわしい異邦人的諸要素」と、西欧社会外部の「オリエンタル」と目される存在・諸要素との通底ないし相関関係に注意を促しているにもかかわらず、実のところ立ち入った分析を示していないようにみえることである。

この点に関して、姜氏が、日本的オリエンタリズムを「アジアの中にあって、アジアと日本との間に越えることのできない境界線を引き、こちら側のなじみ深い『自分たちだけ』の空間の彼方にアジアというステレオタイプ化された空間を想定することで自分たちのアイデンティティーを確かめようとする文化的ヘゲモニー」の問題としてとらえている点に注目したい。氏によれば、このヘゲモニーの浸透に際して、在日朝鮮人が大きな役割を果たしてきたのであった。つまり彼らは、「みすぼらしいアジア」を目にみえる形で体現する「内なる他者」であり、排除されるべき存在であると共に、他方では閉じられた空間の内部で日本人だけの一体感を味わう上では、むしろ必要な存在として、重要な位置を与えられてきたのである。ことあるごとに噴出する「文句があるなら国へ帰れ」という排外感情は、侵略史に対する無視の結果であるとともに、在日朝鮮人の自己主張は、安定した日本社会の秩序に敵対するもの故に認められないという意識に支えられている。

地域の中での朝鮮人一世に対する日本人の一般的なまなざしは、まさにこのような日本的オリエンタリズムそのものであり続けてきたといえよう。また「新一世」に対しては、「一世」にもまして「密航者」というレッテルが、絶えず貼りつけられてきた。そこには、一九四八年に済州島で起きた四・三事件の関係者も多く含まれている。彼らは「雑多で不潔で無秩序で、何をはじめるかわからない遅れたアジア」を背後にひきずった「不法入国者」とみなされ、そのことによって上述の日本的オリエンタリズム像は、一段と凄味と現実感を帯び、地域の中で浸透していくことになったのである。現在進行形で入ってきている「新々一世」に関しては、もちろんこの線が維持されつつも、これに加えてエキゾチックな新奇さに対する興味本位の視線も、やや複雑にからんでいるようでもある。だが風俗習慣から文化の諸相に関わるギャップが小さいはずもなく、「新々一世」の行動が既存の秩序と衝突することは、今後ますます日常化するであろう。そしてそのことが、地域に長く定住してきた「一世」「新一世」およびその子孫への日本人側の視線に投影して、従来からの牢固たる排除感覚がより厳しくなり、「やっぱりこの人たちも、最近来た連中と同じだ。油断できない」という形で、排外的・閉鎖的な姿勢が一段と際立つ可能性が予想される。つまりオリエンタリズムは、圧倒的な力として、地域の中に、くらしの中に君臨しているのが現実であることを避けるわけにはいかないのである。

ところで留意すべきことは、「新々一世」の登場が、彼らの先輩格にあたる在日の「一世」(そして二世・三世)および「新一世」の側にもさざ波を起こしつつあるという事実である。耳にした例をひとつだけ記しておこう。今里新地界隈の韓国クラブには、従来より相当数の在日二世・三世女性たちが勤めている。ところが「新々一世」の急速な流入によって競合関係が現れてきたのである。両者の間に生じたあるいさかいの中で出てきたのが、「帰れチョーセン」という怒号であったという。それは、日本の子どもから年寄りまでが、在日朝鮮人に対して、何十年来投げつけてきた言葉に他ならない。日本社会の規範を内面化し、支配的な生き方に同化することを社会的に強要され続けてきた「在日」が、新たに入ってきた同胞に対して、恐怖と排除の感情を抱かざるを得ないという民族分断の矛盾！　この点にこそ、オリエンタリズムの問題点が具体的な形で鋭く示されているだろう。

つまり西洋対オリエント、先進対後進といった二項対立の強調だけでは、オリエンタリズム論の理論的射程は、実はそう長くないのであって、主体の中での内部分裂が沈殿・深化し、そのことが人びとの関係を錯綜させていくというような矛盾に満ちたダイナミズムの中から照射し返すことによってこそ、この議論は生きてくるのではないだろうか。そしてそのためには、地域の中のオリエンタリズムという観点を立てることが不可欠のように思われる。これまでの日本的オリエンタリズム論にあっては、あたかもサイードがオリエントに関する欧米の文学・思想・科学などの膨大な言説を問題にしたのと同様に、日本の政治家や官僚、経済人や各分野の学者知識人が、アジアに視線を向け、アジアを語ったその言説の分析に力点が置かれてきた。だが以上のように考えてくるならば、そうした作業と並んで、一歩ふみこんだ生活の中の、地域の中の、くらしの中のオリエンタリズムを問う視角が自覚的に打ち出されることによって、オリエンタリズム論は一段と意義深いものになるのではあるまいか。

ここで、昨今マスコミを賑わしている外国人労働者問題の論じ方について一言しておこう。私は、この問題がしばしば在日朝鮮人問題と切断されたところで議論されていることに根本的な疑念を感じている。たとえば「新一世」は、オールドカマーとニューカマーの結節点の位置を占めている人びとである。その生活・労働・意識のありかたは、明らかに「一世」と「新々一世」の双方に重なっているといえよう。すでにみてきたように、今里という具体的なひとつの地域において、日本人、「在日一世」および二世・三世、「新一世」および新二世、そして「新々一世」のそれぞれが、共感と利益共同と対立と反発をもちつつ、相互に連関しあいながら、様々な矛盾の中を日々生きているのである。在日朝鮮人問題をその一環とする外国人労働者問題は、一方で世界的な動向としての国際労働力移動の共時的展開に注目しつつ、同時に他方では地域の中で具体的にあらわれるオリエンタリズムを問う形で論じられなければならないと、私は考えている。

生活や地域を語る時、もちろん素朴な実感のみを絶対視したり、ミクロ・ヒストリーに逃走して、全体的・構造的把握を回避する姿勢をとるべきではない。「地域からの世界史」という時、その問題設定の意義と共に限界、すなわち地域だけからでは見えない世界史があることをも自覚する必要がある。それらの点をふまえた上での地域における生活という「場」を設定する場合、分析の目的は、日本的オリエンタリズムの存在形態を客観的に明らかにするだけでなく、社会意識として普及しているオリエンタリズムとの格闘およびその克服に向けての主体的契機をさぐることにも置かれるべきであろう。そうした作業を通じてこそ、国際化をめぐるかまびすしい論議の中で、問題を根底的に考えるための道筋がみえてくるのではないだろうか。

ところで、「代書」について論じる場合、まずその前に心得ておくべき前提として、分析に関する手続きの問題があるだろう。つまり、①戦中・戦後に桂米團治が高座で語った話というレベル、②米團治が『上方はなし』に書き記したテキストというレベル、③桂米朝が師匠米團治の三十三回忌追善公演で、ほぼ原型のままに演じた話というレベル、そして②を読み直し、③の録音テープを聞き直しながら、①を①として想像しつつ、④自前の解釈を加えていくというレベル――といったいくつかのレベルの論理的な区別と連関という方法的な問題である。この点に注意を払うことの意味を念頭におきつつも、ここで私は、あえて「もし米團治が現在の今里によみがえったなら、あのまなざしをもって、どんな話題をすくい取ってみせるだろうか」ということに強引な問いをたててみたい。分節化されてゆく言説の構造を貫く論理の筋を確かめるべく、新作落語「代書」の意味をあくまでも現代にまでたぐりよせたいのである。

五〇年前に米團治がさりげなく語り振る舞っていたことを、私たちは今、新たな情況の下で、どのような形で受け継ぎ、そしてさし出すことができるであろうか――この問いに現在の地平から応答しているような、つまり大げさに言えば、大阪・今里界隈において「日本的オリエンタリズム」の浸透に対抗していく主体的な力をもった新しい試みを、ふたつばかり最後に紹介しておこう。

ひとつは、今里新地のすぐ南にある「天使の園保育園」と、それに隣接して一九九二年にオープンした「アジアハウス」である。この保育園では、韓国・朝鮮人の園児の方が日本人よりも多く、遊びや食事、あいさつのことばなどいろいろな面で、民族的配慮がなされている。こうした意識的なプログラムは、生野ではいくつかの園にみることができる。「天使の園」の場合、特徴的なことは、二〇年近くにわたって、毎年十月に「世界のこどもたち」という企画の下で、アジアを中心とした各国の歌や踊りを子どもたちが発表する場をつくってきた点である。日本班と韓国・朝鮮班は毎年開かれる定席となっており、その他に一～二の国や地域が各年入れ代わるという形である。担当者は例年、準備に相当な時間とエネルギーを費やしておられ、夏から始まる各班の練習は、毎日相当にハードなものとなっている。私がこの企画に感心するのは、この発表会が、日本の子どもと韓国・朝鮮にルーツをもつ子どもが、それぞれの文化を相互に学びあうというだけではなく、たとえばフィリピン、たとえば中国といった第三の文化にも同時に身体で接することを通じて、日本と韓国・朝鮮とを、よりひろいアジアのなかに置いてみる機会となっているからである。それは言うはやすいが、簡単なことではないのだ。

だが話はそこにとどまらない。こうした活動の積み重ねの中から、子どもたちのアジアとの出会いの場を、もっともっと日常的なもの、継続的なものにしたいという保母さんたちの願いが、地域の人びとへと広がって構想がふくらみ、まったくの手弁当で、アジアからの就学生たちのための寮と地域の学童保育所をセットにした「アジアハウス」の建設にこぎつけたのだった。「うみかぜの寮」と名づけられた寮では、これまで韓国をはじめ、中国、タイ、スリランカ、香港、モンゴル、ネパールなどからやって来た何人もの青年たちが共同生活をおくってきている。寮生たちが、保育園の子どもたちの人気者となって、「世界のこどもたち」の企画で活躍することも多い。寮を出て日本各地に移ったり、あるいは帰国した人びととのその後の交流も息長く続いているようである。なお、「アジアハウス」は、その他リサイクルショップ、老人向け配食サービス、子ども劇団など、地域に密着した活動もあわせて展開していることを特記しておきたい。

いまひとつは、今里の東隣りの小路という地域で、在日二、三世の青年を中心に留学生や日本人の若者たちの手によって、やはり一九九二年に開局した「FMサラン(愛)」である。電波法による出力制限で、聴取可能範囲は地理的になお限定されているけれども、ラジオという媒体を利用した形での地域交流の場が生まれたのは初めてのことである。

一九九五年一月十七日の阪神・淡路大震災の発生から五日目に、FMサランのスタッフは神戸市長田区に直行、日本語が不自由な一世やニューカマーの人びとも多い長田の街で、母語で必要な情報を提供することの緊急性と意義を訴え、協力を申し入れた。かくして神戸韓国学園に「FMヨボセヨ(もしもし)」が声をあげる。他方、被災ベトナム人救援連絡会議も、FMサランの支援を受けつつ、カトリック鷹取教会に「FMユーメン(友愛)」を立ち上げる。被災半年を区切りに両者は合体、かくして「FMわぃわぃ」が誕生したのである。その後同局は日本初の多言語によるコミュニティFM局として再編され、八カ国語で生活情報を提供している。

ここでふまえておきたいのは、FMサランの担い手たちは、放送のプロというわけではなく、ミニ放送局は彼ら・彼女らの日常の仕事や活動のなかの、大変重要ではあるが、ひとつの分野なのだということである。この点をしっかりおさえないと、小さなサランの大きな意義を見失うことになりかねない。他方で、FMヨボセヨ、FMユーメンの双方もともに、震災前から地道な地域活動をおこなってきた人びとが、担い手になっていったのであった。つまり生野でも長田でも、地域の現実に根ざした形で日本社会のなかの外国人の問題を考えていこうとする活動が、さまざまな矛盾のなかで小さくとも積み重ねられてきたからこそ、サランの精神が飛び火することが可能となったのである(杉原達「阪神大震災と多言語放送――ミニFM局の意義」『言語』一九九六年八月号)。

「世界のこどもたち」「アジアハウス」や「FMサラン」は、時にはあからさまに、時には隠微な形をとって現れる民族排外意識の大海に浮かぶ小さな島にすぎぬといえるかもしれない。たしかに生野地域内を貫くきびしい権力関係の中に位置づけてみるなら、この点はきわめて深刻なものであることは予見できる。しかし、にもかかわらずこれらの小島は、地域の中の諸問題を掘り下げることを通じて、実は地域を越え国境を越えて、別の島へとつながっていく力を備えていると私は思う。そのこころざしに学ぶこと、その一点に、米團治の新作落語「代書」に対する私の読みは向かっていくのである。先に「分節化されてゆく言説の構造を貫く論理の筋を確かめる」といったのは、まさにこの方向を指してのことであった。

上方落語「代書」を口火とした本章も、ひとまずまとめの体裁をとることにしよう。最後に、粗削りながら思い切って一般化して問題意識を再提示しておきたい。

近代日本の民衆のアジアとの出会いの歴史——その時その場で具体的に生じた矛盾とその突破の可能性——を「地域」の生活に即して問うていくためには、⑴歴史への視線、⑵現実への感覚、そして⑶理論的な構想力が求められているだろう。そのことを、ともかくも問題として差し出すことが、「大阪・今里からの世界史」という大仰な題を掲げた本章のささやかなねらいだったのである。

補節　「代書」補注

縁あって、「代書」の作者かつ演者であった四代目桂米團治ゆかりの方々から、お話をうかがう機会を得た。まず弟子の桂米朝師(一九九三年十一月九日、大阪市)、次いで弟子の三代目桂米之助師(九三年十二月九日、東大阪市)、最後にご息女の畑中笑子さん(九三年十二月二十一日、和歌山県)である。入手した文献資料なども活用しながら、序章の本文では説き及び得なかった点などを補っておきたい。

(一) 四代目桂米團治略歴

まず四代目桂米團治の経歴を、略述しておこう。諸芸懇話会・大阪芸能懇話会編『古今東西落語家事典』(平凡社、一九八九年)の上方篇「六、楽語荘の人々」の項目、および『米朝落語全集』第七巻(創元社、一九八二年)巻末に付された米團治関係の資料(とくに嘉納吉郎氏の手にかかる年譜)を基にしながら、関係者からの聞き取りの内容をまじえることにする。

一八九六(明治二十九)年大阪市道頓堀生まれ。本名中濱賢三。幼くして洗礼を受ける。

一九一二(明治四十五)年、三代目桂米團治に入門、二代目桂米之助を名乗る。畑中笑子

さんの記憶では、「父は十六歳から兵隊検査までの間、沖縄、台湾、支那、朝鮮へ旅行した。落語にも関係することをやっていたらしい。父は中国や朝鮮の人には親近感をもっていたように思う。支那には一回行ってみなさい、向こうの人は賢い、と語っていた」。

一九二二(大正十一)年、それまで所属していた浪花三友派が瓦解して、吉本興行部(一九三二年に吉本興業となる)の手に移る。翌年春、吉本を脱退。夜店出しをやったり、吹田操車場近くで食堂を経営した。「落語に惚れて芸人になったのであって、食べてさえいければ良いというわけではない」というのが本人の心意気であったようで、有望な落語家たちが漫才に転向したり、あるいは鳴り物などを手伝う形で楽屋詰めになっていく傾向に不満をもっていたという(桂米朝師談)。一九三〇(昭和五)年に初代桂小春團治とともに「桃源座」を組織、しかし半年ほどで再び芸界を退いた。

一九三五(昭和十)年三月に二代目笑福亭枝鶴が五代目松鶴を襲名、落語衰退への危機感から、翌三六(昭和十一)年四月に『上方はなし』を創刊した。第一集におさめられた「巻頭言」は短いものだが、松鶴の烈々たる気迫がうかがえる名文である。松鶴の自宅は「楽語荘」と名づけられ、同誌の発行所となった。一九三七(昭和十二)年には、松鶴らは吉本を脱退、落語へ力を注いでいくことになる。米之助は誘いに応えて、この潮流に身を投じ、『上方はなし』の執筆のみならず会計等雑務も担い、さらにはそのセンスを生かしてカットもよく載せている。だが同誌における米之助の決定的に重要な任務は、編集作業にあった。第一七〜二六集および第四七集の「編輯後記」は「中浜生」、第四八集のみ「静圃生」との単独署名をもって書かれており、また第二七〜三〇集は「中浜生」および「福島生」(福島弥太郎氏のこと)の二名による「編輯後記」となっている。なお楽語荘代表者・竹内梅之助および「上方はなし」編輯部・中浜賢三として本名の連署で出された第二四集(一九三八年[昭和十三]年四月)巻頭の一文「創刊二周年を迎えて」は、当時の同誌が、松鶴と米之助を両輪のようにして刊行されていたことを、遺憾なく示しているだろう。

米之助の『上方はなし』への執筆で確認できるものは、「中浜静圃」のペンネームで書かれた「真の落語」(第一〇〜一一集)、「犠牲」(第一二集)、「近世落語家伝」(第一五〜二〇集、第二六集、第四一集)、「殺された竜馬」(第二八〜三〇集)、「べしょたれ雑炊」(第三六集)、「野崎万里氏」および「其の面影　十一　畸人仁鶴」(第四七集)、「中濱静圃」名の「なべては空し」(第四八集)があり、また「桂米之助」の名で書かれた作品は、「噺の味」(第二〇集)、「漫画漫文『おやぢ』よ恕せ」(第二一〜二五集)、「わたしや売られて往くわいな」(第二六集)、「綺流庵漫筆」(第三五集)、「代書」(第四六集)、「綺流庵漫筆」(第四八集)、「(漫画漫文)ふえ、いへん」(第四九集)である。さらに「静圃生」の署名で載ったものとしては、「再び『噺の味』に就て」(第二二集)、「鵜の悩み」(第二四集)があり、その他「静圃」

や「米之助」名でいわゆる囲み記事なども手がけている。いかにも筆の立つ才人ぶりであった。なお同誌は第四九集(一九四〇[昭和十五年]十月)まで刊行された。もちろん二代目桂米之助としても、楽語荘主催の「上方はなしを聴く会」の常連として出演していたことはいうまでもない。

桂米之助は、一九三八(昭和十三)年に代書人の資格を取り、自宅で代書人の仕事を始めた。代書屋を開いたのは、『上方はなし』の発行に携わることができ、かつ落語会に出席しやすい、時間の融通がきく商売だったから、というのが、弟子の桂米之助、米朝両師の話であるが、娘さんの畑中さんによれば、「大今里には、松永というお父さんのおじさんが一軒おいて隣で代書屋を開いていた」という事情もあったようだ。

一九四三(昭和十八)年十月に四代目桂米團治を襲名。一九四六(昭和二十一)年十月十三日、天満宮境内参集所における「上方はなしを聴く会」で四代目桂米團治の正式の襲名披露。口上に五代目笑福亭松鶴、初代桂春輔が並んだ。戦後派、新生浪花三友派に所属したが、一九四七(昭和二十二)年の秋から一切の演芸場への出演を絶つ。その後は後援会がバックとなって、大阪と京都で「米團治を聴く会」を開催、それが亡くなる直前まで続いた。代書人の仕事は、一九四八(昭和二十三)年頃にはたたんだようである。「代書は、戦前の方が仕事が多かった。それを必要とするような面倒な手続きが多かったためでは。戦後は、何年何月から何月までどこそこにいたというような軍人手帳関係のものがあった。恩給の計算に関係あるらしい。でもめったにお客さんは来なかったように思う」(畑中さん談)。

一九五一(昭和二十六)年十月二十二日、大阪赤川ホーム(キリスト教関係の母子寮)の慰問奉仕に出演し、高座を降りた直後に脳溢血で倒れ、翌二十三日死去。

門人に、米之助、米朝、米治郎がいる。

(二) 代書屋の仕事について

代書人は、戦前の法律では「代書人」と司法書士の二つのタイプを含むが、米團治の場合は、現在の行政書士にあたる前者の仕事に携わっていた。したがって「代書屋」というのは通称で、正式には「代書人」という。

この代書人の業務は、「代書人規則」(大正九年内務省令第四〇号、改正昭和四年第二六号)によると、他人の嘱託を受けて、官公署に提出すべき書類や、権利義務または事実証明に関する書類書簡の作製にある。「中濱代書事務所」(大阪市東成区大今里町六百二十九番地[但シ東成区役所横])と印刷された封筒には、扱っている仕事の内容が具体的に「戸籍整理、願書届書、諸契約書、賞状目録、祝弔辞(文案、揮毫)、演説草稿」と記載されていて興味深い。

ただし米朝師の話では、土地の売買など難しいものはできないので、もうかるけれどもよそへまわす。仕事としてやっていたのは印鑑証明や出産届けといったあたりが中心。字が達筆だったので、悪筆の代書屋からは法事や結納の受取などの仕事を、まわしてもらうということもあったようである。

ところで関係者の方々は、それぞれに「事件簿」というものが存在していたことを記憶しておられる。これは正式には「代書事件簿」とよばれており、「代書人規則」に「代書人は代書事件簿を備へ代書を為したる都度嘱託を受けたる事件の名称、年月日、書類の枚数、代書料及嘱託者の住所氏名を記載すへし」(第一二条)と規定されているものである。また同第一三条には、「警察官署は必要と認むるときは警察官吏をして代書人の事務所に臨検し又は代書事件簿を検閲せしむることを得」(同第一三条)とあるが、畑中さんから、「警察が時々来るので、来そうな前には父はこの事件簿に書き込んでました」とお話をうかがったことと符合する。残念ながらこの事件簿はすでに昔に処分されてしまったとのことであるが、畑中さんは「『事件簿』には、朝鮮人の名前が相当あったことを覚えています。『渡航証明』が多かったように思います」と回想されている。

ここは大事な点である。戦後の一九四七(昭和二十二)年に弟子入りした桂米朝師も、仕事の件だけでなく、暮らし向きに関わるこまごまとしたことでも朝鮮人が相談に来ていたことを覚えておられる。なぜ米團治の代書屋に朝鮮人がよく出入りしていたのだろうか。米團治に代書を頼んだ朝鮮人から、直接にその経緯をきいたわけではなく、あくまで推測の域にとどまるが、ここでは桂米之助師の生活感覚を紹介しておきたい――

「字が書けん人たちというのは、必要がでけたら、まずわしの行ったところへ行ってみ、紹介したるわ、ちゅうもんです。まあ、みんな境遇にそう大きな違いはない。つまり、結婚した、子どもがでけた……誰でも似たようなもんや。ということで、代書屋は口伝てで広まっていくんです」。

つきあいの限られた世界の中では、このような口コミこそ、生活の知恵となっていくものであろう。事情のわからぬ朝鮮人をカモにして、高い代金をふっかける悪質な代書屋もいた今里で、「中濱代書事務所」には少なからぬ朝鮮人が依頼に来ていたのであった。そしてその多くは、「渡航証明書」作成のためだったのである。新作落語「代書」誕生の背景は、このようなものであった。ちなみに本章第一節で私は、テキストの両義性が、くらしの中の出会いにおける両義性と深く関わっていることを指摘しつつ、「職業上の体験と生活上の実感とに支えられた米團治の個性、そこから滲み出る他者への豊かなまなざし」という表現を用いた。まなざしの豊かさと論定した微意を汲み取っていただければ幸いである。

(三) 米團治のお人柄こぼればなし

実際に四代目桂米團治の高座を聞いたことがあり、笑芸作家として上方演芸の生き字引き的存在であった故・香川登枝緒氏によると、米團治は「ポーカーフェイスの持主で、どちらかといえば不機嫌なつき合いにくい親父さんという風貌」であったという(香川登志緒『大阪の笑芸人』晶文社、一九七七年、一二八ページ)。また「少しも向う受けをねらわずに、ボソボソと口にするギャグが、愛想のない顔とマッチして、登場と同時に愛嬌を振りまくサービス過剰の噺家からは、感じられないおかしさ」があったそうだ。そしてこの「『愛想のない顔』が、変った客たちとの応対にウンザリしている代書屋氏の表情にピッタリ」で、何とも味のある雰囲気がにじみ出る高座であったということである(同〔香川登枝緒〕「四代目米團治の思い出」、季刊『落語』一九八三年冬号)。

ところで米團治は『凡想録』と題した小さな箴言集をつくって、これを弟子たち(桂米之助、桂米朝)に残したという(米之助師所蔵)。そこには、一九四〇(昭和十五)年から一九四七(昭和二十二)年にかけて断片的に綴られた人間論、世間に対する見方、あるいは寸劇の脚本などが記されている。たとえば、「昭和二〇、五、一八」と日付けを打たれた文章の中には、次のような一節が含まれている――「……自分は大阪市民である前に日本人であるが、更に日本人である前に人類である。この自分を『日本人』なる範疇に押し込で人類たる事を忘れる様に強制さるゝのは迷惑も甚だしい……」。

米團治の静かな気骨が感じられる文言といえるだろう。

最後に、ご息女・畑中笑子さんからうかがった米團治の人柄をしのばせるエピソードを、いくつか記しておきたい。それはまたこの箴言集のエスプリと、そして何よりも当人の気骨にも通じるものであったといえよう。

――「若い朝鮮人たちはニコニコしていたが、年配の人はそうでなかった。笑いを忘れた民という感じだった。父は悪政が続くとそうなるのだ、といっていた」

――「戦前のことです。済州島の青年が家に入ってきて、お父さんに手紙を書いてくれと言う。聞けばラブレター。それは自分で書かんと、と言うたが、字が上手やからその人の気持ちも和らぐやろ、お願いします、と手をあわせた。相手は日本人女性という。結果は知らないけど。こういう代書の金はきっちり取っていました」

――「戦後のこと。小屋に住んでいた朝鮮人の奥さんが、巡査が踏み込んで強姦したあげく、米まで奪って引き上げたことがあった。米粒をたどっていくと、交番へ出た。お父さんは憤慨して、ずいぶんその人らの味方になっていた」

――「これも戦後のこと。どこか地方から大阪へ来た女の人が、娘が出産したので米をもってきたが、巡査に取られてしまった。見るとひらがなカタカナまじりで、経緯を書いている。こういうことはきちんと書き残しておかなあかんと言うて、書いてあげていた。金は取らなかった」

第Ⅰ章　春玉たちの大阪——在阪朝鮮人史の特徴

第一節　春玉たちの大阪

何かが追い駆けてくるようだった。後ろを振り返ってはいけない、と春玉は自分に言い聞かせながら月の光に導かれて暗い夜道を遮二無二歩いた。二月に就航した「君が代丸」は済州島を周回しながら各港で大阪へ行く人々を乗船させていた。尹家からもっとも近い港は摹瑟浦である。その摹瑟浦に今日の午前十時に「君が代丸」が入港する予定だった。摹瑟浦までの距離はかなりある。できれば午前七時頃までに着きたいと思った。なぜなら春玉は大阪へ行ってどうするか決めていなかったからだ。行けばなんとかなるだろうとは思うが、やはり不安だった。「君が代丸」には必ず日本の会社の人間がいて、人を募集していると聞いている。その会社の人間に会って雇ってもらおうと考えていた。

力作『夜を賭けて』(日本放送出版協会、一九九四年)において、「アパッチ」と呼ばれた戦後大阪の砲兵工廠跡を中心とする朝鮮人群像を濃密な筆致をもって描き出した梁石日は、つづいて書き下ろした『雷鳴』(徳間書店、一九九五年)の末尾近くに、このような一節を記している。

主人公・李春玉は、済州島の海辺の村に住む下級両班のひとり娘で、十八歳のときに父親同士が決めた十も年下の少年と結婚し、ひたすら嫁ぎ先の家のために働くことを強いられる日々であった。作品は、この春玉の日常生活を軸にしながら、親日派になることで家の権勢を拡大しようとする舅・尹宗玹や、彼を利用する日本人勢力、あるいは両班の家に住み込みで働く人びとや海女たちが織りなす、日本統治下の済州島の状況を描いていく。著者の人物描写は定評あるところだが、私には、村人たちに虐げられてきた過去ゆえに居丈高に勤務に励む金余義巡警や、弁髪を丸刈りの頭にかえ、詰め襟の学生服を着て日本へ留学する幼い夫が、印象に残った。

とくに春玉の夫の顔がまったく見えてこないのは衝撃的である。前半部で登場するときにはただ「夫」と記されており、尹周宣という名前が出てくるのは随分後になってからだ。軍人や拓殖会社課長といった日本人たちの影響を受けて、「日本」的なるものが覆いかぶさる中で精神的成長をとげてゆく周宣。それに男性としての生理的・身体的成長が重なってきたときの、春玉に対する暴力そのもののふるまい。そこには、帝国主義が「人間」を、きわめて具体的な様相をもってつくりあげていく凄まじさの一端がいぶし出されている。それとともに、朝鮮人青年が日本への留学に踏み切るその場の状況に対する想像力が刺激され、朝鮮人留学生史を考え直すひとつの視点を得たような気がした。

さて春玉は、尹家の改修工事に来ていた青年に水汲みのかめを背負ってもらったことが縁で、互いに意識しあうようになるが、その人は、三・一独立万歳運動のかがり火を済州島に灯そうとして追われる身であった。包囲網を狭められた高昌淳は春玉の前に現れ、独立運動顕彰の碑文案を彼女にゆだねた後、自死を余儀なくされる。植民地支配と厳格な家制度の因習にしばられてきた春玉は、自らの生き方を選ぶことを決意し、高昌淳の、そして民族の独立精神を深く胸に刻みつけ「君が代丸」で大阪に向かおうとしたのであった。

家を出た春玉は、最も近い船着場である摹瑟浦へと歩く途中で、偶然にも、親友の妹・瑛信に出会う。年若い瑛信は屈託なく語る――「オンニに呼ばれて、大阪の岸和田紡績に行くの」。決意だけをもって家を出たものの行く当てのない春玉は、強い運を感じ(パルチャ[運]はこの小説に底流するモチーフである)、一足先に島を離れて賭けるように大阪へ出た親友・英珠をたよって、彼女たちとともに働こうと決意するところで、この小説は一応の幕を閉じている。

梁石日は、一九九八年に入って大作『血と骨』(幻冬舎)を刊行、『雷鳴』はこの巨大な物語のいわば前史をなすものであったことが判明してくるのだが、それにしてもなぜ「大阪」だったのだろうか。春玉にとって「大阪」とは何であり、どのような生活が待っていたのだろうか。この本題に入る前に、ここではひとまず話の流れを引き継いで、春玉が乗ろうとした「君が代丸」という連絡船を題材とした小説を紹介することにしたい。

金容煥「君が代丸」は、第一回「アカハタ短編小説」募集で選外佳作二編(入選作なし)のうちの一編に選ばれた作品で、『アカハタ』一九五九年五月十二日付けに掲載されている(ちなみに五月十六日付けには、審査員[安部公房・小田切秀雄・中野重治]の座談会形式による講評が掲載されている)。同紙の著者紹介によれば、一九三九年日本に渡航、四四年大阪外国語学校卒業。東京朝鮮人中学教師、遊技業自営などを経て現在肖像画外交。文藝首都の会員。杉並朝鮮人帰国希望者集団団員、とある(李哲さんによれば、金容煥はペンネームで、本名は金世崙、一九二二年の生まれであるという)。

この短編は、あまり知られていないが、大阪済州島関係史についてのみならず、日本朝鮮関係史の本質に迫った貴重な文学作品である。たとえば冒頭あたりの次のような表現を見てみよう。

家族のうちだれかは必ずといっていいほど大阪に送りだしている島民の大多数の間で、君が代丸は珍重された。船会社がボロいもうけをしたのはいうまでもない。君が代丸は済州島・大阪間の大動脈となった。日本からは文明と役人と商人とおまわり、それに安雑貨・メリヤス製品を山と積んできたし、済州島からは安くてその割にがん強な労力――金グサリのチョッキが着たい零細商人、嫁入りまえに紡績女工でかせいでこようという島娘たちを、かんだんなくはこびだしていった。

この「大動脈」を通じて済州島へ伝えられたなかで、最初にあがっているのが「文明」であることに注目しておきたい。「文明」とは、大阪から安価な日常消費物資を供給して、島の伝統的な手つむぎ紡績を解体させるといった経済的領域のことだけではない。たとえば先に指摘したような環境の中で「日本」に傾斜していく青年・尹周宣の人格や、あるいは職工たちの時間観念を作りあげ染め上げていく(定刻主義!)ような精神的領域の問題でもあったことに、歴史的想像力をはたらかせる必要があろう。

ところでこの作品の主人公は「君が代丸」のボーイ長・高乙順、四十歳を越えており、この職を八年つとめてきたベテランという設定である。朝鮮語しか話さない乗客、そして荷物の煩雑な荷役は、とても日本人乗組員だけでさばき切れるものではない。ボーイ長は、一方で、こうした同郷の客や荷物の世話を取り仕切るとともに、他方で日本人同

第二君が代丸

士のパイプ役をも演じていた。この日の彼の荷物の中には、山口県出身の済州島庁勧業課長あての釜山産生カキの木箱が含まれていた。おおかた釜山の日本人居留民からの手土産であろう。高乙順は、木箱を大事にかかえて艀に飛び乗り、まずは「A汽船(尼崎汽船部のこと)事務所」にかけこんで、課長にまで送り届ける手はずをつけたのであった。

上陸した日の夜、高乙順は済州邑内のスルチブ(飲み屋)で周衣(トゥルマギ)の男と、無言で向き合ったまま飲んでいた。周衣の男は、彼と別れた後、朴石化の家へ行く。朴石化は、その航海ではただひとりの「移出証明書」の保持者だった。翌日、朴石化は椎茸一五貫目——それは済州島から「内地」へ「移出」される最重要品目のひとつであった――を木箱三個に詰めて、ボーイ長の立ち会いのもとで積み荷をおこない、自身も荷主として「君が代丸」に乗船した。

出港して四日目のことである。

雨はやまなかった。見習いボーイのしらせでボーイ長が司厨室からとんででてきた。昼ちかい時間だ。ボーイ長は三等室を走りぬけ船倉めざして突進した。くらい階段のしたに山科刑事がつったっていた。一足ふみ入れると朴石化が青いコメカミをみせてシイタケの箱にうつぶせていた。両肩が波うった。「モントンハンチャシギ(馬鹿たれめが)！　なにやってるんだ、こんなところで、ええ！」わめくようにボーイ長の声がほとばしった。山科は冷やかにボーイ長をみた。ボーイ長はつかつかと近よって肩をつかもうとしたとき朴石化はヘドを箱の上にはいた。「椎茸もだいじかしれんが、おのれの船酔いくらいてめえでケリをつけろや、え、人さわがせな！」ボーイ長の手のひらがはっしとその頬をうった。

椎茸の木箱の中にもぐってまんまと大阪に逃げのびた男、その男を守り通すために貴重な「移出」品の上にヘドを吐いた男、そしてその男の頬を叩いて刑事に顔をそむけさせ、場を切り抜けた男。これらの男たちが、寸分たがわぬ実在の人物であったかどうか

第二君が代丸の甲板上の出稼ぎ労働者(1934年8月2日，桝田一二氏撮影)

はわからない。ただ済州島出身の運動家たちが、この船に密かに乗って大阪と済州島を往来し、民族の魂をかかげて活動上の連絡をおこなっていたという話は、今日にいたるまで語り継がれている。またこの「君が代丸」に対抗するために島民が共同出資で作り上げた東亜通航組合の連絡船「伏木丸」に身を隠して乗船していたという話もある。済州島での青年運動や海女闘争、大阪でのゴム工労働運動の指導者などが、多くの渡航者・帰還者の中にまじって、人知れず行き来していたというのである。さまざまな事情と思いをもって越境してゆく人物群像が、この小説「君が代丸」を構成している。とするならば、この小説は、短編ながら、日本朝鮮関係史の矛盾をえぐりだすだけでなく、その主題が、構造的な抑圧体制のもとで移動せざるを得ない民族的アイデンティティのあり方をめぐって設定されている点で、世界的・普遍的な文脈にリンクする質を内包する文学でもあるといえよう(1)。

日本と朝鮮のみならず日本と中国との往来をも媒介した関釜連絡船とはちがい、阪済航路の乗船客に日本人は少なく、ほとんどが島の人びとであった。大阪からの直航なら、金寧からはじめて、朝天、山地（済州）、翰林、摹瑟浦、西帰浦、表善、城山浦と、島をぐるりと一周し、それぞれの港で人と物を乗り降りさせるこの連絡船は、動く済州島といえたかもしれない。かくして「君が代丸」は、一方で「文明」を容赦なくそそぎこみ、日本の影響力を島に刻みつけた媒体であったとともに、他方で民族運動の闘士たちを紛れ込ませながら、無数の春玉たちを乗せて大大阪へと労働力を運ぶ媒体に他ならなかったのである。

そろそろ、春玉たちがこの船に乗って向かおうとした大阪での労働と生活をみる順番になったようだ。だがその前にひとまず視点をかえて、統計資料等を利用しながら在阪朝鮮人史の大きな流れに目を向けておこう。

第二節　在阪朝鮮人史の諸特徴(一)――人口構成・出身地・職業構成

第二、三節の課題は、在日朝鮮人史の全体の動向のなかで在阪朝鮮人史がもつ特徴点に留意しながら、戦前における在阪朝鮮人史を概観するところにある(2)。まず本節では、三つの項目に分けて検討することにしたい。

(1) はじめに居住朝鮮人人口の推移について。朝鮮から日本への、留学生ではなく一般労働者としての渡航は、近年の個別研究が明らかにしているように、[3] すでに十九世紀末からはじまっていたが、当初は、地理的な意味での近接さに加えて一九〇六年に開設された下関釜山航路の存在ゆえに、福岡、山口、長崎の各県への来日が多かった。

その後、第一次世界大戦を大きな契機として、植民地支配の進展による民衆生活の窮乏化と日本の工業化による労働力需要から、より広い地域の各都市や生産現場への渡航が増大する。大阪府についていえば、一九一七年および一九二一年以降一貫して現在にいたるまで、日本で最大の朝鮮人居住地となってきた。在日朝鮮人のなかでの在阪朝鮮人の比率は、一九一五年に一〇%、一九二一年に二〇%、一九三二年に三〇%へと増大したが、一九三九年以降、いわゆる戦時強制連行が、北海道や九州などの炭鉱・鉱山などへ強権的に展開されるなかで減少を示した(I-1表参照)。

絶対数でみると、一九一五年にはわずか四〇〇人であった在阪朝鮮人は、二二年に一万を、三二年に一〇万を、三五年に二〇万を、四〇年に三〇万を、そして四一年に四〇万を超えた。一九四五年には三三万に減少している。男女比でみるならば、女性が二〇%を超えたのが一九二六年(全国レベルでは一九二七年)、三〇%を超えたのが三〇年(同三二年)、そして四〇%を超えたのが三五年(全国レベルでは超えず)であり、在日朝鮮人史の

I-1表　在阪朝鮮人人口の推移

	在阪朝鮮人人口	うち女性の比(%)	在阪朝鮮人／在日朝鮮人(%)
1910	206		9.2
1911	232		9.2
1912	291		9.2
1913	338		9.3
1914	222		6.3
1915	398		10.0
1916	762		13.5
1917	2,235		15.4
1918	3,297		14.8
1919	4,502	15.1	15.9
1920	4,494	16.1	14.9
1921	7,421	16.8	19.9
1922	13,337	17.4	22.3
1923	23,635	18.1	29.5
1924	37,046	18.7	31.3
1925	31,860	19.0	24.5
1926	35,278	20.0	24.5
1927	40,960	23.7	23.9
1928	55,209	27.2	23.2
1929	67,972	28.2	24.7
1930	73,622	30.9	24.7
1931	85,567	32.1	27.5
1932	118,466	34.6	30.3
1933	140,277	34.7	30.7
1934	171,160	37.8	31.8
1935	202,311	40.0	32.3
1936	224,749	40.5	32.5
1937	234,188	41.4	31.8
1938	241,619	42.3	30.2
1939	274,769	42.5	28.6
1940	312,269	42.4	26.2
1941	410,656	44.0	28.0
1942	412,748	44.0	25.4
1943	395,380	49.0	21.9
1944	321,484	64.2	16.9
1945	333,354	62.3	16.9

1945年のみ8月20日現在，他はすべて年末現在.

出所）田村紀之「内務省警保局調査による朝鮮人人口(I)」東京都立大学『経済と経済学』第46号(1981年2月)より作成.

総体のなかで女性の定着を先導した地域であったといえる。そのことは、青壮年男子の単身出稼ぎ形態から家族をもっての定着さらには挙家離村形態へと、渡航の形態が次第に変容することを意味していた。そしてまた故郷から伴った、あるいは早くも在日生活のなかで誕生した子どもたちの教育問題が生じることにもなった。大きな困難を伴ったとはいえ就職と居住の空間が相対的に開かれていた大阪こそ、こうした傾向を現実化した最大の場であった。

(2) 次に出身地をみてみよう。大阪市社会部の調査によれば、一九二八年六月現在大阪市に在住する朝鮮人四・五万人の出身地は、全羅南道四八・〇%、慶尚南道二二・四%、全羅北道九・三%、慶尚北道八・一%となって、朝鮮半島南部に位置する四道で八七・八%をしめていた。また一九三五年末時点の内務省統計では、在日朝鮮人六二・六万人のうち、慶尚南道出身者が三七・一%で最も多く、次いで全羅南道二二・七%、慶尚北道二二・二%、全羅北道五・一%となり、四道を合わせて八七・一%をしめていた。ところが同じ統計で大阪府在住者二〇・二万人の出身地をみると、この南部四道の合計は八六・九%で、全国的傾向にぴたりと符合しているが、内訳を確かめるならば、全羅南道四一・六%、慶尚南道二六・七%、慶尚北道一二・五%、全羅北道六・一%であり、先の大阪市統計に似た線が示されている。

それは全国的にみても特異な比率であるが、その最大の根拠は、済州島出身者が大阪に集中的に居住していた点にあった。同島は、現在の韓国の行政区画では、済州道という行政単位となっているが、当時は全羅南道道庁の管轄下にあったのである。同じ一九三五年の済州島庁統計によれば、島内在住人口は一九・八万人、他方日本に在住する済州島出身者は四・八万人となっている。つまり済州島人約二五万のなかで五人に一人が日本への渡航者というわけであるが、渡航者の約七五％は大阪府内に暮らしていた。その数およそ三・六万人に達しており、在阪朝鮮人の側からみると済州島出身者が二割弱をしめていたのである。ちなみに少しさかのぼってみると、一九二五年大阪府下在住朝鮮人の約四割が、また一九三一年では三五％が、済州島出身者であったという調査記録が残されている。三〇年代にはいると朝鮮半島からの渡航者の急速な増大ゆえに、その比重は減少するが、済州島こそ在阪朝鮮人の最大の故郷であったといっても過言ではないだろう。ここに、出身地からみた在阪朝鮮人の際立った特徴が存在している。

(3)　大阪に入ってきた朝鮮人労働者の職業構成はどのようであったか。全国各地の動向を概観するならば、坑夫の比重が高い福岡・北海道、人夫の比重が高い神奈川、人夫が多いが学生数も全国的には突出している東京、人夫と職工のいずれをも擁する愛知・京都・兵庫に比較して、大阪府在住朝鮮人の特徴は職工数の多さにあった。

一九一〇年代から二〇年代初頭においては、道路や鉄道の敷設、河川や港湾の増設改修などの土木工事、あるいは工場建設の労働者(人夫)として就労するのが一般的であり、そのような就労はその後も続いた。だがそれとならんで、一九二〇年代後半以降、大大阪の市内の比較的周辺部にひろがる中小零細工場に、下層の職工として吸収される形態がめだって増大した。それらの職種は多様であるが、あえていえば化学、金属機械、繊維工業が中心であった。男性労働者の場合は、天満周辺の北区、さらに東淀川区や旭区といった市内北部に工場が多かった硝子工、そして東成区に零細工場が多かったゴム工が、職種としてはとくに目を引く。女性労働者の場合、最大の職種集団は紡績工であった。とくに紡績の本場である泉南地域では、寄宿舎や「朝鮮町」に居住し、二四時間二交替制で働いた女工の数は男性を圧倒していた。どの職場においても、民族差別の低賃金、劣悪な労働環境、生活へのきびしく細かな干渉がみられたことは、多くの証言のみならず行政当局の出版物にも記されているところである。

なお自営業者のなかでは、下宿業者の多さ(例・一九二九年大阪市で一四三七人)が、そして非就業者としては、小学校児童の多さ(例・一九三三年末大阪府で六五八三人)が、目をひく。前者が住居差別の結果であることは想像に難くない。また家族の再結合や新たな誕生は、子どもの成長にかかわる諸問題を必然的に浮上させた。文部省が就学義務に関する小学校令を、在日朝鮮人児童に積極的に適用するようになるのは、一九三〇年代に入ってからである。学校へ通う子ども、在籍ではあるが通学の不規則な子ども、そもそも就学そのものに縁のない子ども。さまざまな分化を含みながら、民族的なものを恥と感じさせる同化教育のローラーがかけられていくことになった。

つまり一九二〇年代以後在日朝鮮人の中心地となった大阪では、朝鮮人渡航者は、化学、金属機械、繊維工業などの中小零細企業の下層職工としての職につくことが多く、三〇年代に入ると家族形態での定着化傾向がみられるにいたったのであった。この朝鮮人の流入が投げかける諸問題は、職にしても、居住にしても、あるいは教育にしても、具体的な対面関係のなかで生じてきたものであり、空理空論で処理できるものではあり得なかった。工業化と都市化の進展を通じて、大阪が近代都市としての相貌を確立するなかで、この問題は、ひとつの、しかし決定的な意味をもつ問題として登場したのであり、その課題は現在にいたるまで、より多様化しつつ継続しているといわねばならない。

次節では、主として『大阪府警察統計書』(4)を使いながら、対面空間の展開という点に焦点をあわせて、在阪朝鮮人の居住状況を統計的におさえておくことにしたい。

第三節　在阪朝鮮人史の諸特徴(二)——居住地域

はじめに大阪府に在住する朝鮮人のなかで、大阪市内在住者が圧倒的であった事実

(例・一九三三年末で八〇・〇%。ただし府の南部に紡績工場が多いため、女子だけでは七六・〇%)を確認したうえで、市内在住朝鮮人の分布状況をみてみよう。I-2表を参照されたい。この表は、①大阪市内の各区別の朝鮮人居住者人口、②それが各時点での区人口に対してしめる比率、そして③各区の朝鮮人居住者が大阪市内在住朝鮮人全体にしめる比率、を示したものである。

まず第一項の市内在住朝鮮人人口の絶対数をみるならば、一九二八年には三・五万であったものが、三五年には一五万、四一年には三〇万を超えるに至り、驚くべき増大を示していることがわかる。

ではそのような急増の結果、大阪市全体の人口のなかでどれほどの比重をしめるようになったのか。そして市内の各区において朝鮮人の人口密度はどのように推移したであろうか。それを示すのが第二項である。まず市全体でみるならば、朝鮮人人口は、一九二八年では大阪市総人口の約二%でしかなかったが、三四年には五%、四〇年には七%に達し、四二年には一〇%を超えている。わずか数十年前、三〇〇万都市大阪を構成する住民の一割が朝鮮人であり、その人々が大大阪の工業を底辺で支えていたという事実は、国際化が叫ばれる今、議論の際の前提として、いくら強調されてもされすぎることはない。

次に内訳をみると、市内各区にわたって朝鮮人が居住していることがわかるとともに、

Ⅰ-2表　大阪市内の在住朝鮮人

	1928年			1930年			1933年			1934年		
	朝鮮人人口	対区人口比%	対在市朝比%	朝鮮人人口	対区人口比%	対在市朝比%	朝鮮人人口	対区人口比%	対在市朝比%	朝鮮人人口	対区人口比%	対在市朝比%
東区	1,524	1.0	4.4	2,465	1.5	3.2	3,125	1.9	2.8	3,322	2.1	2.5
西区	344	0.3	1.0	703	0.6	0.9	552	0.5	0.5	826	0.7	0.6
南区	874	0.8	2.5	1,525	1.3	2.0	2,551	2.3	2.3	2,748	2.4	2.1
北区	2,308	1.2	6.6	5,184	2.4	6.7	6,383	3.0	5.7	8,041	3.6	6.0
東成区	9,974	3.6	28.5	22,044	6.7	28.6	26,729	11.0	23.9	30,126	11.2	22.5
旭区							8,076	6.0	7.2	11,565	7.7	8.6
港区	3,972	1.3	11.3	8,984	2.5	11.6	5,747	2.1	5.1	7,569	2.7	5.6
大正区							7,706	7.3	6.9	8,678	7.7	6.5
此花区	1,886	1.2	5.4	5,619	3.1	7.3	7,100	3.7	6.4	8,475	4.4	6.3
浪速区	3,041	2.2	8.7	5,128	3.5	6.6	7,926	5.7	7.1	8,773	6.1	6.5
天王寺区	725	0.6	2.1	1,645	1.4	2.1	2,126	1.9	1.9	2,389	2.1	1.8
住吉区	954	0.6	2.7	3,077	1.6	4.0	4,234	1.8	3.8	4,982	2.0	3.7
西成区	2,887	2.0	8.2	7,128	4.2	9.2	9,511	5.7	8.5	12,179	6.8	9.1
東淀川区	4,473	2.8	12.8	8,679	4.9	11.3	11,590	6.2	10.4	14,262	7.1	10.6
西淀川区	2,015	1.5	5.8	4,943	3.4	6.4	8,365	5.0	7.5	10,066	5.9	7.5
市合計	35,017	1.6	100	77,124	3.1	100	111,721	4.4	100	134,001	5.0	100

	1935年			1936年			1937年			1938年		
	朝鮮人人口	対区人口比%	対在市朝比%	朝鮮人人口	対区人口比%	対在市朝比%	朝鮮人人口	対区人口比%	対在市朝比%	朝鮮人人口	対区人口比%	対在市朝比%
東区	3,642	2.2	2.4	3,484	2.1	2.0	3,423	2.2	2.0	3,133	2.1	1.7
西区	858	0.7	0.6	867	0.7	0.5	795	0.6	0.5	795	0.9	0.4
南区	2,928	2.6	1.9	3,247	2.9	1.9	3,374	3.1	1.9	3,140	2.6	1.7
北区	8,836	3.8	5.7	8,300	3.5	4.9	8,168	3.5	4.7	7,658	3.3	4.2
東成区	38,538	13.2	24.9	41,815	13.6	24.6	44,145	13.9	25.2	46,358	14.1	25.5
旭区	12,003	7.2	7.8	13,135	7.1	7.7	14,206	7.3	8.1	14,508	7.1	8.0
港区	9,418	3.2	6.1	11,064	3.6	6.5	10,592	3.5	6.0	10,290	3.4	5.7
大正区	10,304	8.4	6.7	11,606	9.4	6.8	13,039	10.6	7.4	13,344	10.8	7.3
此花区	10,746	5.3	7.0	10,857	5.3	6.4	11,255	5.5	6.4	11,340	5.7	6.2
浪速区	8,886	6.1	5.8	10,937	7.6	6.4	10,104	7.2	5.8	9,964	7.2	5.5
天王寺区	2,627	2.3	1.7	2,716	2.4	1.6	2,630	2.4	1.5	2,776	2.5	1.5
住吉区	5,777	2.1	3.7	6,218	2.1	3.6	6,452	2.1	3.7	6,310	1.9	3.5
西成区	12,679	6.5	8.2	14,186	7.2	8.3	16,204	8.2	9.2	17,640	9.0	9.7
東淀川区	15,872	7.4	10.3	18,592	8.3	10.9	18,820	8.3	10.7	19,890	8.4	10.9
西淀川区	11,389	6.2	7.4	13,315	6.9	7.8	12,198	6.1	7.0	14,536	7.3	8.0
市合計	154,503	5.4	100	170,339	5.8	100	175,405	5.9	100	181,682	6.1	100

	1939年			1940年			1941年			1942年		
	朝鮮人人口	対区人口比%	対在市朝比%	朝鮮人人口	対区人口比%	対在市朝比%	朝鮮人人口	対区人口比%	対在市朝比%	朝鮮人人口	対区人口比%	対在市朝比%
東区	3,799	2.6	1.8	3,794	2.6	1.7	3,576	2.5	1.2	3,584	2.9	1.1
西区	636	0.5	0.3	698	0.6	0.3	822	0.7	0.3	831	0.8	0.3
南区	2,967	2.9	1.4	2,780	2.4	1.2	3,027	3.1	1.0	3,093	3.4	1.0
北区	7,246	3.2	3.5	8,709	3.8	3.8	8,795	3.9	2.9	8,865	4.2	2.8
東成区	57,964	17.0	28.1	64,466	17.8	28.3	92,444	24.5	30.2	92,388	25.6	29.1
旭区	15,488	7.1	7.5	18,696	7.9	8.2	25,798	10.4	8.4	25,864	10.1	8.1
港区	11,525	3.8	5.6	12,149	3.9	5.3	12,777	4.2	4.2	13,477	4.7	4.2
大正区	13,801	10.9	6.7	13,842	10.6	6.1	18,616	14.4	6.1	18,686	14.3	5.9
此花区	11,486	5.8	5.6	12,599	6.2	5.5	23,993	11.8	7.8	24,063	12.0	7.6
浪速区	10,166	7.8	4.9	10,672	8.9	4.7	11,044	9.6	3.6	11,114	8.8	3.5
天王寺区	2,849	2.6	1.4	2,803	2.5	1.2	3,069	2.7	1.0	3,139	2.9	1.0
住吉区	6,683	2.0	3.2	8,408	2.2	3.7	14,526	3.9	4.8	14,596	3.9	4.6
西成区	19,813	9.8	9.6	21,635	11.2	9.5	23,812	11.4	7.8	34,382	17.0	10.8
東淀川区	23,300	9.2	11.3	25,726	9.8	11.3	32,427	12.2	10.6	32,497	12.5	10.2
西淀川区	18,609	9.2	9.0	20,890	9.6	9.2	31,080	14.0	10.2	31,150	14.2	9.8
市合計	206,332	6.8	100	227,867	7.3	100	305,806	9.7	100	317,734	10.4	100

出所）1928年の朝鮮人人口は6月末現在，大阪市社会部調査課「本市に於ける朝鮮人の生活概況」(大阪市社会部報告85号，1929年)より．調査主体および調査日時にズレがあるため，対区人口比は傾向のみを示す．1930年は10月1日の国勢調査による．他の年は年末の数字．『大阪府警察統計書』各年版より作成．

区によって相当のばらつきがあることも示されている。そのなかでは、東成区が突出した位置にあったことは明白である。一九二〇年代後半、この地域は、都市化・工業化に向けての基盤整備が進展し、化学および金属・機械器具工業を中心とする中小零細工場が次々と建てられて、工場数では大阪市各区のなかで最多を示すようになっていた。とりわけ東成区におけるゴム工業は、三〇年代初頭には、二〇年代初頭に引き続く第二の高揚期にあったが、その発展を支えた労働力こそ朝鮮人とりわけ済州島出身者にほかならなかった(第Ⅳ章参照)。東成区にあっては、一九三〇年の時点で区人口の七%が朝鮮人であったが、三三年には一一%となり、以後確実に比重を高めて、四一年には二五%に達した。区人口の四人に一人が朝鮮人であったことになる。すでに一九二〇年代から形成されてきた日々のくらしのなかで朝鮮人と出会う空間が、三〇年代を通じてはっきりと確立したといえるであろう。この東成区に次ぐのが大正区で、三七年以降一〇%台を維持している。四〇年代に入ると、西成、西淀川、東淀川の各区も一〇%を超えるようになっていた。これに対して、旧市部にあたる東西南北の各区においては、一貫して密度が低いことを確認できるだろう。

ところで一九二八年半ばの時点で、ある新聞記者は、「已に大阪市の住宅地域における最劣等の地域、洫川の溝に沿ふ鶴橋や今宮釜ヶ崎などに彼等の大部分を集めて居る。ドン底の底を彼等は占領した(5)」という観察を記していた。上にみたように、朝鮮人は市内各地に居住していたのだが、それは決して各区各町内に均等にというわけではなく、明らかに集住密度に格差が存在していた。ここにあがった両地域は、まさに集住地の典型であった。ちょうどこの時期(二八年六月末現在)の大阪市社会部の調査によれば、「鶴橋」周辺にあたる東成区猪飼野町、鶴橋木野町、東小橋町には、番地が特定された七カ所に二四四〇人が、また「今宮釜ヶ崎」周辺にあたる西成区北開通、長橋通には、同じく四カ所に二六七六人が居住しているとの報告が残っている。(6) それゆえこれらの特定地区に限定するならば、居住人口のなかで朝鮮人の占める比率は、東成区あるいは西成区内でも一段と高いものであったことはまちがいない。きびしい住居差別の風潮のもとでは日本人民家の一室を借りることは例外的でしかあり得ず、とにかくも血縁・地縁をたよって下宿屋に転がり込み、仕事をさがすというパターンが一般的にみられた。先に指摘した下宿業者の多さは、ここに理由がある。こうした事情から、渡航者たちは廃屋や鶏小屋などを見つけて改造したり、バラックを建てたりして、生きんがために寄り合って住むようになり、そのために「密住地区」というレッテルを警察や行政から貼られることとなったのである。

このように目に見える形での大規模な集住地域の形成、しかも急速なその拡大は、日本の地域社会の側からいえば、日朝交流の場に発展する契機を創りだせないまま、即自的には異質な社会的存在に対する違和感と恐怖感の増大に帰結するものであった事実をおさえる必要があるだろう。

さて大阪市内の朝鮮人のなかで、どの地域に住む人々が多かったか。第三項は、対市内在住朝鮮人比を各区別に分類したものである。こころみに、市内を旧市部(一九二五年の市域拡張までの地域。東西南北の四区)、東部(東成、および三二年に東成から分区した旭)、西部(此花、港、および三二年に港から分区した大正)、南部(浪速、天王寺、住吉、西成)、北部(東淀川、西淀川)の五地域に分けて年度別・地域別に比較をしてみよう。

	一九二八年	一九三〇年	一九三五年	一九四〇年	一九四二年
旧市部	一四・五%	一二・八%	一〇・六%	七・〇%	五・二%
東部	二八・五	二八・六	三二・七	三六・五	三七・二
西部	一六・七	一八・九	一九・八	一六・九	一七・七
南部	二一・七	二一・九	一九・四	一九・一	一九・九
北部	一八・六	一七・七	一七・七	二〇・五	二〇・〇
	一〇〇	一〇〇	一〇〇	一〇〇	一〇〇

西部、南部、北部の比重は、全体としてさほど大きな変化がみられないが、目をひく

のは、旧市部の比重の低落である。居住者の絶対数そのものも減少または微増にとどまっており、その結果、相対比もポイントを大きく落としている。そもそも一九二〇年代より、渡航者は、市中心部よりもその周辺部に居住するのが一般的であった。というのも困窮と民族差別のなかで、バラックに住むにしてもあるいは劣悪な家屋を借りるにしても、旧市部では居住空間そのものがきわめて限定されており、また新興工業地域として発展してきた旧市部に接続する町村で新たに大大阪に合併された新市部の方が、就職の可能性があり得たからである。その傾向は、三〇年代を通じて一段と明確になったといえるだろう。旧市部の欠落を補うように比重を高めたのは、新市部のなかでもとりわけ東部であった。大阪市内に在住の朝鮮人の四人から三人のうちの一人は、この地域に集中的に居住していたことが明らかである。とくに東成区の突出した地位は歴然としている。東成区・旭区そして東に接続する中河内郡布施町(一九三七年布施市となる)は、日本で最大の朝鮮人集住地域となったのであった。

最後に、第二項と第三項とを比較してみよう。各区の朝鮮人の、区人口における比重と、市内在住朝鮮人における比重という二つのレベルを対比するわけである。絶対数の多い東成区、および一九四〇年までの東淀川区にあっては、後者の方が前者を上回っている。これに対して大正区においては、三〇年代後半以降、前者が後者を凌駕していることが注目される。朝鮮人の分布という視点だけではなく、地域のなかでの異文化接触という視点にたつならば、このことは無視されるべきではない。区内の南恩加島東、平尾、あるいは南泉尾の密集地には、一千名内外の朝鮮人が集住しており、その他何カ所もの小規模の密集地が区内に点在していた。大正区は、沖縄出身者の多住地域として知られているが、そこでは朝鮮人の比重もまた高まっていたのであった。(7)

第四節　春玉たちのその後

ふたたび視点を、小説『雷鳴』の主人公である春玉たちに戻しながら、在阪朝鮮人史をあとづけていこう。

彼女たちが働こうとした岸和田紡績は、一八九二年の創設で、紡績会社としては中規模のなかの上位に位置をしめ、一九四一年に大日本紡績と合併するまで、大阪府南部および三重県さらには中国の天津に工場を有した大阪泉南地方の有力企業であった。朝鮮人女工との関係は古く、すでに一九一八年三月には朝鮮に職員を派遣して女工の募集を始めている。その時の事情は次のように記されている――「この朝鮮人女工は内地人女工に比して能率は遥かに低きも、食事、住宅等に美味佳良を望まず、生活程度至つて低く、内地人女工に比して賃金も亦低廉で、比較的成績良好であったので、同年七月更に第二回として百名の朝鮮女を募集し、之を本分社四工場に分布して就業せしむることとした」と。朝鮮人女工に対するまなざしをはっきりとみてとることができるだろう。[8]

その後も岸和田紡績は、積極的に朝鮮人女工を採用した。当初は「募集女工」が中心だったが、直接に会社を訪問し、先に就職している知人・友人の紹介で雇用されるタイプの「志願女工」も増大した。したがって、英珠をたよって春玉と瑛信が故郷を離れ、岸和田紡績をめざしたというのは、当時の一般的な出稼ぎの姿であったといえよう。一九二八年には、本社・春木・野村の三工場で八二五人の朝鮮人労働者が働いていた。それは三工場の職工の二〇%にのぼっていた。同年の「在阪朝鮮人工場労働者職業調」によれば、女子工場労働者三九四九人のうち七六%にあたる二九八五人が紡績女工であった。岸和田紡績の八二五人のうちほぼ九割は女工であるゆえ、大阪府に働く朝鮮人紡績女工の約二五%が岸和田紡績に吸収されていたことが推定される。[9]

彼女たちの労働と生活はどのようなものであっただろうか。まず労働環境から。「工場内は高温多湿の状態が保たれているのですが、それを当時は蒸気を使ってやっていました。それは糸と機械の運転に必要だからなのです。人間の健康よりも、糸と機械の保存がより大切だったんです。それに工場では棉花の塵がものすごく舞い上がるような環境でしょう。原棉を処理するような職場で働いている女工さんなぞ雪が舞い降りているなかでの労働みたいなもので、全員真っ白で雪だるまみたいな光景でしたから、当然、肺もやられてたと思いますよ(岸和田紡績の日本人・人事係の証言)」。[10]こうした非衛生的な環境、監督の暴力下での立ちずくめの労働、加えて栄養不足の食事の日々である。また寄宿舎では、一枚の布団を敷きっぱなしにして、昼勤と夜勤が交替で眠るという状態であった。結核、赤痢などに倒れる者、睡魔におそわれ怪我をする者が少なくなく、ついに異郷で不帰の客となる者もいた。ある女工の証言はいう――「岸紡の女工さんは慶尚道と済州島出身の女工さんが半々ぐらいでしたが、慶尚道よりも済州島出身の女工さんの死亡の場合が遺体を焼くのに抵抗が多かったみたいですね。しかし、そんなことで抵抗しても土葬が許されなかったので、会社の指示どおり火葬ということになりました[11]」。

次に賃金はどうか。一九三〇年の紡績女工の全国平均日給は、一円〇五銭であり、また大手の鐘淵紡績大阪工場の平均が一円三四銭であるのと比較して、岸和田紡績春木工場の平均は一円〇一銭、さらに堺分工場のそれは七九銭にすぎず、低賃金水準に押し止められていたことは明らかであった[12]。しかも「古くて能率の悪い機械を朝鮮人女工に与え、技術査定を低く[13]」するやり方など、さまざまな形での民族差別が作用して、彼女たちの手取りは一段と低く抑えられていた。それに加えて、会社は「相愛会」(日本の内務官僚や資本家の支援を受ける融和団体)と結託し、女工の給料からその会費の天引きを認めていたことが指摘されるべきだろう。大阪の中でも岸和田は、「相愛会」が最も組織的な力量をもっていた地域であったが、その幹部は、いわば朝鮮人の労務係として、毎日の労働と生活の現場で、女工に対して暴力的に君臨していたのであった。

一九三〇年春、打ち続く賃下げは操短とあいまって、紡績工たちの実収を四割も減少させるに至った。(14)これに対して、ついに岸和田紡績堺分工場の労働者が起ち上がった。五月三日午後三時、交替時間を利用して食堂で従業員大会を開催しようとしたところ、会社側がこれを阻止したので、朝鮮人女工を中心に一〇〇名近い労働者が工場を脱出、泉州合同労働組合本部および大阪朝鮮労働組合泉州支部を拠点にたてこもった。要求書には、賃下げ撤回、一〇段階に細かく区分けされた等級制度の改善などのほか、「昼食、夕食時に運転を止めて三〇分休憩させられたし」「寝具は夏冬の二通りとされたし」「冬期には火鉢を設けられたし」「外出、書信、面会を絶対自由とされたし」というような、人間としての最低の処遇を求める項目が並んでいた。

その後、さらに約一〇〇名の労働者がストの隊列に加わるとともに、争議団本部には、近隣の農民組合や水平社などからの差し入れも届き、闘争は拡大した。工場門前では、朝鮮人を中心とした応援部隊と、警官隊および会社を警備する相愛会とが衝突を繰り返し、検束者や負傷者が続出した。資金や食料の欠乏のなかで、工場襲撃も効果をもたず、岸紡各工場の一斉ストも厳戒体制のもとで失敗に終わった。指導部の方針の分裂もあり、ついに六月十三日、解雇者一〇人、諸要求撤回をもって争議は終結した。最後まで籠城し闘い続けたのは、日本人女工一〇人、朝鮮人女工二〇人であったという。まさしく岸和田紡績堺分工場の闘いは、現場における朝鮮人と日本人の具体的な共同闘争であった。

だがそれはまた、階級一元論に立った日本労働組合全国協議会が指導する労働運動左派が、民族抑圧状況に基づく在日朝鮮人の怒りのエネルギーを政治的に利用しつつ闘争激化をはかり、結果的には朝鮮人の逮捕者の続出と日本人への不信を生み出すという重大な問題をも露呈したのであった。

ところで、小説「君が代丸」の主人公である椎茸の箱に隠れた男、またその箱にヘドを吐いて彼を守った男たちは、船が着いた大阪の築港桟橋から、どこに身をひそめたであろうか。彼らは官憲の目をかいくぐりながら、「猪飼野」とよばれる地域に潜行し、可能なかぎり活動を続けたとみて、まず間違いはあるまい。そしてまた岸和田紡績にたどりついた春玉たちも、何かの縁からこの地を訪ねることがあったであろう。

「日本国猪飼野　金某」のあて名で手紙が届くという言い伝えがあるほど、この地は民族的な生活空間として存立してきた。とりわけ済州島出身者による生きる手だてとしての強力なネットワークが存在していたのである。幾人もの春玉たちがやってきた一九二〇年代後半から三〇年代前半にかけて、この猪飼野周辺では、ふたつの大きな運動が展開された。

ひとつは、端的にいって「君が代丸」を打倒しようとする闘いであった。日本資本の船会社に対抗して大阪済州島航路に参入した東亜通航組合運動は、島と大阪をつなぐ生活をかけた闘いに他ならなかった。当時、島の全所帯の三分の二までが日本とくに大阪へ、家族の誰かを送っており、出稼ぎ労働は島民の生活の深部にまで刻み込まれていた。だからこそ「君が代丸」を擁した尼崎汽船部と、それと独占協定を結ぶ朝鮮郵船による高い船賃は、民衆にとって死活問題となっていたのであり、「われらはわれらの船で」という自主的なスローガンは、文字通り民族的闘争となったのである。

いまひとつは、猪飼野の地場産業であるゴム工場の労働運動であった。悪臭がひどく危険で劣悪な労働現場へ、済州島出身者が、この時期に急速に吸収されていったのである。ゴム工ゼネストの闘いは、すでに定着しつつあった朝鮮人労働者の家族ぐるみの地域労働運動として展開されたが、朝鮮人参加者によると、日本人ゴム工の参加はほとんど見られず、むしろ闘争を押し止める側にまわることが多かったという。民族差別は、工場のなかでは労働の内容や待遇の面で厳存し、また地域のくらしのなかでも住居差別をはじめとして生活のすみずみにわたって存在していた。こうした民族排外主義の経済的・社会的基礎に対して、日本の労働運動は、的確な認識と有効な戦術を採りえず日本人労働者の共同闘争を提起できないまま、他方では戦闘的な朝鮮人労働運動を傘下におさめ、民族組織の解消を進めたのであった。こうした活動の背景については、後述したい。

一九九六年七月、大阪市生野区で新井英一のライブを聴く機会を得た。九五年日本レコード大賞アルバム大賞を受賞した「清河への道」の新井英一である。春玉、英珠、瑛信、高昌淳たち、あるいはまた高乙順、朴石化、そして周衣の男たちより、二代、三代と若い人々が集い、一〇年ぶりに故郷の清河を訪れてきたばかりという新井の絶唱に魂を揺さぶられた。五臓六腑にしみ通るようなその声は、「搴瑟浦への道」「朝天への道」「釜山への道」「木浦への道」として、在日のそれぞれが自らの歌を歌い返していくことを呼びかけているようだった。そして私にとっては、小さい頃からの朝鮮人との出会いを改めて想起し、これからどのような歌を歌おうとするのかを問いかけてくるようであった。そのためにも「大阪への道」そして「大阪のなかでの出会い」を解き明かしていくことが、改めて求められているだろう。次にそれらの実相に目を向けることにしよう。

注

（1）　ここで私が念頭においているのは、クウェートをめざすパレスチナ難民たちの困難を描いたガッサン・カナファーニー『太陽の男たち』（一九六三年）（邦訳『太陽の男たち／ハイファに戻って』黒田寿郎・奴田原睦明訳、河出書房新社、一九七八年）に関するE・サイードの次のような指摘である――「もしここでわたしたちがこの小説を、民族の運命を示すアレゴリーという範疇に押し込めてしまい、そこに亡命パレスチナ人の現実的苦悩の反映しかみないのなら、この作品の主題ならびに文学的価値は、はなはだしくそこなわれるだろう。カナファーニーの作品は、その特殊歴史的な状況、特殊な文化的状況と結びついているのはたしかだが、同時に、他の民族の文学や文学表現形式の総体とも結びついている。この点を、注意深い読者なら、解釈の際に、必ず考慮するはずである」(「知の政治学」『みすず』一九九二年八月号、一二〜一三ページ)。私は、小説「君が代丸」を、このような世界性を内包した作品として読むことに大きな意義があると考えている。なお徐京植『「民族」を読む――二〇世紀のアポリア』日本エディタースクール出版部、一九九四年、も参照。

(2)　在阪朝鮮人史に関する調査研究文献は多い。そのなかで大きな学恩を受けてきた文献を記しておきたい(判然と分けにくいが文学系を除く)。姜在彦「在日朝鮮人渡航史」(原著は一九五七年)『「在日」からの視座』新幹社、一九九六年、所収(姜在彦「在日朝鮮人の形成史」金達寿・姜在彦共編『手記＝在日朝鮮人』龍溪書舎、一九八一年、所収、は本論文に若干の加筆修正をしたもの)。岩村登志夫『在日朝鮮人と日本労働者階級』校倉書房、一九七二年。朴慶植『在日朝鮮人運動史』三一書房、一九七九年。金仲培「在日朝鮮人と生野」『解放の燈』一九八一年別冊、大阪府立桃谷高等学校解放教育推進委員会、一九八一年。金賛汀『朝鮮人女工のうた――一九三〇年・岸和田紡績争議』岩波書店、一九八二年。呉清恵『日本における労働力の国際移動』大阪市大修士論文、一九八四年。宋連玉「大阪における解放前の在日朝鮮人の生活(一)」『在日朝鮮人史研究』第一三号(一九八四年)。金賛汀『異邦人は君ヶ代丸に乗って――朝鮮人街猪飼野の形成史』岩波書店、一九八五年。谷合佳代子「一九三〇年代在阪朝鮮人労働者のたたかい」『在日朝鮮人史研究』第一五号(一九八五年)。佐々木信彰「一九二〇年代における在阪朝鮮人の労働=生活過程」杉原薫・玉井金五編『大正/大阪/スラム』新評論、一九八六年(増補版、一九九六年)、所収。樋口雄一『協和会――戦時下朝鮮人統制組織の研究』社会評論社、一九八六年。秋庭裕「大阪における済州島出身者について――一九二〇~三〇年代を中心に」中久郎編『戦時下日本社会における民族問題の研究』民族問題研究会(京都大学文学部)、一九八六年、所収。金森襄作「『在日朝鮮人』の形成とその状態」などの諸論考、大阪社会労働運動史編集委員会編『大阪社会労働運動史』第一~二巻、大阪社会運動協会、一九八六年、八九年、所収。立正大学日韓合同韓国済州島学術調査団『韓国済州島の地域研究』学術調査報告書、一九八八年。李益雨・金源植「近代の済州島と日本」『済州島』第二号(一九八九年)、所収。平山洋介他「在日韓国・朝鮮人の居住問題とエスニック・コミュニティ」『日本建築学会大会学術講演梗概集』一九九〇年。高柳俊男「なぜ大阪に」杉谷依子編『ふれあいのまち大阪』大阪市人権啓発推進協議会、一九九一年、所収。辛基秀『アリラン峠をこえて――「在日」から国際化を問う』解放出版社、一九九二年。朴一「日本のなかのもう一つの外国人労働者問題」奥山眞知・田巻松雄編『二〇世紀末の諸相』八千代出版、一九九三年、所収。水野直樹「在日韓国・朝鮮人の歴史(二)」飯沼二郎編『足もとの国際化』海風社、一九九三年、所収。宋連玉「大阪における在日朝鮮人の生活」枚方市教育委員会編『在日朝鮮人の歴史』一九九三年、所収。梁永厚『戦後・大阪の朝鮮人運動 一九四五―一九六五』未來社、一九九四年。梶村秀樹「日本資本主義と在日朝鮮人」森田桐郎編『国際労働移動と外国人労働者』同文舘出版、一九九四年、所収。小山仁示「大阪と在住朝鮮人」『戦争 差別 公害』解放出版社、一九九五年、所収。高鮮徽『在日済州島出身者の生活過程――関東地方を中心に』新幹社、一九九六年。原尻英樹「日本敗戦後の在日朝鮮人――済州島人の生活史」原尻英樹・六反田豊編『半島と列島のくにぐに――日朝比較交流史入門』新幹社、一九九六年、所収。伊地知紀子「生きられる歴史・紡がれる言葉――済州島と大阪でのフィールドワークから」『人文論叢』(大阪市立大学大学院文学研究科)第二五巻(一九九六年)。庄谷怜子・中山徹『高齢在日韓国・朝鮮人――大阪における「在日」の生活構造と高齢福祉の課題』御茶の水書房、一九九七年。河明生『韓人日本移民社会経済史・戦前篇』明石書店、一九九七年。原尻英樹『日本定住コリアンの日常と生活――文化人類学的アプローチ』明石書店、一九九七年。西成田豊『在日朝鮮人の「世界」と「帝国」国家』東京大学出版会、一九九七年。伊地知紀子「生活共同原理の可能性――韓国・済州島・杏源里社会の例から」『ソシオロジ』第四二巻第一号(一九九七年)。金賛汀『在日コリアン百年史』三五館、一九九七年。『地理』第四三巻第五号(一九九八年)の特集・済州島世界。なお『統一日報』(一九八一年一月一日〜二月二十八日)に二十一回にわたって連載された「同胞のすむ街――猪飼野(大阪)編」および同紙(一九九五年五月二十五日〜六月二十九日)に十七回にわたって連載された「同胞のすむ街 大阪・生野編」は、いずれもひろい歴史的視野に立った優れたルポルタージュであり、多くを教えられた。

(3) 小松裕・金英達・山脇啓造編『「韓国併合」前の在日朝鮮人』明石書店、一九九四年、を参照。

(4) 当資料も含めて、小山仁示氏からご教示を受けた。明記して謝意を表したい。

(5) 井上吉次郎「大大阪と移入鮮人の問題」『大大阪』第四巻第一一号(一九二八年)、二三ページ以下。

(6) 大阪市社会部調査課「本市に於ける朝鮮人の生活概況」(大阪市社会部報告八五号、一九二九年)。朴慶植編『在日朝鮮人関係資料集成』第二巻、三一書房、一九七五年、一〇三二ページ。

(7) 崔碩義「私の原体験 大阪・小林朝鮮部落の思い出」『在日朝鮮人史研究』第二〇号(一九九〇年)。

(8) 朝鮮総督府『阪神・京阪地方の朝鮮人労働者』(一九二四年)朴慶植編『在日朝鮮人関係資料集成』第一巻、三一書房、一九七五年、四一二ページ。

(9) 松下松次「近代紡績業と朝鮮人――岸和田紡績会社を中心として」大阪歴史学会近代史部会『近代史研究』第一九号(一九七七年)、七～一〇ページ。

(10) 金賛汀『朝鮮人女工のうた』一一六ページ。

(11) 同上、一二四ページ。

(12) 松下、前掲論文、一三ページ。大阪社会労働運動史編集委員会編『大阪社会労働運動史』第二巻(戦前篇・下)、大阪社会運動協会、一九八九年、一一三二ページ。

(13) 金賛汀『朝鮮人女工のうた』八五ページ。

(14) 争議および岸和田紡績史については、注(9)～(12)の文献および以下の研究に全面的に依拠した。金賛汀・方鮮姫『風の慟哭』田畑書店、一九七七年。松下松次編『資料 岸和田紡績の争議(一九一九～一九三七)』ユニウス、一九八〇年。『同(補遺)』一九八一年。堺の朝鮮人強制連行・強制労働の真相を明らかにする会『戦前の堺における朝鮮人』一九九二年。

第Ⅱ章　済州島から猪飼野へ
——在阪朝鮮人の渡航過程

第一節　ひとつの歌から

無情な君が代丸　私を乗せてきて
なんでこんな　苦労をさせるのか

このような歌が、朝鮮・済州島のいくつもの港や大阪築港桟橋での別れの時に、あるいはまた鉄工所でのきびしい仕事の合間でも、ふと口ずさまれたという。作詞者も作曲者も不詳、というよりは、そうした気持ちを抱いた時に自然に出てきた言葉が、耳慣れた節回しを借りて、歌い出されたものという。冒頭の一節を教えてくださった金季玉さんによれば、この種の歌は、本当にたくさんあったということだ(金季玉さん談B)。

この歌のことを、李哲さんにたずねてみた。すると、思いもかけぬことに、元歌があることを教えて下さった。済州島に古くから伝わる「青春歌」という歌の節回しで歌われたというのである。正月や端午の節句、盆といった年中行事の時や、あるいは間貸りをしている狭い部屋、さらには工場の片隅でも、何人かが車座になって、まわし歌のようにして、歌の好きな者が音頭を取る形で歌い始め、次々と順番に歌い継いでいったそうだ。読み書きができなくても、即興で女たちも男たちも、自分のことばで、あるいは耳に残った文句の語呂合わせで、故郷を想いながら歌い続けたのであった。

教えていただいた歌詞の中から――、

青天の空には　星の数よ
私の身の上にゃ　苦労ばかり

何で我が身は　うらぶれて
日本あたりに　捨てられた

神はあるのか　いないのか
私を助けて　くれぬのか

私に翼があったなら　飛んで帰りたいものを

それがないのが　うらめしや

文字にすると苦汁を込めた哀切のこもった感じがするが、実際はそれだけでなく、恋やロマンもおりまぜて、水がめや机などをたたき、「チョッター」と合いの手を入れながら、自分たちの気持ちを少しでも解き放っていくたくましさをあわせもった歌でもあった。

それは文人名士が作詞作曲した名曲ではなく、済州島と大阪をつなぐ島の民衆によって、悲喜こもごものアドリブの中から生み出されてきた土俗的な生活の歌だったのである(いくつもあるであろう歌いまわしを、島のことばで、とりわけハルモニたちから採譜されることを願わずにはいられない)。

朝鮮半島の南西端、木浦より一四二キロメートル離れた南方の海上に浮かぶのが、済州島である。この島は、周囲二〇〇キロメートル余の海岸線をもつ楕円形をした火山島で、面積はほぼ香川県に等しい[1](II-1図を参照)。この済州島出身の在日朝鮮人一世たちに、さまざまに複雑な感慨を想い起こさせる「君が代丸」とは、大阪と済州島を結ぶ定期航路において、一九二三年の開設から一九四五年の終焉まで、実に四分の一世紀近くにわたって島の人びとを乗せ続けた連絡船に他ならない。同化強要のシンボルとして特別な意味をもつ名称の連絡船に乗って、済州島の民衆が、日本帝国主義による植民地支

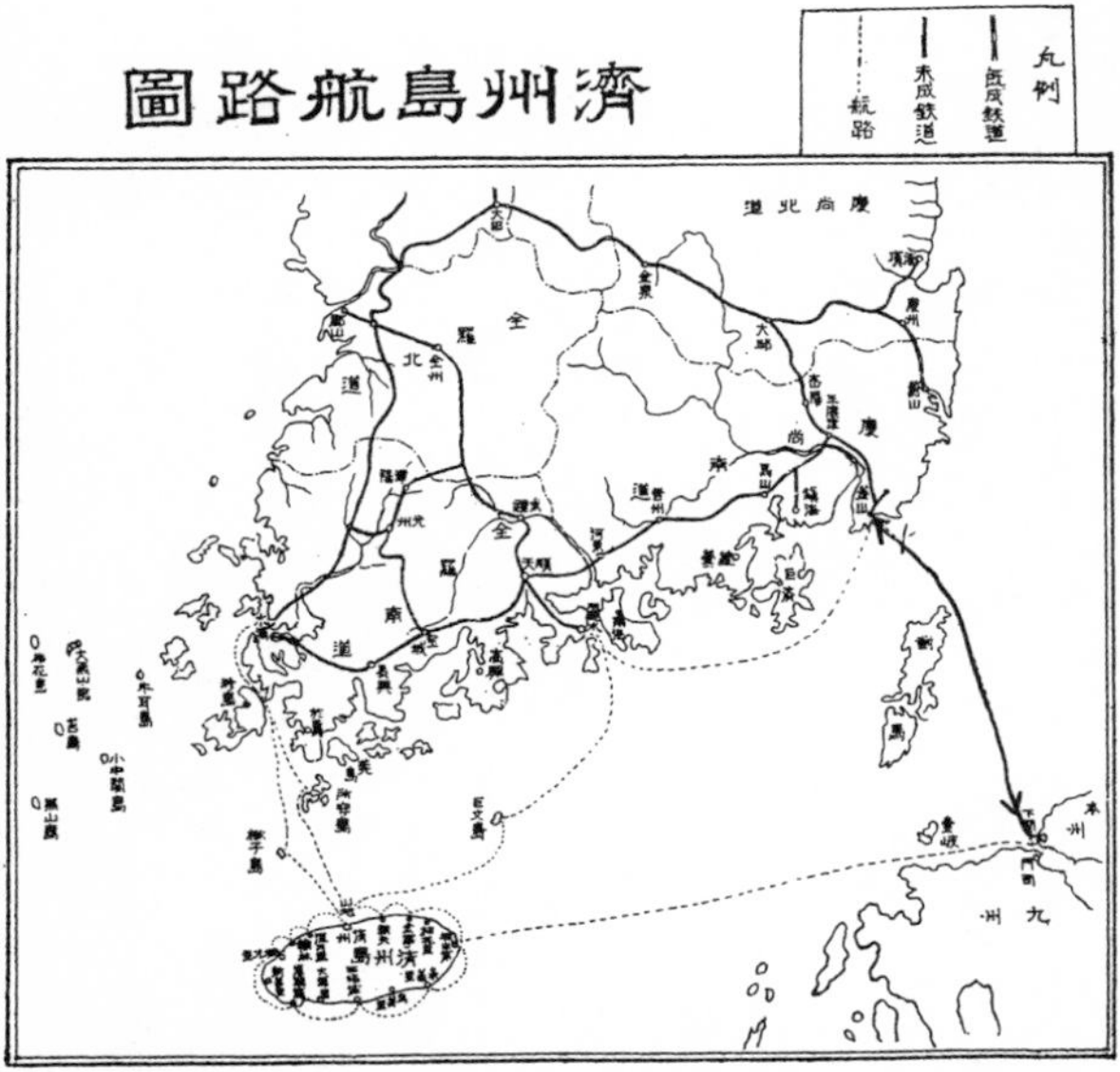

出所）釜山商業会議所『済州島とその経済』1930年，巻末.

II-1図　済州島をめぐる航路

配の結果、生きんがために故郷を離れ大阪へと渡航せざるを得なかったという歴史的かつ象徴的な事実を、私たちは忘れるべきではない。

II-1表を参照されたい。在日および在阪朝鮮人の中で済州島出身者が占める人数と比率である。戦前・戦後いずれにおいても――直接的な強制連行によって、朝鮮人を日本各地の炭鉱や土木工事現場などに投入した第二次世界大戦期を例外として――、在日朝鮮人の約

Ⅱ-1表　在日・在阪朝鮮人と済州島出身者

年	在日朝鮮人 ①	うち済州島出身者 ②	②/① (%)	在阪朝鮮人 ③	③/① (%)	うち済州島出身者 ④	④/③ (%)	④/② (%)
1934	537,695	50,053	9.3	171,160	31.8	37,938	22.2	75.8
1974	638,806	101,378	15.9	178,720	28.0	63,972	35.8	63.1

出所）1934年(①, ③)：田村紀之「内務省警保局調査による朝鮮人人口(I)」『経済と経済学』第46号(1981年2月)59, 82ページ.
1934年(②, ④)：『桝田一二地理学論文集』87～88ページ.
1974年：姜在彦「在日朝鮮人の65年」『季刊三千里』8号(1976年11月)32ページ.

三割が大阪府に居住しているが、この在阪朝鮮人の中で済州島を故郷とする人々が四分の一から三分の一を占めていることが確認される。その比率が全国平均に比べて高いのは、済州島出身者の三分の二から四分の三が大阪に集中的に居住しているためである。地域を大阪府から大阪市へと絞れば、この比重は一挙に高くなる。というのは、大阪府に在住する済州島出身者の圧倒的多数は、昔も今も、「猪飼野」――大阪市東部の生野区・東成区にある朝鮮人集住地区の代名詞――地域に住んでいるからである。

ところで大阪市は、一九二五年には二一一万という日本一の人口をもつ世界有数の大都市であり、商業・金融の伝統的なセンターであるとともに、綿業・機械工業などの工業地帯を有するアジア最大の商工業都市であった。つまり二十世紀前半に、世界資本主義システムがアジアで展開する上で、極めて重要な核のひとつが、この大阪であったのである。さて一九二四年末の時点で、従業員一五人以上の工場に働く大阪府の工業労働者二六万一六〇五人の出身地をみると、上位から①大阪九万四五六〇人、②鹿児島一万四三〇六人、③朝鮮一万一三五七人、④兵庫一万一三一七人、⑤香川八八八九人、⑥沖縄七二一九人、と続いている。[2]注目すべきは、朝鮮、沖縄、鹿児島(奄美諸島を含む)の比重の高さであろう。つまり大阪は「東洋のマンチェスター」として、アジア各地に工業製品を輸出していただけでなく、すでにふれたように、植民地支配の過程で、朝鮮・済州島や沖縄からの多数の渡航労働者を自らの内に抱え込んでいた国際都市でもあった。そして一九二〇年代以降、それぞれの地域から大阪へ連綿と労働者を運び続けたルートこそ、大阪済州島航路および大阪沖縄航路(奄美・鹿児島経由)に他ならなかったのである。

しかるに近代大阪史研究の分野では、この大阪済州島航路のもつ意味を、大阪都市史・大阪社会史の立場から位置づけようとした研究は、管見のかぎりではきわめて少ない。また在日朝鮮人史研究においては、何よりも済州島民が組織した渡航組合を民族的立場から検討した朴慶植氏の貴重な労作が第一に指摘されるべきであり、また他の研究においても関説されてはきたが、なおまとまった形で論述されてはいないように思われる。[3]そこで本章では、在阪朝鮮人の主力部分を一貫して占め続けているにもかかわらず、その実情がなお明らかではない済州島出身者の渡航過程を、一九二〇年代から三〇年代に焦点をあわせてあとづけ、さらに次章では、朝鮮人労働者の大量渡航を可能とした大阪済州島航路史を、日本海運資本とりわけ「君が代丸」を擁した尼崎汽船部を軸に論述する。いずれも、文献調査と聞き取り調査を重ね合わせながら議論を展開することによって、近代大阪社会史および在日朝鮮人社会の形成史のそれぞれの研究に、一定の貢献をおこなうことを課題とするものである。

第二節　渡航者の増大

前近代において、済州島と日本列島の海民同士の交流が存在していた事実に関する研究が、近年進展をみせているが、(4)近代の日朝関係において、済州島民の日本渡航は、韓国併合(一九一〇年)以前にさかのぼるものであり、その担い手は「潜嫂《チャムス》」や「潜女《チョムニョ》」とよばれた海女たちであった。この海女は、朝鮮半島陸地部には見られず、済州島独特の女性の職種である。済州海女の日本渡航については、東京の三宅島に「明治三十六年〔一九〇三年〕、金寧の船頭金丙先氏が海女数名を連れて出稼ぎした」(5)のが始まりといわれている。彼女たちの来日は、明治末期以降に北九州や瀬戸内海沿岸の日本漁船が、済州島周辺の好漁場へ押し寄せ、乱獲をはじめ漁場が荒廃してゆく状況と重なっていることに注意する必要があろう。他方、男子の方もほぼ同じ時期に、漁師の渡航がみられた。済州島の漁師たちは、来航した日本の漁船に乗り組み、漁撈見習いとして、一九〇七年以降一〇〇人余りが渡航していたという。(6)

工業界の方では、大阪の紡績業界の動きが早く、一九一一年に摂津紡績木津川工場、一九一四年に東洋紡績三軒家工場の事務員が、職工募集のために島を訪れている。まだ全島的に募集する条件は整っておらず、済州城内およびその周辺農村からの応募であったが、ほぼこの時期をもって、近代工業労働者としての済州島民の日本渡航が開始されたといえよう。第一次世界大戦下の好況期に阪神工業地帯からの職工募集が続き、さらに一九一九年には、福岡県鞍手郡新入村の三菱炭鉱が、坑夫募集のために勧誘員を派遣している。こうした日本企業の活動に対して、済州島当局は斡旋の役割を果たし、渡航者は次第に増大、一九二二年には三五〇二人《ママ》(男子三一九八人、女子三〇五人)に達した。(7)だが大正末期より目立った形での職工募集員の派遣を跡づけることはできない。特定企業の募集に応じて渡日するという形よりも、むしろ血縁・地縁をたよって渡航するという形態の方が普通であったと考えられる。

済州島・大阪間の渡航および帰還朝鮮人の推移を、関釜航路利用者と対照させたものがII-2表である。まず一九二四年に済州島から大阪への渡航者が、前年の約三倍に急増している点が目をひく。これは同年に、尼崎汽船部および朝鮮郵船による定期航路体制が確立したためである。以後、年によって変動はありながらも、統計数字の利用できる一九三六年までの一三年間の平均は、往路一万七三四三人、復路一万四五六五人となっており、往復路あわせて年間三万を越える済州島民が、この阪済航路を利用すること

II-2表　渡航・帰還朝鮮人の推移

年	済州島→大阪			大阪→済州島			釜山→下関	下関→釜山
	男	女	計	男	女	計		
1922	3,198	305	3,502	〔800〕	—	—	70,462	46,326
1923	〔4,500〕	〔690〕	—	〔2,630〕	〔520〕	—	97,395	89,745
1924	〔11,900〕	〔2,370〕	14,278	〔4,200〕	〔730〕	5,107	122,215	75,427
1925	〔13,100〕	〔2,760〕	15,906	〔8,000〕	〔1,640〕	9,646	131,273	112,471
1926	11,742	4,120	15,862	10,029	3,471	13,500	91,092	83,709
1927	14,479	4,745	19,224	12,015	4,848	16,863	138,016	93,991
1928	11,745	5,017	16,762	10,100	4,603	14,703	166,286	117,522
1929	15,519	4,903	20,418	13,326	4,334	17,660	153,570	98,275
1930	12,029	5,861	17,890	15,175	6,251	21,426	95,491	107,771
1931	11,635	7,287	18,922	12,152*	5,533	17,685	93,699	77,578
1932	11,695	9,714	21,409	10,382	7,925	18,307	101,887	69,488
1933	15,723	13,485	29,208	12,356*	5,706	18,062	136,029	79,280
1934	9,060	7,844	16,904	8,115	6,015	14,130	132,530	87,707
1935	4,327	5,157	9,484	5,986*	5,175	11,161	85,035	81,884
1936	4,739	4,451	9,190	6,037	5,058	11,095		

出所）阪済関係のうち，1922〜25年は桝田前掲書より．なお〔　〕内は，同書109ページより推定．1926〜36年は，済州島庁編『済州島勢要覧(昭和12年版)』1937年，20ページ．関釜関係は，森田芳夫「戦前における在日朝鮮人の人口統計」『数字が語る在日韓国・朝鮮人の歴史』明石書店，1996年，72ページ．

＊印の人数は，原表の印刷ミスと推定されるので，修正した数である．

になったのであった。

次にこの数値を、右欄に掲げた釜山港経由の渡航・帰還者数と比較してみよう。朝鮮半島からの渡航者は、まずは釜山へ来てから関釜連絡船に乗り込み、下関に到着後、日本各地へ散って行くわけである。この関釜航路は、日本と朝鮮を結ぶ最も太いルートであっただけでなく、朝鮮半島を縦断する鉄道とリンクすることによって中国大陸への交通路の一環であったことは、よく知られている。さてⅡ-2表に示された一九二四〜三五年の釜山から下関への朝鮮人渡航者数から算出すると、年間平均して一二万〇五九四人が渡日しており、同じく九万〇四二五人の朝鮮人が釜山へ帰還したことになる。この人数を、同期間の大阪済州島航路の朝鮮人乗船者数と比較するならば、往路で一〇〇対一五、復路で一〇〇対一六となり、日本と朝鮮とをつなぐルートが、関釜連絡船だけではなかったことが確認できるであろう。

だが、この二つの航路の乗客はまったく異なっていた。関釜航路における朝鮮人の乗船率は、下関行きが、(二二年)一九%、(二七年)三一%、(三二年)二三%であり、釜山行きが、(二二年)二五%、(二七年)四一%、(三二年)三三%となっていた。すなわち利用者の約七割は日本人であった。これに対して阪済航路の方は、乗客の圧倒的部分が済州島出身者によって占められており、端的にいって、故郷と大阪を二、三昼夜で確実に結びつける労働者輸送船の道すじだったのである。ここで注意すべきは、朝鮮の全人口が、一九二〇年で一六九二万、一九三〇年で一九六九万であったのに対して、済州島人口は二〇～二四万にすぎず、ほぼ一・二％を占めるにすぎなかったという事実である。(8) つまり済州島の日本との関係は、朝鮮の陸地部とは比較にならぬほど濃密であり、しかもそれは一九二〇年代半ば以降の大阪との直行連絡船の就航によって成り立ったものだったのである。

以上はいわばフローの動向であるが、今度はストックの方をみてみよう。Ⅱ-3表を参照されたい。これは、男女別にみた済州島出身の日本在留者数を、在日朝鮮人全体の人口および島内在住の人口と比較したものである。

まず注目されるのは、一九二〇年代前半に、済州島出身の女性が、在日朝鮮人女性の中で大きな比重を占めていたことである。たとえば一九二五年時点で、済州島出身女性は在日朝鮮人女性のうちで二九％に達しており、その結果として、同時期の在日朝鮮人の二〇％、五人に一人が済州島を故郷とする人びとであった。そして二〇年代後半、昭和初期に入ってからは、島民の在留者も増えるとはいえ、それを上回るスピードで朝鮮半島部からの渡航者が定着していくという歴史的事実が読み取れるであろう。

次にⅡ-2表とⅡ-3表を重ねながら、済州島出身女性の渡航者および在留者の傾向をみてみよう。一九二二年では、男女あわせた渡航者数のわずか九％にすぎなかった女子

Ⅱ-3表　在日済州島出身者数，在日朝鮮人人口，済州島における朝鮮人人口の推移

年	日本に在留する済州島出身者			在日朝鮮人			済州島内在住の朝鮮人人口		
	男	女	計	男	女	計	男	女	計
1922	—	—	—	50,874	8,870	59,744	96,953	101,046	197,999
1923	〔6,600〕	〔3,600〕	10,381	67,715	12,300	80,015	104,044	104,974	209,060
1924	〔14,300〕	〔5,300〕	19,552	100,429	17,763	118,192	106,429	108,155	214,584
1925	19,381	6,395	25,782	107,494	22,376	129,870	95,280	109,034	204,314
1926	21,096	7,044	28,144	116,415	27,383	143,798	101,033	108,808	209,841
1927	23,560	6,941	30,505	135,714	35,561	171,275	100,840	109,688	210,508
1928	25,205	7,355	32,564	184,300	53,804	238,104	98,956	105,464	204,420
1929	27,398	7,924	35,322	205,165	70,041	275,206	92,847	101,170	194,017
1930	24,252	7,534	31,786	215,633	82,458	298,091	92,938	105,366	198,304
1931	23,735	9,288	33,023	220,759	90,488	311,247	91,410	102,200	193,610
1932	25,048	11,077	36,125	265,498	125,045	390,543	93,892	105,377	199,269
1933	28,415	18,856	47,271	305,999	150,218	456,217	87,868	100,641	188,509
1934	29,360	20,685	50,045	348,081	189,614	537,695	87,557	100,853	188,410
1935	27,701	20,667	48,368	390,284	235,678	625,678	91,412	106,131	197,543
1936	26,403	20,060	46,463	426,551	263,950	690,501	91,308	103,970	195,278

出所）左欄．桝田前掲書，86ページによれば．1934年4月末現在で，日本在留の済州島出身者は，男子29,365人，女子20,688人，合計50,053人である．各年の在留者が記載されている前掲『済州島勢要覧』20ページでは，同年の在留者は合計50,045人である．そこで桝田統計に示された男女比にしたがって，50,045人の男女別内訳を表記のようにした．そしてⅡ-2表に示した各年の渡航，帰還者数にしたがって，各年の男女在留者を算出した．1925～28年において，この方法に基づく男女数の和と，『要覧』に示された在留者数合計とに4人の差がみられるが，そのままにした．なお1923～24年は，Ⅱ-2表より推定．

中欄．田村，前掲論文，59ページ．

右欄．『済州島勢要覧』，9～11ページ．

渡航者は、二〇年代後半には二〇％台に達し、一九三〇年には三三％、三二年には四五％と急上昇して以降、男女比はほぼ一対一にまで変化をとげることになる。これに照応するように、女子在留者の方も、一九二〇年代後半は全在留者数の二割台であったが、三一年頃より上昇を示し、三二年には三一％、三三年には四〇％に達している。

ここで、日本に在留する済州島出身の女性二万〇六八八人《ママ》の年齢構成を紹介しておきたい。資料によれば、一九三四年時点で、十五歳以下三五八六人(一七・三％)、十六〜二十歳三四八一人(一六・八％)、二十一〜二十五歳三五一五人(一七・〇％)、二十六〜三十歳三八二二人(一八・五％)、三十一〜三十五歳二六七〇人(一二・九％)、三十六〜四十歳一八二八人(八・八％)、四十一〜五十歳一一三九人(五・五％)、五十一歳以上六四七人(三・一％)であった[9]。この統計は、第一に、紡績工を中心とする若年女子労働者が在日女性の一定の比重を占めているとともに、第二に、子どもを伴っているであろう既婚女性の在留比率も少なくないことを示している。そこに家族ぐるみの定着化傾向の進展をうかがうことができるのではあるまいか。

ところでこの表の右欄は、日本への渡航者の増大に伴って、済州島在住の人口が減少していく様子がはっきりと示されている。男子だけをみれば、すでに一九二五年段階で、日本在留者と島に残留する者との比率は一対四・九を示し、済州島としては女子も含めた総人口の一割以上が在日となっていた。この比率は年とともに着実に伸び、一九三四年で男子で一対三・〇、女子で一対四・九に達し、島民の五分の一以上が日本在留、しかも生産年齢人口がその中心部分という異常事態を迎えるに至ったのである。このような大移動が、「農業一人あたり平均耕地一町四段歩を一・五人ないし二人で耕作する状態」という、農業労働力の欠乏を結果したことは言うまでもない。かくして「祖先の墳墓の地たる農村荒廃の原因を醸し、広漠たる耕地は空しく荒廃する状態(10)」となった。

航路開設は、これほどまでに直接的に、済州島の社会経済構造を刻印してきたのであった。このような重大事態に直面して、従来は渡航を奨励してきた島当局も、一九三三年頃より渡航制限を強化することとなる。同年の渡航出願者は、男子五万三二五四人、女子三万五〇六〇人、合計八万八三一四人であったが、当局は島内一二の警察官駐在所を通じて出稼ぎ希望者の厳選をはかり、男子の七一・七％、女子の五九・四％、合計で六六・八％の渡航を阻止、さらに翌三四年一〜四月期においては、日本への渡航を出願してきた者のなかで四分の三以上、すなわち三万二三八八人のうちの七八・六％もの人びとを、諭示によって渡航不許可としたのであった(11)。こうしてⅡ-2表の左欄では、渡航者が減少し、帰還者数が渡航者数を上回るという事態を招いたのであった。

だが渡航阻止への政策転換は、こうした構造的理由だけではなかった。他方では、民族解放的・階級的な運動が済州島と結合し、島に影響を与えることを防止する措置でもあった。大阪の検察当局は、大阪で結成された民族的な共同組合たる東亜通航組合と島の済州青年同盟の連携、一九三二年一月の海女闘争における「旧左面社会民衆運動協議会」「大阪旧左青年聯合会」との共闘などの事態から、「済州島民が内地に渡来して之等の運動に影響されまた島民の性格が争闘性に富んでゐることと共に済州島にもまた最近の社会思想が流れ入った(12)」ことを重視している。そういう意味での済州島と大阪との連絡を、「君が代丸」が担ったともいえることは、次章で改めて論じることにしよう。

本節の最後に、済州島出身者が、在阪朝鮮人のなかで、どれほどの比重を占めていたのかをみておこう。日本統治時代、済州島は独立したひとつの道という行政単位ではなく、全羅南道の一部であったため、各種の出身道別統計では、島の出身者を確定することは困難だが、いくつかの調査報告からおおよその傾向を推測することは可能である。

一九二五年九月末の時点では、大阪府下在住の朝鮮人三万一三〇五人のうち、約四割が済州島出身者であったが(13)、一九三一年十二月には、府下在住の八万五五五六七人の中で、全羅南道出身者は三万九九四〇人であり、さらにそのうち済州島出身者は三万人を超えていて、在阪朝鮮人の三五％強を占めていた(14)。また在阪朝鮮人のうち、全羅南道出身者の比率は、大阪府下で、一九二三年五二％、二四年四九％、二五年五〇％、三一年四七％となっており、また大阪市統計では、一九二八年、二九年ともに四八％となっている(15)。全羅南道出身者のうち済州島の出身は、一九二四年で約八三％、三四年で七五％と推定される(16)。それゆえ傾向としては、一九二〇年代半ばでは、在阪朝鮮人の約四割を済州島出身者が占めており、以後、朝鮮半島からの渡航者の急速な増大とともに、その比重が減少していったとみることができよう。済州島側の調査によれば、一九三四年四月末時点で、在日の済州島出身者五万〇〇五三人のうち、大阪府在住者は七六%にあたる三万七九三八人にのぼり、同年末の在日朝鮮人一七万一一六〇人の二二%を占めていたのであった。(17)

第三節　渡航の諸要因

前節では、さまざまな角度から済州島からの渡航者の増大の諸相を論じてきたが、それではこうした渡航を促進した要因はどこにあったのだろうか。

まず第一に、植民地支配を通じて、生活の安定そのものが脅かされる社会経済的状況におかれた済州島民衆の、生きんがための必然的な要求が、プッシュ要因として存在したことが指摘されるべきである。(18) まず漁業からみよう。すでにふれたように、アワビ、サザエ、ナマコなどの宝庫であった済州島では、島民の間で漁獲量を調整して、乱獲を防止してきたのだが、この慣行を無視する形で、日本の潜水器漁法が登場し、とくに一八八〇年代以降、漁場が荒らされていく。海産物の減少というこの事態は、海女の出稼ぎの直接のきっかけとなり、それと並行して済州島が朝鮮本土さらには日本との経済圏の中に組み込まれていく契機ともなった。

また機械織による安価な綿製品が日本から流入することによって、島の地場産業であった手紡ぎの綿織物が打撃を受ける一方、朝鮮各地に需要をもっていた馬の尾毛で編む伝統的な帽子づくりも、固有の民族文化が負の評価を受けていく中で斜陽化せざるを得ないという状況が進行する。かくして済州島の人々の生活を支えてきた家内的な手工業が存亡の危機にさらされてゆくことになる。

では農業の方はどうであったか。Ⅱ-4表はこの点を明示している。一九三四年時点で、済州島四万七四六六戸のうち、許可証を得て日本へ渡航者をおくる家庭が、全世帯の六四・三%にのぼっている。つまり、三戸のうちで二戸は家族の誰かを日本へ働きに出しているという状況が展開されていたことになる。先行研究[19]によれば、済州島では大土地所有は少なく、伝統的に地主・小作関係の亀裂は大きなものではなかったといわれている。一九一〇年代の土地調査事業は、土地に対する農民や火田民たちの慣習上の耕作権を剝奪していくが、一九一八年時点で、朝鮮全土では国有地が二・八%であるのに対して、済州島では国有地の比重が一八・四%にも達した。とりわけ耕作も遊牧も可能であった共有地が、国有化の対象となったために、絶対的な貧困が進行し、「自作農中心の生産関係は日常生活の全過程で共同体的関係を形成」せざるを得ない状態となっていたのである。

II-4表　済州島から日本への渡航家庭調査（1934年4月末現在）

業	全家族渡航戸数	50歳以上20歳未満残留	女子及び20歳未満残留	40歳以下20歳以上2名あて残留	全家族半ば以上20〜40歳残留	渡航戸数	非渡航戸数	計
農業								
地主	14	111	36	191	99	451	690	1,141
自作	102	1,110	1,362	2,587	2,573	7,999	6,536	14,536
自小作	578	1,694	1,858	2,670	2,430	9,230	4,733	13,963
小作	954	1,929	1,331	1,909	1,745	7,868	3,249	10,117
漁業	155	472	351	427	450	1,862	1,709	3,568
自由労働	200	223	194	289	188	1,094	364	1,458
商業	192	95	95	116	168	666	497	1,163
工業	32	58	66	66	29	251	59	310
無職	421	284	193	122	56	1,076	134	1,210
計	2,648	5,983	5,487	8,642	7,738	30,498	16,968	47,466

出所）『桝田一二地理学論文集』100ページ.

この表にしたがって農業関係者を階級別にして、渡航戸数が合計戸数のなかで占める比率をみると、地主の場合は三九・五％、自作農で五五・〇％、自作兼小作で六六・一％、小作で七七・八％と、明確な序列を描いて下層ほど増大している点が注目される。地主や自作農家でこれだけの渡航世帯が存在していたことも事態の深刻さを物語るが、小作農家の渡航率の高さは驚異的である。しかも小作農家一万〇一一七戸のうち、すでに農業を放棄して家を挙げて渡航している世帯は九五四戸で九・四％を占め、その戸数だけで、全家族渡航世帯二六四八戸の三六・〇％にも達している。この数字は、小作農家世帯が全島世帯に占める比率の二一・三％を、はるかに超えるものであり、挙家離村型の小作農家族が際立って多いことを示している。

こうした島の経済の各分野にわたる構造的な窮迫化は、日本資本の浸透そして大阪経済圏への吸引・依存の進展と、軌を一にするものであった。

第二に、「大大阪」の工業の側からの安価な労働力に対する強力かつ持続的な需要の増大が、プル要因として横たわっていたことは明らかである。その内実の一端は第Ⅴ章で論じるので、ここでは、大阪からみるならば、済州島は、わざわざ募集に行かなくとも、安定した労働力供給源としての位置を保っている地域であり、ことに初期の募集労働者が済州島庁の紹介であったこともあずかって、ある信頼をおくことのできる地域でもあったことだけを述べておこう[20]。

これに関連して指摘しておきたい点がある。済州島出身の方に大阪へ出てきた動機をたずねると、たとえば次のような答えがかえってくる――「なんで行ってみようか、いう気になったか言うたらな。今とちごてね、あそこ〔済州島〕は、〔こどもたちを〕ほったらかしたったから、人並みにあたれへん、はきものでも、服でも。それに日本に行ってた人は、きれいになって帰ってくるし。姉さんも、近所の人も。ここ〔大阪〕へ来たら、ちょっとでもきれいな服着れるし。私もそんなしたい思てな」(梁禮女さん談)。

前段には、家計の苦しい事情から渡航せざるを得ないという事情が、直接的で切実なものとして厳然と存在していたことが示されている。他方、後段には、自分にとって最も近しい存在(姉さんや近所の人)が、きれいに清潔になって目の前に現れるという形で、いわば「あこがれ」が身近な所から組織されてゆくことがうかがえるだろう。これに「白い線の入った帽子をかぶって帰ってきた学生さんを見かけた。かっこよかった」という感想を重ね合わせるならば、済州島の日常とは違った、「文明」都市大阪のイメージが、島の若い女性の生活意識の中にビルトインされていく過程がうかびあがってくる。ここで注目されるのは、「上の姉さん三人も行ったり来たりしたし、妹らもな」という証言が示すように、そして大局的にはⅡ-2表が語るように、人びとは大阪へ行ったままではなく「行ったり来たり」していたのであった。繰り返される出会いのたびに、そのつど「文明」が登場し確認されることになるのである。

梁さんは続ける——「何が楽しみや言うて、なんせ一生着る服作らなあかん思うて、木綿何反か買うてきて、行李の上下いっぱい詰めて帰る。自分の分、家の人の分。それが一番の楽しみやったね」。かくして姉さんや近所の人、学生さんたちに続いて、今度は自分が「文明」の体現者となっていくことになり、より新しい世代の目を引きつける役割を演じるのである。こうした過程の一切を、「君が代丸」すなわち阪済航路は保証したのであった。

ここでおさえておくべきは、植民地支配の結果として故郷を離れることを余儀なくされるという「客観的な背景」が、島を出ようとする人々の主観にあっては、所得や文明なるものへの「あこがれ」を求めてという形での「主体的選択」として表出せざるを得ないという落差の構造である。その意味をこそ、掘り下げねばならないだろう。

そして渡航促進の第三の要因として、済州島庁による一定の渡航奨励政策が指摘できる。それは、大阪側の需要と済州島民側の渡航要求とを結びつけるものとして機能したのである。

この問題を考えるにあたっては、まず日本および朝鮮総督府の朝鮮人渡航管理の歴史を概観しておく必要があろう。[21] そもそも朝鮮人の日本渡航は、一九一九年三・一独立運動の爆発と、それに対する弾圧を反映して、同年四月より「朝鮮人ノ旅行取締ニ関スル件」(朝鮮総督府警務総監部令第三号)をもって届出許可制とされた。同令は、二二年十二月にひとたびは廃止されたが(総督府令第一五三号)、二三年九月関東大震災直後に渡航禁止措置が実施された後、三カ月後の同年十二月に旅行証明書制度は復活をみる。二四年に入り、震災時の緊急情況が次第に落ちついてくる中で、総督府警務当局と「内地」の関係当局との交渉を経て、六月に渡航制限が撤廃された。だが翌二五年八月、大阪・山口・福岡各府県当局の要請を受けて、「内務大臣は、朝鮮総督に対し当分の内、㈠就職口確実ならざるもの、㈡国語に通ぜざるもの、㈢準備金百円未満のもの、渡航阻止方を公式に交渉」してきた。同年十月、慶尚南道警察部では、労働者募集人の取り締まりと、上記の条件を満たさぬ労働者の渡航阻止を開始、この方針は山口県や朝鮮総督府の同意を得て、釜山港における積極的な渡航制限・管理体制が確立したのであった。

こうした渡航管理政策は、基本的には朝鮮全体に関わるものであり、済州島についても、その適用を免れるような法的・制度的特例措置は管見のかぎり認められない。だが済州島の場合、開始時期は定かでないが、少なくとも一九三三年頃までは、むしろ実質的には渡航を奨励してきたという特殊性が存在していた。

大正時代中期における職工の渡航斡旋については、すでにふれるところがあったが、一九二三年には済州島司前田善次が来阪しており[22]、また一九二七年には済州共済会が組織されている。金根蓍(済州商船・済州棉業社長)らが中心となって結成されたこの団体は、済州島司を会長にいただき、済州城内に本部を、島内各面に支部を、そして大阪市東成区中道に出張所(後に大阪支部)を有していた。その活動内容は、「出稼の斡旋、職業紹介、出稼人の保護、救済並に福利増進等」であった。会員の資格は、満十三歳以上の日本渡航者で、一九二九年頃には、大阪方面一万五〇〇〇人、堺・岸和田方面二〇〇〇人、対馬方面二五〇人、兵庫県方面二五〇人、京都府方面一五〇人、東京市方面一三〇人、その他五〇〇人の計一万八二八〇人の会員が登録されていた。堺・岸和田を含めると全会員の九三％が大阪に出稼ぎ先を見出していたということになる。済州共済会が、「大阪の内鮮協〔和〕会と連絡を執つて活躍して居る」といわれるのもうなずけるところである。(23)

ここでやや角度をかえて釜山商工会議所の動向をみてみよう。済州島の貿易先は、「従来は移出入共に木浦四割、釜山六割を占めて居たのであるが、大阪航路開通以来は、商品価格、及び運賃の低廉等の関係上、大阪方面との取引日を追つて盛んとなり、貿易状勢は一変しつつある」(24)という状況になった。あせったのは釜山である。釜山商工会議所は、「本島を目標とする釜山商圏の維持、並びにその拡張」のための「将来万全の対策を樹立」(25)すべく、一九三〇年に済州島調査をおこなった。済州島と各地との貿易額は、残念ながら総括されていないが、済州島の二大港〔山地および城山〕について移入額の概略を知ることはできる。それによれば、一九二九年の山地港における釜山からの移入額は三〇・二万円、木浦からは三一・一万円であるのに対して、「内地」からは二三万円を示しており、また城山港の場合は、釜山商品が七・〇万円、木浦商品が八・六万円に対して、「内地」商品は八万円を数えるに至っていた。貿易の点で明らかに守勢に回ることになった現状を認める『報告書』は、当面の対策として、釜山・済州島間の貨物運賃引き下げをとくに朝鮮郵船に要望するとともに、代金決済方法の改善などを提案している。

釜山・木浦と済州島との間の従来のローカル・マーケットが、大阪済州島航路の出現によって、大阪と下関を含める形での、より複雑な貿易決済関係へと変容しつつある状況を思い浮かべるべきであろう。

この関連で、『報告書』には「半島よりの内地渡航が内地側に於て阻止、圧迫されつつあるのに反し、済州島民の出稼は島に於ては之が奨励に力め、又内地に在りては之を歓迎するの傾向あることは奇異な現象であると言はねばならぬ[26]」という情況も描かれていることに注目したい。そこには、釜山における朝鮮半島からの渡航者の統制と、済州島からの渡航・大阪側の受け入れとの際立った対比が、釜山の立場から示されており、きわめて興味深いところである。

また一九三二年には、前の済州島司であった田中半治が、済州共済会大阪支部長として、当時としては破格の待遇の月給二〇〇円をもって迎えられたといわれ(金季玉さん談B)、済州島と大阪を結ぶ共済会の組織体制は一段と強化されたのであった。

もっとも済州共済会の活動を、当時の資料ほどに高く評価することはできない。確かに会員数は多かったが、その実態は、島民が済州島各港から君が代丸や京城丸に乗船するときに、運賃とは別に八〇銭(後に一円)を支払うことを強制され、そのことによっていわば自動的に会員とみなされるという仕組みになっていたからである。

さらに注目すべきは、済州共済会設立とほぼ同時期の一九二八年四月に、大阪の天王寺公会堂で済州島民大会が開催された際に、尼崎汽船部と朝鮮郵船の船賃値下げ要求が決議されるとともに、「御用的済州共済組合撲滅運動」もまた展開されたという点である。この主張は、島民による民族的組織である東亜通航組合結成後も継続された。たとえば一九三二年五月の第三回組合大会でも、掲げられた九大スローガンのひとつは「一切の官製組合撲滅！」となっている。最盛期に一万を越える自主的な組合員を擁した東亜通航組合の運動方針であったことを考えるならば、共済会が必ずしも渡航・居住した島民の間で、受け入れられた存在であったとは言いがたいことは明らかであろう。(27) 実際、大阪における共済会の大衆的影響力はさほどでもなく、職業や住宅は、個人的関係を通じて獲得されるのが基本であったという(金季玉さん談B)。

共済会は、一九三五年十二月に「島民の救済教化授産其他社会事業」を目的として改組されるが、資産の一部を「昭和運送株式会社ニ投資シ当社配当金及財産収入ヲ以テ事業資金ニ充テ使命達成ニ努メツ、アリ」(28)と、済州島庁から評価されている。昭和運送とは、実は尼崎汽船部の済州邑内代理店に他ならなかった。まさにこの点に、済州共済会の性格と、それを媒介にした済州島庁と尼崎汽船部との特殊で深い結びつきが示されている。

以上みてきたような諸要因を一挙に連結させたもの、両地直結の関係を再生産する最大の現実的条件となったものこそ、定期航路の開設であった。それは単に両地の港を結んだというにとどまらず、人や物が一過的にではなく持続的かつ確実に移動することによって、済州島と大阪のそれぞれに他方の労働＝生活世界が浸透していくことを意味していた。次節では、済州島世界が大阪のなかに定着していく様を瞥見しよう。

第四節　猪飼野の中の済州島

島の個々の人びとからみるならば、渡航が実現する上での直接的な契機は、親族・友人・地縁関係の援助と刺激であった。渡航に必要な資金を準備できぬ者に対しても、親族やあるいは一種の頼母子講である「契」の組織が旅費の融通をおこない、さらに大阪では宿泊や就職の面倒をみるという仕組みが強固に存在していたからこそ、「一人の出稼ぎ帰還者は再度の渡航には必ず隣人、知人を誘い、数人となって出稼ぎ渡航した」[29]といわれるのである。こうした絆は、とりわけ「大阪市東成区鶴橋・中本方面」に済州島出身者を集中させ、「工場労働者の如きは同一工場に就業するの状態」[30]を実現させた。ここでは直通航路を媒介として、済州島と大阪の猪飼野地域とがどのように結びついていたのかを、具体的にみてみよう。

一九二三年、十二歳の春に君が代丸で来阪された康根生さんは、次のように話してくださった。

私は終達里の出身です。向かいが牛島、海女で有名な。村には三五〇～六〇戸あったかな。村の者では姜永日という人が、こっちで下宿屋をやっていた。今の鶴橋本通りが「奈良行き」〔当時の大阪電気軌道、今の近鉄〕にぶつかるきわに下宿屋を開いていた。五〇人余り人がいた。村の者が集まるわけや。そこで職さがしもやっていたね。この人は腰が低うてどこへでも入っていく。それで仕事を取ってくるんや。姜さんのほかにも金永得という人だったかな。もうちょっと小さい下宿屋をやっていた。隣村の始興里には、宋さんという人が、今の御幸森通りをちょっといた所でやはり下宿屋をやっていた。この人は紳士的な人だった。こんな風に下宿屋は村別になっているわけです。そして島全体の村がそういう恰好になっていたといっていいと思うね。すべての村が猪飼野で下宿屋を持っているわけではない。自分の村のがなかったら、やっぱり近い村の人のやっている下宿屋に入っていたな。よっぽど友人関係があると別やけどね。ユッチ・サラム〔陸地の人。朝鮮半島出身者〕も下宿を持っていたから、そうね、このあたりで数十軒は下宿屋があったね。

この貴重な証言を、具体的な人に即して直接に裏付ける資料は持ち合わせていない。だが、一九二〇年代の後半以降、徐々に、いわば猪飼野のなかに小さな済州島が成立するような形で、在阪朝鮮人のくらしが立ち上げられてきたことがうかがえよう。つまりこの証言から私たちは、この時期に済州島から、労働ブローカーの積極的な介在斡旋というよりも、むしろ親戚や出身村という血縁・地縁を頼って、多くの村人たちが大阪の猪飼野へ入ってくるという構造をみてとれるのではないだろうか。

一九二六年七月の鶴橋警察署調査によれば、同署管轄地区の一七町で、一七一人の朝鮮人下宿業者が、二三六三人の朝鮮人下宿人を擁しており、このうち猪飼野町だけで五〇戸に七三一人が居住していた。(31) 当時この東成地域に居住する朝鮮人のなかで、済州島出身者はどれほどの比重を占めていたであろうか。一九二三年秋の西成郡今宮町、東成郡鶴橋・中本町在住の朝鮮人一〇〇〇人に対する調査では、六一%が済州島出身であったが、(32) 一九二八年五〜六月の大阪市社会部調査でも、東成区東小橋町および猪飼野町の密集地域一一一世帯のうち、九三世帯は全羅南道出身であり、「しかもその大部分は済州島の出身」(33) とされている。また同年十月、東成区の「内鮮協和会」中本夜学校に学ぶ生徒六四名(平均年齢は十五・二歳)のうち、済州島出身者は四六〜四七名を数えている。(34)

こうした事情のなかに先の康さんの話を位置づけてみるならば、猪飼野周辺の下宿業者および下宿人のうちで、済州島出身者が圧倒的な比率をもったことは疑いのないところだろう。

もっとも年を経るにつれて状況は変わってくる。一九三四年四月には、日本各地に在住する五万〇〇五三人の島出身者のうちで下宿業につく者は一〇七人であるが、彼らは、もっぱら水力発電所建設などの集団的な工事現場の飯場を営んでいた[35]。もちろん猪飼野周辺の労働下宿は存在し続けたであろうが、この大勢の変化は、すでにみたように、女子の渡航増加を背景にしつつ、青壮年男子の出稼ぎ者が下宿から職場へ通勤するという形態から、家族を含めての滞在へと、猪飼野における済州島出身者の存在形態が変容してゆく事実に照応していると考えられる。

ところで興味深いことに、地縁と職業にも一定の相関がみられる。一九三四年時点の渡航者が従事している職業を示したのがⅡ-2図であるが、紡績工と並んでゴム工の多さが目をひく。ゴム工のなかで出身地が明確な二三〇七人のうち、ゴム工を輩出する上位五里について、その里の出身の渡航労働者とそのなかのゴム工労働者とを比べてみよう。

朝天里　八七〇人のうち一六七人
法還里　三三一人のうち一三五人
為美里　三八一人のうち　八九人
新興里　一四八人のうち　八四人
泰興里　三三一人のうち　六三人[36]

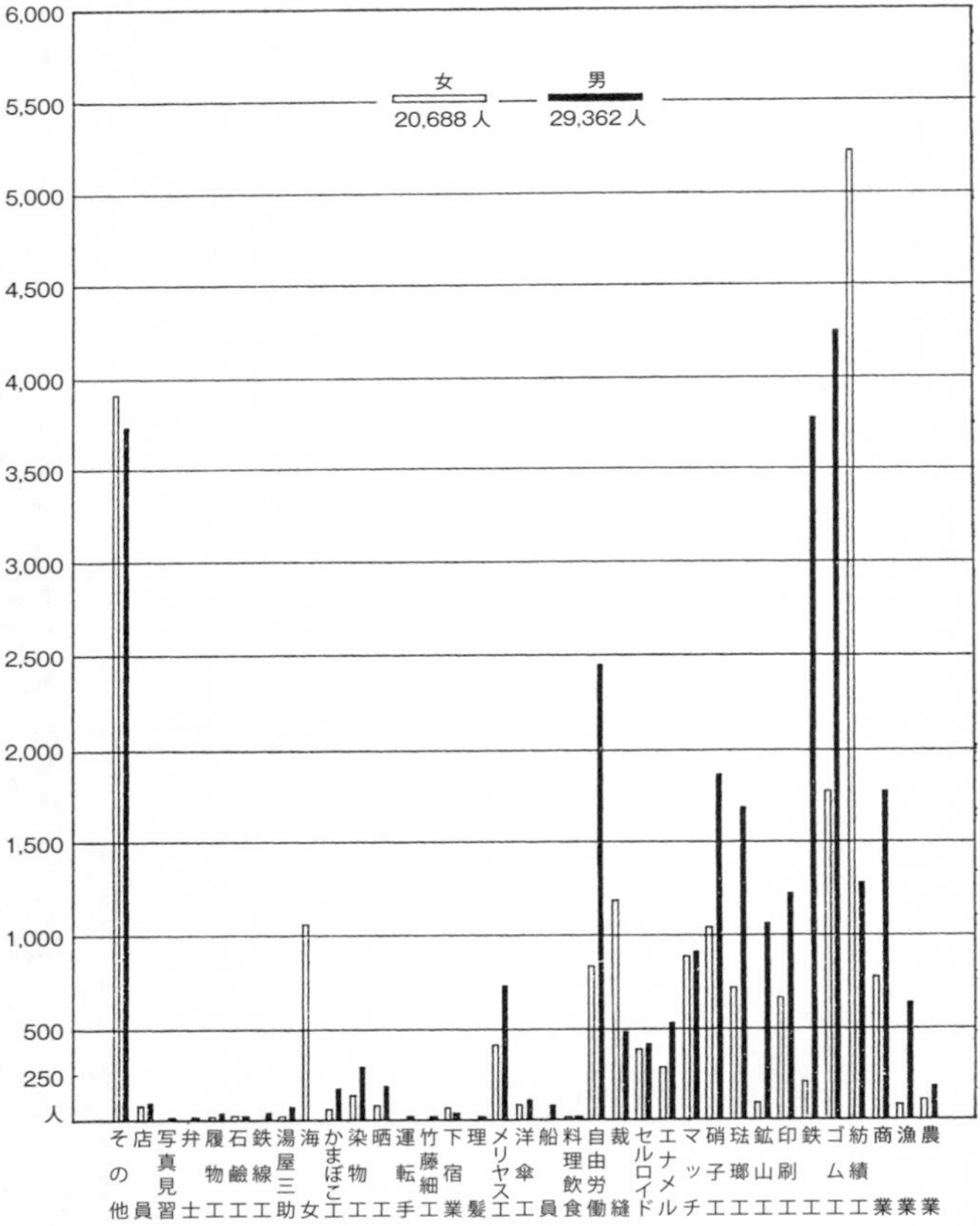

出所)『桝田一二地理学論文集』94 ページ．それぞれの正確な人数については『済州島勢要覧』22〜23 ページ．

II-2 図　済州島からの渡航者の日本における職業別人口(1934 年)

とりわけ法還里や新興里では、故郷から渡日する者でゴム工になる者の比率がきわめて高いことが注目される。このうち法還里については、一九二五年に数え年の十一歳で、猪飼野に兄を頼ってやってきた高大樹さんの証言が記録されている。(37)

法還里からの渡日は二一年が最初で三、四人だった。二五年当時、猪飼野に同じ村人が経営する下宿があった。六畳の部屋に一〇人ぐらい同じ村の人が寝起きし、下宿人たちが今の朝鮮市場の南裏手にあった日本人経営のゴム工場に働いていたのを覚えている。

一九二九年には「済法青年会」という親睦会が結成されていた。高証言によれば、冠婚葬祭の相互扶助を目的としたこの会の事務所は、朝鮮市場北側の同村出身者の経営する三益ゴムの二階にあり、同社には村人ら四、五〇人が働いていたという。近くにもやはり法還里出身者が安田ゴムを経営したそうだ。この三益ゴムでは企業秘密の技術を同じ村人だけに伝授した結果、独立する者も増えたが、現在でもヘップ・サンダルメーカーに法還里出身者が多いのはそうした歴史的経緯もあってのことだという。

東成区こそは、第Ⅴ章で述べるように、中小零細経営によるゴム工場が集中していた地域であった。一九二五年大阪市のゴム工場五〇工場のうち二〇工場(四〇%)が東成区にあったが、三〇年には九〇工場のうち四八工場(五三%)、三五年には一三一工場のうち六九工場(五三%)と、東成区へのゴム工場の集中はきわめて高い。そうしたなかで、一九二九年中頃、「東成区一帯の済州島出身労働者は、金文準の指導のもとに大阪ゴム工組合を結成した」[38]。厳しい弾圧のなかを、このゴム工組合活動に奔走された金正純さんによれば、同組合は五四〇名を組織したという[39]。その指導者金文準が、朝天里の出身であり、しかも地域のなかで影響力のある夜学校や普通学校教師の前歴を持っていたことは[40]、決して偶然ではあるまい。

かくして、中小零細工場地帯として急速に発展する東成地域がもった、低賃金職工に対する根強い需要を背景にして、一九二〇年代後半から三〇年代にかけて、済州島からの渡航者が血縁・地縁をたよって猪飼野に集中してくる。まことに粗い図式にすぎないが、あえて一般化するならば、

済州島の農・漁村

→　←

東成における島民の経営する下宿屋を中心とする生活世界

→　←

東成の中小零細工場における労働世界

という構造が、一九三〇年代初頭の済州島と大阪をめぐって成立していたように思われるのである。

補　記

本書のなかでも、とくに第Ⅱ章および第Ⅲ章では、「君が代丸」関係者の方々から、多くの聞き取り証言を重要な資料として引用させていただいた。実際のところ、お話をうかがう機会はより多かった方々もおられるが、メモ等の復元を通じて整理できる聞き取りの時期を、深い感謝の念を込めて補記させていただきたい。あわせて紹介の労をとってくださった方々への謝意も表させていただきたいと思う。

李哲さん(一九二三年生)　A　一九九八年八月二十一日。東京都。
金季玉さん(一九一九年生)　B　一九八三年五月七日。大阪市。
　　一九八四年十一月二十七日。大阪市。
梁禮女さん(一九一二年頃生)　C　一九八四年十二月。大阪市。
　　一九八四年二月七日。大阪市。

康根生さん　一九八三年十二月二十二日。大阪市。
小野静子さん・原口利さん　一九八四年九月七日。尼崎市。
尼崎貞子さん　一九八三年十二月六日。西宮市。
金正純さん(一九〇五年生)　A　一九八三年十一月二日。東大阪市。
B　一九八四年十一月十九日。東大阪市。
C　一九八五年四月二十一日。大阪市。
朴好月さん(一九一九年生)　一九九二年六月十七日。大阪市。
曺基亨さん(一九二一年生)　一九八四年十二月。大阪市。

注

(1)『桝田一二地理学論文集』弘詢社、一九七六年、四八ページ。この遺稿集には、「済州島の地域性素描」(『地理学』古今書院、第二巻第一三号、一九三四年)、「済州島の畜産」(『大塚地理学会論文集』第三輯、一九三四年)、「済州島海女」(『大塚地理学会論文集』第二輯[下]、一九三四年)、「済州島人の内地出稼ぎ」(『大塚地理学会論文集』第五輯、一九三五年)、「済州島の集落」(『地理』大塚地理学会、第二巻第一号、一九三九年、および同第二巻第二号、同年、に連載)、「忘れ得ぬ済州島」(『地理』古今書院、第四巻第一一号、一九五九年)の計六編が、「第一部　済州島の地理学的研究」の中に収録されている。本章での引用が示すように、達意の文章をもって発表されたこれらの研究は、済州島庁、警察、尼崎汽船部等の全面的な協力を得て行われた詳細な調査に基づいており、そうした面での資料的価値は高い。本書では、従来然るべき注目を受けてこなかった桝田の地理学的研究の「成果」を、その限界にも注意を払いつつ、利用したいと思う。この作品は、子息の桝田淑郎氏の手にかかる編集後記を付けて、『地域社会の発展とまちづくり』シード・プランニング、一九八六年、として再出版されていることを付記する(なお以下の脚注では、この『論文集』に関する場合、そのつど上記論文名をあげることを省略する)。

(2)　大阪市社会部調査課『大阪市労働年報』一九二六年、一七〜二六ページ。岩村登志夫『在日朝鮮人と日本労働者階級』校倉書房、一九七二年、三四ページ。

(3)　この点に関して、梁永厚「朝鮮人の多い街・『猪飼野』の昨今」『思想の科学』第七次第四〇号(一九八三年)、八二〜八三ページの問題提起をみよ。なお済州島民の自主的な渡航組織については、朴慶植「東亜通航組合の自主運航」『在日朝鮮人——私の青春』三一書房、一九八一年、所収、が重要であるが、岩村、前掲書も随所で指摘している。また小山仁示・芝山篤樹『大阪府の百年』山川出版社、一九九一年、も参照。

(4)　たとえば高橋公明「中世東アジア海域における海民と交流——済州島を中心として」『名古屋大学文学部研究論集』(史学)第三三号(一九八七年)。スケールの大きな位置づけとして、網野善彦『日本社会再考——海民と列島文化』小学館、一九九四年、第一章第三節を参照。なお済州島海女については、金栄・梁澄子『海を渡った朝鮮人海女——房総のチャムスを訪ねて』新宿書房、一九八八年、藤永壮「一九三二年済州島海女のたたかい」『朝鮮民族

運動史研究』第六号(一九八九年)を参照。

(5) 桝田、前掲書、八三ページ。

(6) 同上、一〇八ページ。なお染川覺太郎『全羅南道事情誌』全羅南道事情誌刊行会、一九三一年、に「曽て吉村某か今より二十年前飛揚島附近で潜水機船て二時間位て四斗樽に十杯以上も鮑を捕つて処理に困つて捕獲を休つて製造に従事したこと数年に及んたといふか其後此吉報によつて内地人潜水業者続々押かけて濫獲に陥つたのてある」という記述もみえる(一〇〇八ページ)。

(7) 桝田、前掲書、一〇九ページ。なお金奉鉉編著『済州島歴史誌』一九六〇年、三一七ページ以下も参照。

(8) 『朝鮮総督府施政年報』の大正十一年度版、二九ページ、昭和五年度版、一六ページ。なお渡航方法に関して、決して忘れてはならない点は、相当数の人々が定期航路の利用以外の方法で来日してきたことである。たとえば、済州島からの渡航で、大正末期に「島の東南部にある西帰浦の東の入江から、二丁櫓の帆船に老若男女あわせて一五人ほどが乗りこみ、島の東方の牛島から多島海の小群島ぞいに対馬の南端をかすめ、一カ月あまりをついやして長崎県の某所にこぎつけた」例については、金泰生「ある女の生涯」金達寿・姜在彦共編『手記=在日朝鮮人』龍溪書舎、一九八一年、所収、六〇ページを参照。なお慶尚道出身の方の例として、尹鐘哲「密航船の思い出」『統一評論』一九七七年四月号、がある。同号には「在日朝鮮人と大阪」特集があり、尹氏を含む五人の方々による「私はこうして大阪に渡ってきた」という貴重な証言が掲載されている。

（9）　桝田、前掲書、九七、九九ページ。
（10）　同上、一一六ページ。
（11）　同上、一一一～一一二ページ。
（12）　三木今二『内地に於ける朝鮮人とその犯罪に就て』司法省調査課『司法研究』第一七輯、報告書集二（一九三三年）、一四四ページ。著者は大阪区裁判所検事。藤永、前掲論文を参照。
（13）　廣瀬勝「在阪鮮人と済州島（一）」『社会事業研究』第一四巻第五号（一九二六年）、二八ページ。
（14）　三木、前掲書、一三六ページ。
（15）　一九二三年は、二万一九八四人の中で一万一三五二人（大阪市社会部調査課『朝鮮人労働者問題』一九二四年、七〇ページ）。一九二四年は、二万六八四八人の中で一万三一九九人（朝鮮総督府「阪神・京浜地方の朝鮮人労働者」朴慶植編『在日朝鮮人関係資料集成』第一巻、三一書房、一九七五年、所収、三九九ページ）。一九二五年（九月末）は、三万一三三一七人の中で一万五七八一人（廣瀬、前掲論文［二］『社会事業研究』第一四巻第六号［一九二六年］、六七ページ）。一九三一年は既述。大阪市の一九二八年は、四万五一三三人の中で二万一六六三人（大阪市社会部調査課「本市に於ける朝鮮人の生活概況」前掲『資料集成』第二巻［一九七五年］所収、一〇三二ページ）。一九二九年は、六万五八〇八人の中で三万一八〇二人（同課「本市に於ける朝鮮人住宅問題」前掲『資料集成』第二巻、所収、一一九七ページ）。
（16）　一九二四年五月時点で、全羅南道出身者は二万三四七七人（内務省社会局第一部「朝鮮

人労働者に関する状況」前掲『資料集成』第一巻、四五五ページ)。同年の済州島出身在留者は一万九五五二人(Ⅱ-3表)。一九三一年に関しては、三木、前掲書、一三六ページ。

(17) Ⅱ-1表を参照。

(18) 以下のプッシュ要因に関する基本的視点は、宋連玉「大阪における在日朝鮮人の生活」枚方市教育委員会編『在日朝鮮人の歴史』一九九三年、所収、に負っている。漁業の問題については、藤永、前掲論文のほか、藤永「植民地下日本人漁業資本家の存在形態――李堈家漁場をめぐる漁民との葛藤」『朝鮮史研究会論文集』第二四集(一九八七年)も参照。

(19) 『済民日報』四・三取材班『済州島四・三事件』第一巻(文京洙・金重明訳)、新幹社、一九九四年、第一章。引用は四三ページ。また秋庭裕「大阪における済州島出身者について――一九二〇~三〇年代を中心に」中久郎編『戦時下日本社会における民族問題の研究』民族問題研究会(京都大学文学部)、一九八六年、所収も参照。

(20) 桝田、前掲書、一〇九ページ以下を参照。済州島の島司は、常に済州警察署長を兼任していたが(『朝鮮総督府及所属官署職員録』各年版を参照)、金季玉さんによれば、実はこの島司は、朝鮮半島で警察畑を務めあげた人が、最後の地として赴任してきたものという。つまり島庁の紹介とは、朝鮮の事情を治安の観点から熟知してきた島司を長とする島当局の斡旋ということであり、大阪の資本家にとって、「信頼」の点で一定の意味があったといわなければならない(金季玉さん談B)。

(21) この点については、樋口雄一『協和会――戦時下朝鮮人統制組織の研究』社会評論社、一九八六年、補章四、および朴慶植「日帝下における在日朝鮮人」前掲『資料集成』第一巻、所収、があるが、とりわけ山脇啓造『近代日本と外国人労働者――一八九〇年代後半と一九二〇年代前半における中国人・朝鮮人労働者問題』明石書店、一九九四年、が詳細である。政策史に関する以下の記述は、これらの先行研究に依拠している。とくに山脇氏からいただいた丁寧なご指摘に感謝する。

(22)　金斗奉『済州島実記』済州島実蹟研究社、一九三二年、八ページ。
(23)　釜山商業会議所(上田耕一郎執筆)『済州島とその経済』一九三〇年、一五ページ以下。
(24)　朝鮮総督府(善生永助執筆)『生活状態調査(其二)済州島』一九二九年、八七ページ。
(25)　釜山商業会議所、前掲書、はしがき。
(26)　同上、一六ページ。なお三木今二、前掲書、一三九ページも参照。
(27)　朴「東亜通航組合の自主運航」、一六五、一六八、一七八ページ。
(28)　済州島庁編『済州島勢要覧(昭和十二年版)』一九三七年、四四ページ。
(29)　桝田、前掲書、一一二ページ。
(30)　三木今二、前掲書、一三六ページ。
(31)　大阪市社会部調査課『バラック居住朝鮮人の労働と生活』一九二七年、一八～二〇ページ。なおこの時点での猪飼野町は、後にいう集住地区の代名詞としての猪飼野の一部である。
(32)　『朝鮮』第一〇九号(一九二四年)、一一六～一二六ページ。
(33)　「本市に於ける朝鮮人の生活概況」前掲『資料集成』第二巻、一〇三八ページ。
(34)　大阪市社会部調査課『鶴橋中本方面に於ける居住者の生活状況』一九二八年、一六～一七ページ。

(35) 桝田、前掲書、九五ページ。
(36) 出稼ぎ者の里別分布を示した同上書の九二ページの図、およびその中でゴム工労働者の里別出身者数を示した九六ページの図より算出。同じ傾向は、為美・洗源・沙渓・下貴・帰徳の各里における紡績工についても妥当する(紡績工の里別出身者数を示した同上書、九五ページの図を参照)。
(37) 「同胞のすむ街　大阪・生野編(八)」『統一日報』一九八五年六月八日。
(38) 岩村、前掲書、一七四ページ。
(39) 金正純「生きることが闘いだった」『社会主義と労働運動』第六巻第五号(一九八二年)、一四ページ。
(40) 岩村、前掲書、一一九ページ。高峻石監修・文国柱編著『朝鮮社会運動史事典』社会評論社、一九八一年、五一八〜五一九ページ。なお金文準が、一九二三年頃に旧左面の杏源里と月汀里の共同出資によって設立された私立中央普通学校の校長をつとめ、朝鮮史を講じたことについては、高峻石『越境　朝鮮人・私の記録』社会評論社、一九七七年、五五ページに記されている。時代の証言たる本書から学び継ぐべき点は多いが、本節の論点との関係では、著者が、血縁・地縁をたよって同村の三人の少年とともに咸鏡丸に乗って来阪する事情を記した七〇ページ以下をとくに参照。

第Ⅲ章　「君が代丸」考――大阪済州島航路の開設と展開

第一節　「君が代丸」と尼崎汽船部

大阪済州島航路には、何隻もの客船が就航していた。しかしこの航路を代表した連絡船といえば、二十有余年にわたって島民の足となった「君が代丸」をおいて他にない。済州島出身の在日朝鮮人一世のほとんどが、何らかの形でこの君が代丸と関係をもったといえるであろう。この君が代丸を軸にして大阪済州島航路史を検討するならば、日本帝国主義をアジアとの関係においてとらえる上で、いくつもの重要な論点が浮き彫りにされるのである。そこを考えるところに本章の主題があるのだが、まずは君が代丸そのものの説明からはじめよう。

いま「君が代丸」と述べたが、実は「君が代丸」は二隻存在していた。一九二三年、尼崎汽船部によって大阪済州島定期航路が開設された時に就航したのは、「君が代丸」(六六九トン、一八九一年建造、オランダ製)であった。だが同船は、一九二五年九月、航行

済州島南岸で座礁した君が代丸(1925 年)(原口利氏所蔵)

ロシア軍艦マンジュール号(『ジェーン海軍年鑑』1912 年度版より)

前方へそり出した衝角をもつ第二君が代丸(原口利氏所蔵)

中に台風に遭遇し、原口熊次郎船長は人命救助の立場から済州島南東部(西帰浦と表善間の沿岸)の浅瀬に座礁させて難を避けた。そこでこの君が代丸に替わる新しい就航船が求められ、尼崎汽船部は、ソビエト政府から「マンジュール号」(Mandjur 一二二四トン)という旧式の軍艦を購入した。

まことに偶然のことながら、このロシア艦マンジュール号は、「君が代丸」に生まれ変わる以前から、日本に浅からぬ縁を持っている船であった。同艦は、一八九一年ロシア皇太子ニコライ(Nikolai)が、シベリア鉄道起工式に出席する途中で国賓として日本を訪れた時に、皇太子の乗る軍艦アゾヴァ号に随行する五隻の護衛艦の一隻として、漢口から長崎へ来訪、迎接の巡洋艦高雄に先導されたロシア軍艦一団の先頭を切って、長崎港に入港したのである。その後、ニコライ一行は鹿児島を経て神戸港にて上陸、京都から東京へ向かう途上、大津で難に遭遇したことは、大津事件としてよく知られるところである。ニコライは神戸から帰国の途につくことになり、マンジュール号も日本を離れたのであった(1)。

また日露戦争期には――すでに上記の皇太子ニコライがロシア皇帝となっていた――、マンジュール号は、極東方面に展開するロシア海軍第一太平洋艦隊に砲艦として所属していた。日本軍側は、同号が上海港で反日活動に従事していたとみなし、巡洋艦秋津洲の派遣を通じて、一方で清国を恫喝しつつ、他方で同艦を一九〇四年三月三十日に武装解除させている(2)。このような経緯を持つロシア砲艦マンジュール号は、一九二五年秋より約半年の間、大阪のドックで改修工事を受けた後、二六年半ばより「第二君が代丸」として、大阪済州島航路に就航したのである(船長の遺族・原口利さん談)。この船こそ、今なお在日一世に、母語読みで「クンデファン」と語り継がれる「君が代丸」にほかならない。

この船で渡航してきた人びとは、きまって船型の異様さを口にする。写真でもはっきりわかるように、船首が前方へそり出しているのである。済州城内の普通学校へ通っておられた金季玉さんは、しばしば学校から、山地港沖に碇泊中の君が代丸の写生に出かけられたという(金季玉さん談C)。朝鮮半島南岸の港への連絡船よりもずっと大きく、また前がとがっている点が、非常に印象的だったそうだ。水面下の艦首を鋭く前方に突出させ、衝角《ラム》付き艦と呼ばれるこのタイプは、一時代前の軍艦には時々見られた型で、砲艦マンジュール号時代の名残りに他ならない。君が代丸は済州島だけでなく、一九二〇年代以降の大阪築港桟橋に碇泊する貨客船の中でも、やはり目を引く存在であったであろう。

君が代丸を関釜連絡船とくらべてみると、三〇〇〇トン級の堂々たる後者に対して、九一九トンの前者はいかにも小型の感をまぬがれない。(3) それは、一方が鉄道省の直営であるのに対して、他方が民間の中規模船会社に所属していたという事実に照応している。だが小型とはいえ軍艦あがりの君が代丸は、直航でも二昼夜をかけて、「あの荒海の玄界灘を越えてゆくにはふさわしい船」と、乗船者にある種の感慨を抱かせる船でもあった(康根生さん談)。

ところで君が代丸の船客定員は三六五名であるが、実際には出稼ぎ船客定員として六八五名までの乗船が認められていた。ではどのような船客が乗っていたのだろうか。第Ⅱ章で指摘したように、大阪済州島航路の利用者は、関釜航路のそれとは大きく異なっていた。一九二〇年代から三〇年代にかけて、関釜連絡船の乗客のうち朝鮮人の比率はほぼ三割程度であったのに対して、阪済航路といえば、船客の圧倒的部分を済州島出身者が占めていたことは、実際に乗った人びとが口々に語られるところである。この点について、以下では日本人がしたためた記録を紹介しておこう――一九三四年八月一日に大阪築港桟橋から済州島へ出帆した君が代丸には、五六三名の船客があったが、「このうち上等客七名のうちわずか二名が内地人……(中略)……これは実に二対五六一である。ほかに移動警察官として、大阪府警察署の思想係のO氏、大阪築港水上署のW氏と島の巡査とが、いずれも私服で乗り込んで勤務している」(4)。みられるように、日本人はといえば、二名の上等船客と私服警官だけだったのである。

では朝鮮人船客の方はどうか。長文になるが、この日本人船客の目に映った観察を、ひき続き引用しておきたい。

客は若者が多く、十七〜八歳から三十歳前後の者が大部分である。中には、まげを結って馬の尾で編んだ冠をつけ、あごひげをのばした者や、老婆もいる。また、人の頭の三倍大もあるようなパガチ(干瓢)と、木を丸く曲げた枠にかがった大きな網籠などをそばに置いて、乳のみ子に乳房を含ませている者など、いかにも血色のよいたくましい体の若い女たちも、あちらに三人、こちらに五人と見られる。その者たちは、携帯品や日焼けした血色のよいたくましい体から、出稼ぎ海女の帰還者であることがわかる。ほかにも、つたい歩きのやっとできるような赤ん坊を連れた夫婦の、一家総出の出稼ぎらしい者や、海女とはあまりにも相違した顔の青白い女工らしい娘たちや青年もいた。五六三名の船客中、子供の無料船客が八十余名もいると聞いては、夫婦者の出稼ぎ者が相当に乗っているものと察せられる。……（中略）……船室内は、横になるすき間も見いだせない。したがって、通路といわず、甲板といわず、荷物の上もかまわず、およそ空間のある所、日影のある所、まさにごろ寝のありさまである。早朝、ブリッジから見下ろした甲板《デッキ》上は、恐ろしく不潔になっていた。(5)

船内の様子をみてみよう。上等船室は船尾に近いAデッキ上にあったが、下等船室はデッキの下に上層・下層と二段になっており、背の高い人なら天井に頭がつくぐらいだったという。「寝るところは、二段のたなで犬小屋みたいや、ずらーっと。満員のときは、立ったままで行ったときもあった。毛布くれるんとちがうし。今の犬はもっとぜいたくや。人を一杯詰め込んでるから、人間の熱で汗かく時もあるんやで」（梁禮女さん談）。

こんな話をうかがうこともあった――「私は金寧里の出身でそこから船に乗ったけど、隣村の人は、まず金寧に一泊してから、船に乗り込んでいました。船で出てきた白い米にはびっくりしたよ。でも揺れて揺れて、胃の中のものを全部あげてしまい、もったいなかったね。何も食べられなかった。金寧から乗った金さんという人、この人は荷物を自分の横に置いて、鉦や太鼓をたたいて、それはにぎやかだった。寝かせてくれないんだから」(朴好月さん談)。

この他にも、断片的な聞き取りではあるけれども、玄界灘の荒波のなかで船が揺られて、生きた心地がしなかったという話、あるいはそれでも元気な人はやっぱりいるもので故郷の歌をうたい、踊りまくっていた人もいたよ、などという気概を示す話を耳にしたことも、あわせて付記しておきたい。

ではこの君が代丸を就航させた尼崎汽船部とは、どのような船会社であったか。その社史を概観することによって、私たちは君が代丸の歴史的意義を一段と明確にとらえることができるであろう。

尼崎《あまさき》家は、海運を主要事業とし、造船・炭鉱・土地・海上火災保険などの事業を経営した「関西に本拠を置く地方財閥(6)」であったが、同家が海運業に着手したのは、一八八〇(明治十三)年三月、先代の尼崎伊三郎が、伊勢湾内の定期航路の経営を開始して以後のことである。先代伊三郎は、一八八五年三月伊勢湾内航路から中国航路(大阪・下関間の瀬戸内海各港を結ぶ)に転じ、また同年四月には九州航路にも進出して、経営基盤の確立をはかる。瀬戸内・九州航路は、第二次世界大戦に至るまで、当家の海運事業の基幹であり続けた。

一九〇四(明治三十七)年は、尼崎汽船部の歴史にとって画期的な年となった。一月先代の死去に伴い、二代目尼崎伊三郎が先代の事業を引き継いだが、彼は翌二月の日露開戦とともに、所有船舶のうちで新電信丸を海軍に、第一太湖丸・第二太湖丸および第一幸運輸丸の計三隻を陸軍に、それぞれ御用船として徴用に供する。すでに前年の十月には、大阪を起点とし、神戸・関門から朝鮮の釜山・木浦・群山を経由して仁川に至る朝鮮航路を開設していた。日露戦争の勃発によって、朝鮮をめぐる海運はただならぬ状況であったにもかかわらず、「果敢にも運行を遂行」したことに対して、後の一九一〇年には、「韓国皇帝より勲章を授与された」[7]という。社の組織も、日露戦争による経営の上げ潮ムードを反映して、一九〇四年に新社屋建設開始、神戸・長崎支店開設、翌年には新社屋完成と共に、社名を大阪協同組から尼崎汽船部と改称、また別に造船所も新設するに至った。以後、着々と経営を充実させてきた尼崎汽船部は、一九二一年一月には、資本金五〇〇万円をもって、従来の個人経営を組織変更して合名会社尼崎汽船部となったのである。侵略への協力を通じて、自らの発展を遂げていったのは、決して一部の大資本家だけではない。中小規模の一地方海運業者にもまた、そのような可能性は開かれていたのである。私たちは、尼崎汽船部の急速な発展に、その一典型を見出すであろう。

こうして海運会社としての経営体制を確立した尼崎汽船部は、社の資料によれば、一九二三年三月に大阪と済州島を結ぶ定期航路を開設した[8]。その際、経営者としての尼崎伊三郎の判断は、一方で、実務にたずさわった大阪側の二人、つまり沖縄・奄美大島・鹿児島航路や朝鮮近海航路の船に若くして乗り込み、長い船長経験を有するのみならず、朝鮮に関する知識やさらに移民に関する知識をもった原口熊次郎、および済州島出身の在阪朝鮮人・金秉敦からの航路開設の提言に、また他方で、金根蓍(済州商船)、朴宗實(済州島を代表する商店主)、崔元淳(弁護士、後に済州金融組合長)といった済州島実業界の実力者からの要請に、支えられていたのであった。

ここで君が代丸の就航開始時期について一言しておこう。上述のように文書資料は一九二三年となっているが、「生活が苦しく、日本に行けばなんとかなるんじゃないかと、一九二二年の末ごろに渡ってきました。当時、済州島から大阪に行く連絡船が出ていましてね、それに乗ってきたんですよ。『君が代丸』という船で……」(9)という口述証言もあり、一九二三年四月に君が代丸で来日された康根生さんも、その年以前から君が代丸が就航していたと私に語られている。在日朝鮮人は、自分が最初に渡航してきた年月のことを正確に記憶しているものだという。このことは大切に考えたい。それゆえ一九二二年以来不定期で「君が代丸」が大阪済州島に就航していたことが推定されるところである(この点、金賛汀さんのご教示を得た)。なお桝田一二も尼崎汽船部の航路開設を一九二二年としている。

ところで尼崎伊三郎は、孫にあたる尼崎貞子さんによれば、子どもの目にも非常にやり手の経営者と映ったという。確かに海運業者としては決して大規模ではなかったにもかかわらず、日露戦争前後に朝鮮航路へ進出し、また他社に先がけて大阪済州島航路を開設した経営姿勢は、きわめて積極的なものであったと考えられる。一九二二年四月一日現在では、神代丸(九九三トン)および君が代丸(六六九トン)が[10]、大阪雄基線(神戸・門司・釜山・元山・城津・清津に寄港)に月三回就航していたが、一九二七年時点では、所有船舶三七隻を、西日本各地を結ぶ一〇の航路のほかに済州島航路および仁川航路に配しており、このうち大阪仁川航路(神戸・下関・釜山・木浦・群山に寄港)には、一航路としては最大の七隻をあてている[11]。尼崎家の自宅には、珍しい朝鮮の扇なども飾られていたそうであるが、おそらくこの仁川航路の釜山からのみやげとして持ち帰られたものであろうと、尼崎貞子さんは回想されている。なお一九二八年末、尼崎汽船部大阪支店には、二二九名の朝鮮人労働者が船員・船夫として働いていた[12]。

しかし尼崎汽船部は、第二次世界大戦中に所有船舶のすべてを軍の徴用もしくは撃沈によって失い、戦後の再建も思うようにいかぬまま、社としての運命を終えたのであった。こうしてみるならば、尼崎汽船部の海運会社としての興隆は、日露戦争によって決定づけられたのであり、その時の一ロシア砲艦が、同社によって「第二君が代丸」として再生されたということができよう。そしてこの君が代丸は、同社の歴史を象徴するかのように、一九四五年四月中旬、米軍の爆撃を受けて大阪・安治川の千船橋付近で撃沈されるまで(金季玉さん談B)、この航路に就航し続けたのであった[13]。

第二節　航路をめぐる闘い

では、君が代丸を軸に展開された、大阪済州島航路における各組織の闘争史をあとづけていこう。

まず朝鮮郵船から。一九一〇年の「併合」と同時に、寺内正毅朝鮮総督は、従来小規模の会社または個人の経営に属していた朝鮮沿岸の諸航路を統一することによって産業開発をはかるべく、だがより本質的には「一朝有事の場合一令の下に、船舶の徴発又は買収に応ぜしめ、軍隊兵器の輸送上遺憾なからしむる必要を認め[14]」、強固な海運会社の設立を企図する。こうして日本郵船および大阪商船の援助のもとで、一九一二年一月、資本金三〇〇万円をもって朝鮮郵船株式会社が創設された。

朝鮮郵船の済州島関係航路としては、まず一九一三年四月より木浦済州島線が、次いで一九一五年四月より釜山済州島線が、いずれも一九三二年三月まで総督府の命令航路として、補助金の交付を受けて経営され、以後は子会社の朝鮮汽船株式会社が、自由航路として担当することになる。他方で朝鮮郵船は、一九二四年咸鏡丸(七四九トン)を大阪済州島線に配し、その後これに代えて京城丸(一〇三三トン)を就航させた。その間、一九二五年四月から五年間、命令航路の指定を受けている。

朝鮮郵船の京城丸　1928年8月21日午後4時．瀬戸内海を競争するように航行する第二君が代丸から撮影したもの．(原口利氏所蔵)

後述する済州島民の自主組織・東亜通航組合の若き活動家であった金正純さんから、この京城丸にまつわるひとつのエピソードをうかがった(金正純さん談A)。朝鮮郵船の所有する船の煙突にはどれも「Ｔ」の文字が描かれているが、「朝鮮」をローマ字にすればＣＨＯＳＥＮとなり、「Ｃ」が冒頭にくるはずだ。しかしこれでは「選ばれた」という意味の英語に受け取られかねないので、「Ｃ」を「Ｔ」に無理にかえたのだと。朝鮮郵船側の意図や事実関係はともかく、この話には、総督府をバックにもった同社に対する、当時の朝鮮人知識青年の抜き差しならぬ熱い思いが反映していると、強く感じさせられたのであった。

伏木丸(野間・山田編『日本の客船(1)』所収)

さてこの朝鮮郵船による大阪済州島航路は、いかなる展開をたどったのか。『朝鮮郵船株式会社二十五年史』(一九三七年)によれば、まず尼崎汽船部・君が代丸との「乗客奪取の競争」に加えて、「その後島民の一部に於て客船に傭船し之に割込を策し、之が経営に関し左傾分子の蠢動ありて一時峻烈なる渡航制限を受くるなど、この間業者の絶えざる乱闘に運賃も自然低落を免かれず、更に断続的に社外船の割込ありて航路開始当時の阪・済間運賃平均一一円は数次に渉り極度に低下し、年々欠損は累加するばかりであった[15]」とされている。

ここに示された、朝鮮郵船を脅かした島民の自主組織こそ、東亜通航組合であった。一九二七年には日本に在住する済州島出身者が三万人を越えたが、そうした現実を背景に、翌二八年四月、済州島民は、朝鮮郵船および尼崎汽船部の二社に対して船賃の値下げを訴えた。しかしその要求は、「『鳥でない以上飛んでいけないし、魚でない以上泳いでいけないだろう』と愚弄され、拒絶された」[16]。これに呼応して在阪朝鮮人も起ちあがり、同時期に天王寺公会堂で済州島民大会を開催して、両社に対して当時一二円五〇銭の運賃の値下げ、および乗客待遇改善の要求を決議、実行委員をもって両社と交渉したが、やはり拒否されてしまった[17]。木造二階建ての天王寺公会堂を二〇〇〇人近くの朝鮮人が埋め尽くしたこの集会直後の熱気と官憲の弾圧について、金正純さんは次のように回想された（金正純さん談C）。

集会は夜の十時におわったんだが、金文準さんと私は、十一時頃に戎警察に引っ張られたんです。今の浪速警察署の所だ。そしたら公会堂と警察の間の道に、大衆が人垣をつくったんだ。実は集会では必ず犠牲者が出るだろうからというので、大阪朝鮮少年同盟の宋性澈らと小さな伝単を準備しておったんです。「引っ張られたから、ただちに抗議しよう」という調子のビラだね。それで我々が持っていかれたときに、そのビラをばらまいたわけだ。そりゃもう大変です。朝の五時には桜川から百済へ行く電車が通るわけだが、それが走れないからというんで、その場はやっと解散になったというわけです。もっとも私らは、一旦出されたものの、すぐまた引っ張られて今宮から天満署へと、次々とたらい回しにされました。

この闘争は、「われらはわれらの船で」というスローガンを掲げた済州通航組合準備会として組織化され、一九三〇年四月二十一日には、「済州島一六二部落(里)の内一一九部落の加入を得」[18]、在阪朝鮮人および済州島在住民の合計四五〇〇人(一株三〇銭の組合費)をもって、東亜通航組合の結成へと発展した。組合は、同年秋に「一世帯五円の基金カンパ活動を行ない、一カ月余りで約六〇〇〇円の基金をあつめ、全協の幹部太田博らの斡旋で函館成田商会の蛟龍丸(三〇〇〇トン)を借入れ」[19]、ついに十一月一日に蛟龍丸を、片道六円五〇銭の画期的運賃をもって阪済航路に就航させたのである。これに対し、朝鮮郵船・尼崎汽船部・鹿児島郵船の三社は、船賃を一二円から六円五〇銭に下げ、さらに三円にまで値下げして対抗したが、渡航労働者の蛟龍丸への支持は、大きなものであったといわれる。[20]

この蛟龍丸の傭船契約は翌三一年三月で終了したが、数千円もの負債を残したことの総括から買船計画が進められ、東亜通航組合は、官憲の妨害をはねのけて伏木丸(一三三二トン)の獲得に成功した。同船は、北日本汽船会社がサハリン航路および朝鮮航路に就航させていた船であったという。[21]こうして一九三一年「十二月一日、三三四人の乗船客を乗せた伏木丸は一万余人の歓送裡のうちに出航した」。就航前に出されたビラは次の文章で結ばれていたという――「東亜通航組合は全東亜を網羅したる全渡航労働者農民の組合であり伏木丸は全無産階級の船でなければならぬ[22]」。

この伏木丸航行に対する弾圧はすさまじいものであった。十二月五日済州島の和順港では、君が代丸で渡航しようとする朝鮮人に対して、東亜通航組合支持者一〇〇余名が、同日入港予定の伏木丸を利用するようにと大衆的な説得活動を展開したところ、官憲の介入によって組合員七名が逮捕され、三〜四カ月間の監禁の後、懲役一年以下の実刑判決に処せられている[23]。以後も出帆日ごとに、検束を含むさまざまな弾圧が行われた。他方で、日本資本側と警察との親密な関係は、朝鮮人のみならず君が代丸の関係者からも、歴史的事実として確認することができる。この時期、東亜通航組合は、済州島ならびに日本に合計三四支部、一万余の組合員をもち、大衆的・民族的基盤に根ざした活動を展開していた。金季玉さんによれば、こうした闘争に対抗するために君が代丸側は、伏木丸の就航とともに船賃を六円五〇銭から三円にまで引き下げ、さらに築港桟橋では客引きを多数動員して、一人船客を獲得すれば運賃の一割にあたる三〇銭を提供するという戦術まで使った。その結果、尼崎汽船部は年間八〇〇〇円の赤字を出したという（金季玉さん談A）。

闘いの現場の一端を、金正純さんは次のように語ってくださった。金さんが君が代丸の船室に乗り込んで、たとえば大阪から沖縄へは八円で行けるのに、沖縄より近い済州

Ⅲ-1表　大阪済州島航路に就航していた客船の乗客数(1933年)

	済州島→大阪		大阪→済州島	
	回数	乗客数	回数	乗客数
第二君が代丸	32	13,497	32	5,299
京城丸	34	11,698	34	5,425
順吉丸	22	555	40	889
伏木丸	21	10,340	21	9,645

出所）大阪府警察部特別高等課『朝鮮人ニ関スル統計表』(1934年)朴慶植編『朝鮮問題資料叢書』第3巻，アジア問題研究所，1982年，所収．

島へは一二円もかかるとは何事だという風に、船会社のもうけを具体的に暴露し、「我々は我々の手で買った船を守ろうじゃないか」と演説したところ、多くの島民がそのアピールにこたえて、続々と君が代丸を下りて伏木丸に乗り換えたこともあったそうだ。なお航路をめぐる激烈な闘争の渦中で、伏木丸の船長をつとめたのは日本人であった。左派活動家・野田律太の紹介で、海員組合関係の人が船長になったという(金正純さん談A、B)。日朝連帯の数少ない事実のひとつとして記録しておきたい。

ちなみに一九三三年に大阪港を発着した各船の乗客人数が、大阪府特高警察の記録のなかに残っている。これを大阪済州島航路にしぼって整理したのが、Ⅲ−1表である。航路をめぐる闘いの状況を裏づける資料といえるが、それによれば、月三便体制の第二君が代丸と京城丸に対して、伏木丸の方は月二便の就航であるが、大阪から済州島行きでは際立って多い乗客を獲得しており、また大阪行きの方でも、君が代丸の乗船切符を持っている者に「渡航証明」を出したとさえいわれる(李哲さん談)民族差別的状況にもかかわらず、ほぼ互角の乗客を運んでいることがわかる。伏木丸は、後にみるように三三年十二月一日より就航不能に追い込まれており、その点を勘案すれば、この乗客数は、政治的弾圧と経済的困難の中でも、東亜通航組合に対する島民の支持が広範に存在していたことを充分に推察させるものである。

ところで先の『朝鮮郵船株式会社二十五年史』の記述にみえる、この定期航路への「社外船の割込」とはどういうものであったか。済州島朝天里出身の高順欽は、一九二八年、同志とともに企業同盟汽船部を組織し、北海郵船会社所有の第二北海丸を傭船、十二月一日より阪済航路に就航させた。だが加盟員一六名、出資金額は一人三〇〇円、しかも大衆的基盤の欠如という組織の弱体さもあって、経営難を克服することができず、翌二九年三月に鹿児島郵船の順吉丸に業務を委託することになった。[24] 高順欽は、無政府主義の社会運動家として一九二〇年代半ばに活躍していたが、[25] 金季玉さんによれば、その後この順吉丸の事務長を勤めていたという(金季玉さん談B)。

鹿児島郵船株式会社は、日露戦時下の一九〇五年五月に鹿児島で設立され、大阪から鹿児島・奄美大島を経由して、沖縄の那覇に至る航路に三隻を就航させていた大阪沖縄航路の海運業者であった。しかし第一次世界大戦前後の海運業の浮沈を経験する中で、一九二五年末より独力での経営を放棄し、この航路では圧倒的な影響力をもった大阪商船に三隻とも貸船に出すという状態にあった。[26] 阪沖航路での競争に敗れた小規模経営の海運業者が、今度は、より零細な済州島出身の渡航者組合の経営難を引き受け、大阪済州島航路に進出することによって社の延命をはかったことは、大阪を結び目とした日本と沖縄、そして朝鮮（済州島）関係の階層構造を示すものといわねばならない。こうした錯綜した関係のなかで発展してきた両航路によって、済州島出身の朝鮮人労働者は、大阪や和歌山などの紡績工場で沖縄からの労働者とともに働くことになった。紡績女工として長年勤めてこられた梁禮女さんの話では、沖縄の女工は、とくにその服装から一目でそれとわかったという。当初彼女たちの言葉の独特の響きに、梁さんは驚いたそうだが、次第に互いの立場を理解しあうようになったという。ただしそのためには、両者が日本語に「習熟」してくるだけの時間が必要であった。

こうして一九二〇年代後半には、四系統の組織によって激烈に展開された大阪済州島航路の競争において、まず鹿児島郵船が衰え、次いで東亜通航組合も、度重なる官憲の弾圧と負債の累積などのために、次第にその活動範囲を狭められ、ついに一九三三年十二月一日より伏木丸の就航停止に追い込まれた。この廃航後、京城丸と君が代丸の二船は、三四年八月十五日までは六円・一二円、それ以降は更に値上げをして八円・一二円の二階級運賃をもって、それぞれ月三回就航するようになったのである。(27) だが二社体制も長続きしたわけではなかった。朝鮮郵船の社史によれば、「恰も昭和十年朝鮮に船舶安全法案施行され、本航路使用船京城丸は同法により多大の修理費を要することとなり

第二君が代丸船上における朝鮮人実業家たち(前列中央は済州通運株式会社の崔允淳・原口利氏所蔵)

たるを以て、同年本船航行期限到来と共に之を繋船し一時休船に決したのであった」(28)とされている。かくして一九三五年には朝鮮郵船も阪済航路から撤退、尼崎汽船部・君が代丸だけが、この航路をめぐる闘いで勝ち残り、更に一〇年にわたって運航を続け得たのには、次のような事情がはたらいていたのであった。

「朝鮮郵船は半官半民で親方日の丸でしたね。これに対して尼崎の方は、船は古かったが、商売はうまかった。その点、金秉敦さんの存在が大きかったですね。私より十歳ほど年上の人です(金正純さんは一九〇五年生で、金秉敦さんは一八九二年生である)。金さんが君が代丸の船客取扱を一手に引き受けていたんです。四〜五人のグループでね」(金正純さん談B)。このグループの存在は、尼崎汽船部の側からも確認できる。尼崎汽船部は、大阪築港桟橋に福井組という代理店を置いていたが、当時尼崎汽船部の関係者の間で「回漕店」と呼ばれていた金秉敦は、大阪済州島航路に限って、船客募集および切符販売を行っていたと考えられる(原口熊次郎船長の遺族・小野静子さん、原口利さん談)。

ただし、金秉敦が中心的役割を果たし続けたわけではなかったようである。以下、金秉敦(朝天里出身、一八九二年生)の従弟にあたる金秉浩(同里出身、一八九三年生)の五男・金必煕さんおよびそのご親族からの聞き取りや提供していただいた資料を中心に、紹介をしておきたい。金秉浩は、岸和田紡績の重役をした後、尼崎汽船部の大阪済州島航路の経営に関与した。たしかにある時期までは金秉敦が中心ではあったが、金秉浩は、次第に金秉敦や彼につながる人脈とは一線を画す形で「君が代丸」の就航と運営の統括者となっていった。金秉浩が、周囲の朝鮮人の間で「船主人」と呼ばれていたことを、子息の金必煕さんはよく覚えているそうだ。漢学的素養の上に近代日本の教育を受けた金秉浩は、政治の表舞台に立つことはなく、合理的経営の追求を通じて、尼崎汽船部の信頼を獲得していった。なお金秉浩の弟の金秉訓(同里出身、一八九九年生)は、若い頃に世界を見る経験をもち、上海では、大韓民国臨時政府の指導者・金九に面会したこともある民族主義的な性格の人であったという。金秉訓は、後に金属関係の工場を起こし、主に鉄線の製作にあたった。社会大衆党の有力者・大矢省三とも深い交友関係があったそうだ。二人の兄弟の関係は親密で、済州島および大阪に在住する朝鮮人の人脈においては、叔父の金秉敦のそれとは性質の異なるものであったという。

第三節　「君が代丸」の歴史的意義

本章では、在日朝鮮人の中心である在阪朝鮮人の主要な出身地である済州島と大阪とを直結した航路の開設と展開を、「君が代丸」という象徴的な名前をもつ連絡船を軸にして論じてきた。その叙述は、文献調査の点でも、また渡航者・関係者からの聞き取り調査の点でも、なおきわめて不充分な段階にとどまっており、より詳細な研究によって深められなければならない。とはいえ、君が代丸の歴史的意義については、さしあたり次のように要約できるであろう。

すでにみたように君が代丸は、日露海戦で武装解除されたロシア軍艦を改造してできた貨客船である。近代日本のアジア膨張を画する帝国主義戦争に原点をもつこの君が代丸は、一九二〇年代後半以降もまた、日本・アジア関係史の本質を象徴する役割を果たし続けた。尼崎汽船部・君が代丸は、一方では、朝鮮総督府にバックアップされた朝鮮郵船、そして沖縄航路から転進した鹿児島郵船と結んで、民族組織たる東亜通航組合を運賃ダンピング競争で打倒し、他方では、済州島および大阪に在住するさまざまな意味での朝鮮人有力者を獲得することによって、他の日本資本をも凌駕して、最終的にこの航路における覇者となったのである。明確な親日の動きと呼応するだけでなく、民族主義的また合理的色彩をもった人びとをも積極的に登用していくダイナミズムを、尼崎汽船部はもっていたのではないだろうか。

帝国主義は、軍事侵略あるいは商品や資本の輸出に表現される経済侵略という、外への膨張のレベルだけでとらえられるものではない。対外膨張は、同時に多数の人びとをアジアから吸引する過程でもあった。そしてこの吸引過程は、在阪朝鮮人の主力をなす済州島出身者の場合、実のところ、半官半民の大資本よりも、民間のしかも中小規模の資本によって担われたのであった。そして君が代丸は、アジアに向かって開かれ、かつアジアを自らの内に引き入れた「大大阪」の発展を可能とした、ひとつの、しかしきわめて重要な動脈の役割を演じたのである。

最後に、毎回の航海そのもののなかに、済州島出身者の大阪での生活過程の問題性が表現されていたことを、今一度君が代丸に即して浮き彫りにすることによって、本章を閉じることにしよう。

済州島からの渡航者のうち、とりわけ初期には男子の単身出稼ぎ労働者が圧倒的に多く、女性や子どもたちが船客となるのは、すでに見たように時期が下がってからである。それとともに、君が代丸の船長は、船内で誕生する赤ん坊のために、航海のたびに産着を準備していたという（小野静子さん談）。だが大阪から帰島する船客は、実はこうした人びとばかりではなかった。一九二〇年代終わりに渡航された曺基亨さんに同道して、猪飼野にある鶴橋斎場あたりを通りがかったときに、曺さんが何気なく語られた言葉は、大阪と済州島とをできるだけ丁寧に結びつけながら在阪朝鮮人史を調べていきたいと考えていた私にとって、深い衝撃となった。曺さんは、斎場横にある八角形をした特徴ある煙突を見上げながら、「そうそう、君が代丸には棺桶も乗っていましたよ。やはり故郷へ帰りたかったんでしょうねえ。陸地の人はしなかったでしょう」と話されたのである(29)。

朝鮮では土葬の伝統が強い。遺体はねんごろにそのまま墓に葬られるべきものなのであった。父母・先祖を敬い、その墓の世話をし、また自身も死去したあかつきには、故郷の墓に埋めてもらって、子孫の世話を受けるというのが、朝鮮の人々にとって、最も自然で根源的な願いなのであった。ある日本人観察者は、この点に関して次のように詳しく書き留めている。

この上等室の入り口から二メートルほど隔たった最船尾に、両側を垢じみた厚い帆のような布で囲った薄暗い一画がある。その中には、周囲をトタン板で囲んだ、寝棺大の箱が縦に二台並べられてある。その前に線香を立て、まくわうりや夏みかんを供え、そのそばに朝鮮麻で作った冠と脚絆とを着けた三十歳くらいと、四〜五歳年上の男が柳行李に腰かけてそれを見守っていた。……(中略)男たちは船内での食事のたびごとに、炊事場から、炊き立ての温かい飯をもらって来ては供えていた。線香の煙も絶やさなかった。居眠りをする姿も見なかった。若い男の奉仕する棺内の霊は、彼の妻君の父であって、済州島摹瑟浦まで、一方は母親の遺骸で西帰浦まで、それぞれ持ち帰るとのことである。事務長の話では、毎航海、霊柩のないことはない。今年〔一九三四年〕の四月には七つもの霊柩を乗せたし、その運賃は一人の乗船料金の五倍であるということである。(30)

これによれば、年間少なくとも数十体もの亡骸が、君が代丸で帰島していたことになる。まだ少年であった一九三六年に大阪で祖母を亡くされた方によれば、十人余りの家族や親戚が、交代で柩をかついで、築港桟橋までの何キロメートルもの道のりを、朝鮮風の葬礼にしたがって歩いたとのことであった。ちょうど築港の前で、同じく君が代丸を目指して進んできた別の済州島出身者の葬列に出くわしたという。

君が代丸は、現役の出稼ぎ労働者およびその家族だけを運んだのではなかったのだ。大阪というまったくの異世界で死去した労働者の亡骸をも乗せて、阪済航路を走り続けたのである。しかも遺骸は、死亡後ただちに運ばれたものばかりではなかった。大阪で一旦仮の埋葬を行い、何年か後に故国の墓に葬られる機会を得て掘り返されたというような、すでに蠟化した遺体が運ばれることもあった。

朝鮮では、土葬の習慣が尊重されていたが、関釜連絡船には遺体安置所はみられなかった。死亡地から下関への、そして釜山から故郷までの遺体移送の困難さが、直接の原因であろう。だが君が代丸の場合は、大阪と済州島とを直結していたために、島民の生活風習が、安置所設置という形で船内にも貫徹されたということができよう。ところで岸和田紡績では、死亡した朝鮮人女工は、自国の習慣に反し、会社の指示によって火葬に付されていた(31)。それゆえ遺骸のままで故郷の島に戻る労働者は、その意味では恵まれた場合であったというべきかもしれない。しかしながら異国で斃れた労働者の象徴としての遺体安置所の問題をはずして、君が代丸を、そして大阪済州島関係史を論ずることはできない。

労働者の渡航というとき、それは労働力商品の移動という側面にとどまるわけではない。人の移動には、必ず生活の移動が伴うのである。渡航は、独自の生活文化を背後に引きずった人間の移動としてしか、実際にはあり得ないのであり、だからこそ社会的・文化的な摩擦が生じることになる。土葬を重んじ、法事を繰り返しおこなう朝鮮の葬礼習慣に対して、日本人側は、これらを「形式にとらわれた」「廃すべき」「因習」あるいは「墓地の神聖に対する迷信(32)」とみて、とまどいと無理解を示していたのであった。日本人と朝鮮人の関係を論ずる場合、往々にして賃金比較によって代表されがちな、労働過程における問題に焦点をあてるだけでは不充分である。それをふまえた上で、済州島や沖縄からの渡航労働者に接する日常生活のなかで、日本人側が、いかなる意識のゆれ方を持ちながら、植民地民衆との出会いをしてきたのかが問われなければなるまい。君が代丸に設置された遺体安置所の問題は、たとえば死生観というような、[33]生活にとっても最も重要な心理をも含みこんだ社会生活意識のレベルにおける帝国主義論の構築を要請しているといわねばならないであろう。[34]

注

（1）大津事件に関する研究文献は多いが、ニコライ一行の動向に焦点をあてた歴史小説である吉村昭『ニコライ遭難』岩波書店、一九九三年、の中に、護衛艦マンジュール号の名前もみえる。また綱淵謙錠『濤』(上)、新潮文庫、一九八六年、も参照。この点および衝角について、ご教示いただいた松岡保氏にお礼を申し上げたい。

（2）マンジュール号は、一二二四トン、一八八六年建造。佐世保海軍勲功表彰会『日露海戦記』同会、一九〇六年、七、一〇五〜一〇六、六〇八ページ、およびノビコフ・プリボイ『バルチック艦隊の潰滅』(上脇進訳)、原書房、一九七二年、五六一ページ。

（3）九一九トン、八三〇馬力、長六二・七メートル、幅一〇・六メートル、深五・二一メートル、吃水一二・七メートル(逓信省『日本船名録 昭和十二年』帝国海事協会、一九三七年、二六ページ)。
(4) 桝田一二、前掲書、二八ページ。
(5) 同上。
(6) 興亜火災海上保険株式会社『興亜火災三十年史』一九七五年、八六ページ。以下の社史に関する記述は、主に同書、八六〜九五ページ、および畝川鎮夫『海軍興国史附録』海事彙報社、一九二七年、一七三〜一七九ページに依拠している。
(7) 『興亜火災三十年史』八六ページ。
(8) 大阪市役所の問い合わせに対する尼崎汽船部の回答。『大正期在阪官公署諸企業沿革調査』『大阪市史史料』第一九輯(一九八六年)、一五四ページ。ご教示いただいた合田悟氏に感謝する。なお大阪市社会部調査課『朝鮮人労働者問題』(一九二五年)朴慶植『在日朝鮮人関係資料集成』第一巻、三一書房、一九七五年、所収、三四六ページには、一九二三年二〜六月時点での大阪済州島航路の月別乗船者数、発着回数などが記されている。これを整理すると、

済友社	(二〜六月)	大阪着一一回	二二六〇人	大阪発一一回	四四二人
尼ケ崎汽船	(三〜六月)	八回	一八二〇人	八回	一〇二六人
金秉敦	(　二月)	一回		一回	一八二人

となる。この済友社については不詳である。金秉敦は、後述するように尼崎汽船部と深い関係をもった人物と同一と推定される。
(9) 高範瑞「猪飼野は朝鮮人がきり開いた町」『統一評論』一九七七年四月号、九〇ページ。

(10) 逓信局「朝鮮近海及沿岸定期航路一覧(大正十一年四月一日現在)」『朝鮮』第八八号(一九二二年)、一六六ページ。
(11) 畝川、前掲書、一七七～一七八ページ。
(12) 三木正一「在阪朝鮮人について」『大大阪』第五巻第四号(一九二九年)、四〇ページ。
(13) 船舶名簿(近畿陸運局所蔵)によれば、第二君が代丸は、一九四四年七月五日に、合名会社尼崎汽船部より、尼崎汽船株式会社に所有者が変更されている。
(14) 恩田銅吉(朝鮮郵船株式会社社長)「朝鮮に於ける海運の変遷」朝鮮総督府『朝鮮総覧』一九三三年、所収、七九四ページ。なお『朝鮮郵船株式会社二十五年史』一九三七年、も参照。
(15) 『朝鮮郵船株式会社二十五年史』一四五ページ。
(16) 「東亜通航組合第三回定期大会議案草案」(訳・解説、朴慶植)『在日朝鮮人史研究』第七号(一九八〇年)、一四五ページ。なお朴「東亜通航組合の自主運航」一六六ページ、および岩村、前掲書、一九五～一九六、二一三、二三五～二三六ページも参照。朴論文にもあるように、元来この組織名称は「済州通航組合」であったが、一九三〇年四月には「東亜通航組合」に変更している。この間の事情について、李哲さんは、莞島出身者が大阪に在住しており、船の方も毎便ではないが同島に寄港していたため、同胞としての立場から済州島出身者だけを対象にしているようにきこえる名称を変更したと聞いている、と語られた(李哲さん談)。
(17) 三木今二『内地に於ける朝鮮人とその犯罪に就て』司法省調査課『司法研究』第一七輯、

報告書集二(一九三三年)、一四二ページ。

(18)　同上。ただしそこでは結成が四月二十二日となっているが、朴論文にしたがった。また三木今二、前掲書、では「済州島六二部落(里)」とあるが、朝鮮総督府『地方行政区域名称一覧』(大正十三年六月改訂)、二二四〜二二六ページにしたがって、一六二里と訂正した。

(19)　朴「東亜通航組合の自主運航」一六八ページ。

(20)　『大阪朝日新聞』(一九三一年五月一日)は、鹿児島郵船の順吉丸の修理に乗じて、朝郵と尼崎が、同日より、運賃を六円五〇銭に上げたことを報じている。

(21)　野間恒・山田廸生編『日本の客船 (1) 一八六八〜一九四五』海人社、一九九一年、一八六ページ。ご教示いただいた高橋正氏に感謝する。

(22)　朴「東亜通航組合の自主運航」一七三ページ。ビラの文章の出所は、三木今二、前掲書、一四三ページ。

(23)　「東亜通航組合第三回定期大会議案草案」一四二ページ。「済州島に於ける東亜通航組合員の暴行事件判決要旨」『在日朝鮮人史研究』第一一号(一九八三年)、七三〜七四ページ。

(24)　三木今二、前掲書、一四〇〜一四二ページ。この企業同盟汽船部については、不明な点も多いが、大衆的基盤の欠如、資本力の弱さ、済州島との連繫の不充分さなどの点に関して弱点を有していたとはいえ、民族的・思想的に強固で濃密な性格をもっていた点については、過小評価すべきではない(李哲さん談)。

(25)　坪江豊吉『在日本朝鮮人の概況』一九五三年、四四〜四五ページ。

(26)　畝川、前掲書、三四二〜三四三ページ。

(27) 桝田、前掲書、四五ページ。

(28) 『朝鮮郵船株式会社二十五年史』、一四五〜一四六ページ。ただし一九三五年五月十六日出航を最終便として引退した京城丸にかわって、同年十二月十六日より丸辰海運株式会社(神戸市)の瑞鳳丸(一二五〇トン)が、大阪済州島航路に月三回就航するという広告が、当時猪飼野で金文準たちが朝鮮人向けに発行していた新聞『民衆時報』(一九三五年十二月十五日)に掲載されている。なお同社の総代理店は天満屋回漕店、大阪航客取扱は李時炯海運組。気になる動向であるが、その詳細は現在のところ不明である。前掲『済州島勢要覧』によると、一九三七年八月現在では、大阪発は月四便で、毎月一日、十一日、二十一日発が第二君が代丸、十六日発が神代丸(一二〇〇トン)となっており、逆に大阪行は月三便、島を西まわりに一巡した後に山地港を出るのが毎月五日、十六日、二十六日で、いずれも第二君が代丸であった。

神代丸は、通常、君が代丸が修理のためドック入りした時などに、この航路に充当されていたようである。金季玉さんは、実際あったことだ、と前置きして、次のような話をしてくださった——済州島の家族から「チチシンダイマルノッタ」と大阪の身内に電報を打ったところが、大阪側では「父死んだ」と誤読して、家族たちは大声をあげて慟哭し、深い悲しみに打ちひしがれたという。この実話は、朝鮮人同士の通信において、カタカナを使った日本語電文が利用されざるを得なかったという事実の重みを、私たちに示して余りあると言わねばならない(金季玉さん談B)。

(29) 曺基亨さんについては、「架橋の人」編集委員会『架橋の人 曺基亨』新幹社、一九九六年、を参照。

(30) 桝田、前掲書、二九ページ。

(31) 金賛汀『朝鮮人女工のうた』一二三〜一二六ページ。

(32) 桝田、前掲書、三〇ページ、三木今二、前掲書、七六ページ。

(33) 宋連玉「大阪における在日朝鮮人の生活」枚方市教育委員会編『在日朝鮮人の歴史』一九九三年、所収、は、死生観をも視野に入れており、学ぶところが多い。

(34) 別の角度からこの問題に接近しようとしたものとして、杉原達『オリエントへの道――ドイツ帝国主義の社会史』藤原書店、一九九〇年、補章、を参照。なお木谷勤『帝国主義と世界の一体化』山川出版社、一九九七年、が打ち出した帝国主義研究の新たな方向性を、私も追求していきたいと考えている。

第Ⅳ章　ゴム工場の街・猪飼野——在阪朝鮮人の定着過程

第一節　問題の提起

一九九三年に、公表されたばかりの入管統計に基づいて、各新聞が「日本も外国人が人口の一％を超える時代に入った[1]」と、一斉に報じたことがあった。八〇年代後半以降に急増してきた外国人労働者問題に関係づけての報道である。だが、紙面をかざる記事のなかに、五〇年前の三〇〇万都市大阪市では、住民の一％どころか一割が朝鮮人であり、その人びとが「大大阪」の経済的・社会的発展を底辺で支えていたという事実に言及したものを見つけることはできなかった。このことは新聞だけではない。外国人労働者問題を扱った論考は、日本や欧米の実情のルポルタージュ、あるいは政策論争から理論的検討にいたるまで、その幅は実に広いといえる。だがこの問題を、在日朝鮮人史との関連に基本的視座をすえて論じたものは、ジャーナリズムと学界を問わずなお極めて少ないのが現状である。「国際化」や「異文化の交流」が、時代の要請として叫ばれて、どれほどの時が流れたであろうか。地についた議論と実践の積み重ねが着実に進んでいるとはいえ、問題を歴史的・社会的に把握する観点の確立は、なおこれからと言わねばならないだろう。

このように考えるならば、一九八〇年代後半以降に進展してきた新たな外国人労働者問題の展開を念頭に置きつつ、一九二〇年代後半以降の在日朝鮮人の定着過程を検討することは、在日朝鮮人史そのものの研究に資するのみならず、すぐれて今日的問題にもつながる質を有するであろう。定着化をめぐる諸問題は、在日朝鮮人史研究と国際労働力移動の研究とをつなぐ接点たるテーマに他ならない。その検討を通じて現在の外国人労働者問題が、これまでの朝鮮人労働者問題との間で断絶と連続の両面を有していることが、より具体的に見えてくるのではないだろうか。

ここで在日朝鮮人の定着過程を問うという時、それは具体的な生活空間――すなわち地域の現場――の中に、彼ら・彼女らの定着を可能にするような諸条件が出そろってくるプロセスを問うことを意味するだろう。ではその諸条件とは何か。

まず第一に、経済的観点からみた場合、就労が、不安定な状態の中でも徐々に相対的に安定した様相をみせるようになること、つまり外国人労働者が就労可能な仕事口(job)の供給が存在しており、しかもその仕事口にアプローチする道筋が何らかの形で確保されるという条件が決定的に必要である。次に第二に、社会的観点からみた場合、

日本ゴム工業は、一八八六年の三田土護謨(東京)の創立をもって嚆矢とするといわれるが、関西での勃興は約二〇年遅れ、大阪では一九〇六年の角一護謨および帝国護謨(いずれも後の西淀川区)、神戸では一九〇九年のダンロップ護謨(極東)日本支店の創立が、それぞれの地におけるゴム工業の起点となった。この定礎期に続く第一次世界大戦の勃発は、発展のための決定的画期となり、工場数・職工数・生産額のいずれをみても、一九二〇年には一四年の四倍以上を記録している。二〇年の生産額の全国比をみると、タイヤ生産を誇る兵庫が四〇・七％、次いで東京が三三・五％、そして大阪が一七・九％と続いていた(4)。

こうした全国的傾向を念頭においた上で、大阪市内のゴム工場の創立時期を各区別に表示したⅣ-1表をみよう。それによれば、一九一六年までに創設された市内の二二のゴム工場のうち後の東成区に立地したものは六工場しかなく、特に多いとはいえない。その伸びが目立つのは第一次大戦以後のことであり、一九一七年からの五年間では二四の新設工場のうち一一を占め、一九二一年時点でみると市内四六工場の中で一七(三七・〇％)、また一九二六年時点では七七工場の中で三〇(三九・〇％)となって、東成区へのゴム工場の集中が示されている。『大阪市工場一覧』(一九二四年版)によれば、一九二二～二四年設立のゴム工場は、市内二〇工場のうち東成地域に一三工場の創設が記録されており、この戦後期に、東成地域におけるゴム工業の発展の第一の波があったことがう

Ⅳ-1表　大阪市内ゴム工場の創業年別地域分布

	～1911	1912～16	1917～21	1922～26	1927～31	合　計
東成区	2	4	11	13	23	53
西成区	1	3	2	3	5	14
西淀川区	2	0	3	5	2	12
北　区	4	1	0	2	0	7
東淀川区	0	0	0	3	2	5
住吉区	2	0	1	0	1	4
此花区	0	0	2	1	0	3
港　区	0	0	1	1	1	3
浪速区	1	0	1	0	0	2
西　区	1	0	0	1	0	2
大正区	0	0	2	0	0	2
東　区	0	0	1	1	0	2
南　区	1	0	0	0	0	1
旭　区	0	0	0	1	0	1
合　計	14	8	24	31	34	111

出所）大阪市役所産業部『大阪市工場一覧（昭和８年版）』1933年，より作成.

かがえる。(5)

ではなぜこの時期に東成地域にゴム工業の発展の地盤が形成されたのか。そこでは、決定的事情が状況を規定したというよりも、次のような諸要因が複合的に作用していた。まず地域的には、市の隣接諸地域の中でも地価が比較的安く、労働力も期待され、産業活動のための基盤も徐々に整備されつつあったことなどから、この東成地域は新興業種たるゴム工業の立地・経営にとって有利であった。また産業的には、重量のある原料や製品の場合、臨海ないし川沿いが重要な立地条件になるが、製品が小物であれば、道路網の整備や電動力の普及などによって、内陸部でも充分に発展し得る可能性が生まれてきたのである。とくにゴム靴製造などの中小零細工場の場合、前者の地域的条件は重要であるゆえ、ここで東成地域の発展の概略を記しておこう。

一八八九年に東西南北四区をもって成立した大阪市は、一八九七年の第一次市域拡張によって東成・西成両郡の一部を編入し、従来の三倍半の面積となった。その結果、市の東部に隣接することになった東成郡中本町・鶴橋町では、いずれも一九一二年に町制が施行され、大正年間を通じて都市化および工業化が進行した。まず中本町は、すぐ北に位置する大阪砲兵工廠に勤める職工たちの居住地としても発展し、また工廠の技術の影響を受けた中小の機械・金属工場が新設されることになった。次に鶴橋町をみよう。一九一二年には九〇〇〇人に満たなかった同町の人口が、二四年には六・三万人を超えるほどの開けぶりである。その背景としては、一九一三年の国鉄城東線鶴橋仮停車場開設、一九一四年の市内の上本町と奈良を結ぶ大阪電気軌道(通称・大軌電車、現在の近鉄奈良線)の開通とそれに伴う鶴橋駅、片江駅、深江駅の新設、といった相次ぐ鉄道路線の拡充が指摘できよう。

こうした展開は、当然ながら「道路の新設、橋梁の架設、下水道の改修、あるいは伝染病隔離病舎の設立等[6]」を緊要のものとしたが、それらは町村単位では到底不可能な事業であるだけに、町村側からは大阪市への編入が強く陳情され、また市の方でも関一市長のイニシアティヴの下で、都市計画が準備されていく。(7) 町村側の活動としては、従来の農地を住宅地や工場用地として造成・整備し、地域環境を開発する事業主体である深江・鶴橋・小路の三つの耕地整理組合の結成が注目される。(8) 大正年間に設立が認可された大阪市内の一一の耕地整理組合のうち、鶴橋とこれに隣接する小路は、事業費で第一、第二位を占めていた。とくに一九一九年に結成された鶴橋耕地整理組合の場合、単に区画整理のみならず、河川改良という他の耕地整理事業には見られない施行目的が掲げられていた。『鶴橋小学校八十年の歩み　郷土史編』はいう——。

> 同年〔一九一九年〕二月当局に申請し、同年三月認可を得て事業に着手しました。この事業の目的は勿論耕地整理下水工事を主目的としたもので、新平野川が開かれたのはこのためです。
>
> 事業は一区(猪飼野)二区(木野・岡・天王寺)に分れ、大阪府より技師が派遣され、昭和六年に完成しました。事業総面積一六三町歩(約一・七平方キロメートル)、総事業費一五〇万円余りでまさに大事業でしたが、これによって郷土鶴橋の発展は約束されたのです。(9)

この河川改良こそ、鶴橋地区を南北に流れる平野川の改修工事であった。猫間川の改修と連動したこの平野川の工事には、多数の朝鮮人の土木労働者が従事していたことが知られている。その実状は必ずしも明らかでないが、比較的長期にわたって断続的に続いたとみられる河川の開削や護岸工事の頃から、この地域に朝鮮人が姿を見せはじめたのであった(10)。

このように東成地域においては、一九二〇年代中葉にいたる時期にすでに、国鉄・大阪電気軌道・市電(路面電車)といった各鉄道の開通や拡充そして電化計画、都市計画道路泉尾・今里線の計画と竣工、市バスと青バス(大阪乗合自動車の通称)の競争、さらに下水道改良などにみられるように、都市計画のための基盤整備が進行していた。また同時期には、耕地整理や区画整理も進展しており、先に指摘した地価の低廉さともあいまって、工業立地としての条件が整ってきていたといえよう。

一九二五年四月、大阪市は第二次市域拡張によって東成・西成両郡をすべて編入、ここに人口二一一万余を擁する「大大阪市」が誕生した。旧四区は八区に再分割され、また旧西成郡は三区、旧東成郡は二区にそれぞれ編成されて、合計一三の行政区が設置された。このうち東成区は、旧東区に隣接する地域に立地し、一二町村をあわせ、人口二三・六万をもって出発したのである。

こころみに一九二五年の大阪市人口を、この領域内の一九二〇年時点での人口と比較してみよう。この五年間に人口は、一七六万八二九五人から二一一万四八〇四人へと一九・六％の増加率を示していた。その内訳をみると、旧大阪市域八区の増加率はわずかに六・三％で、全国の市部における平均増加率（一一・〇％）にも達していないのに対し、新規編入地域五区のそれは、五一・九％と際立って高いことが注目される。そしてわけても東成区は、一三万八七一九人から二三万六一三七人へと七〇・二％もの突出した急増率を示したのであった。それは明らかに都市・大阪をめざして各地方から流入してきた人口移動の波が、市周辺部に定着し、労働力の給源地を形成するにいたったことを意味していた。(11)

以上、東成地域の都市化・工業化の過程をみてきた。それはいうまでもなく地域全体としての傾向であり、ゴム工業だけにとって有利な条件ができたわけでもなければ、やや先回りして言えば、ゴム工場だけに朝鮮人が仕事口を見つけていったわけでもない。ここで確認しておきたかったことは、済州島という出身地、ゴム工という職種を大きな指標として、日本において最大規模で朝鮮人が集住するにいたるところの、この地域の発展のあり方をみておく点にあった。

では、この大大阪、そして東成区においてゴム工業はいかなる展開をみせたであろうか。それを見る前にまず一九二〇年代の全国各地の生産物を一瞥しておこう。兵庫は、タイヤとくに自動車タイヤとゴム靴生産で断然優位を占めていた。東京は、タイヤ・ホース・ベルト・工業用品・医療用品・玩具・防水布の生産に特徴を示しており、大阪は、自転車タイヤ・ゴム靴・地下足袋・爪掛(げたの先に掛けて雨水や泥を防ぐもの)・空気枕といった製品の製造に力を入れていた。このうちゴム靴の生産は、二〇年代に飛躍的な上昇をみたものである。他の業界が戦後恐慌に苦しむ中で、ゴム工業は神戸を中心にゴム靴生産が急増し、化学工業の中での地歩を固める。大阪でも二一年前後からオーバーシューズや総ゴム靴(長靴)の生産が開始され、早くも二三年にはオーバーシューズの対中輸出も始まり、二四〜二七年頃は中国人商人が製造者に対して代金前払いで契約をとりつけるという程の活況であったという。二〇年代初頭ではなおゴム靴輸入国であった日本は、二八年にはアメリカ、カナダに次ぐ世界第三位の輸出大国に転じていた。とはいえ同年ゴム靴輸出の八〇・二%は神戸港から、一一・〇%が大阪港からという事実が物語るように、神戸の比重は圧倒的であった。当時大阪市当局は、次のような観察をしている――「品種別に見るとタイヤその他の附属品、靴その他履物は共に兵庫県を、又玩具、エボナイト製品、その他の製品は東京府を夫々第一位とし、大阪府は靴その他履物、玩具、その他製品に於て第二位にあるのみである。……大阪府は兵庫県、東京府に比し生産額に於ては尚及ばざるところあるも、……如何なるものにても大阪製品にて間に合ひ得ると云ふ点に於ては到底他の府県に見ることを得ぬ処である[12]」と。いかにも苦しいこの特徴づけは、大阪ゴム工業においては、主軸となる製品の種類や、核となる企業が、必ずしも大きく発展したわけではないことを表現するものであった。

こうした全国的位置を念頭に置きながら、大阪市内のゴム工業の発展をみてみよう。Ⅳ-2表は、一九二五年以降日中全面戦争までの間の、東成区におけるゴム工業の展開を大阪市全体の発展との関連において示したものである(なお三二年に東成区の北部が旭区として分離したが、ゴム工場の圧倒的部分は区南部にあったため、この表が示すように各指標とも減少を示していない)。まず工場数をみると、大阪市内のゴム工場のうちで東成区に立地しているものは、二八年に四割台に達しており、さらに三〇年以降は五割台を維持していることが注目される。次に職工数では、二八年に三割を超え、以後三〇%台の中で漸増傾向を見せている。女工の比率をみると、三割台後半から四割台前半へと微増していることがうかがえる。しかるに生産額では、二割台の中での微増にとどまり、東成区が大阪市全体の中で占める比重は、工場数・職工数に比べると明らかに小さい。

この規模の零細性については、大阪ゴム工業自体についてまず指摘されるべきである。一九三〇年時点で、市内にあったゴム生産を本業とする一二三工場のうち、七五%にあたる九二が個人経営であり、残りの法人組織の内訳は、株式会社一四、合資会社一四、合名会社三であって、企業組織としての弱体性が示されている。これを職工数別にみると、一〇人未満の工場が五一、一〇~四九人の工場が五五、五〇~九九人の工場が一一、一〇〇~二九九人の工場が二、三〇〇人以上の工場が二となっていて、八六%を占める

IV-2表　大阪市ゴム工業における東成区の位置

年	工場数			職工（人）					職工数／工場		生産額（万円）			生産額／工場	
	東成区	大阪市	%	男子	女子	計・区	計・市	%	東成区	大阪市	東成区	大阪市	%	東成区	大阪市
1925	20	50	40.0	328	186	514	1,779	28.9	25.7	35.9	546.5	1,020.9	53.5	27.3	20.4
1926	23	58	39.7	388	249	637	2,140	29.8	23.6	36.9	214.0	806.5	26.5	9.3	13.9
1927	21	66	31.8	371	221	592	2,250	26.3	28.2	34.1	179.6	857.4	20.9	8.6	13.0
1928	28	70	40.0	496	297	793	2,405	33.0	28.3	34.4	196.0	865.2	22.7	7.0	12.4
1929	30	71	42.3	554	431	985	2,932	33.6	32.8	41.3	260.9	911.2	28.6	8.7	12.8
1930	48	90	53.3	793	569	1,362	3,596	37.9	28.4	40.0	238.9	1,159.8	20.6	5.0	12.9
1931	50	100	50.0	751	432	1,213	3,768	32.2	24.3	37.7	190.3	820.2	23.2	3.8	8.2
1932	59	114	51.8	853	613	1,466	4,351	33.7	24.8	38.2	260.1	1,095.1	23.7	4.4	9.6
1933	87	145	60.0	1,000	703	1,703	4,135	41.2	19.6	28.5	372.3	1,138.1	32.7	4.3	7.8
1934	76	142	53.5	870	574	1,444	3,976	36.3	19.0	28.0	298.9	1,214.4	24.6	3.9	8.6
1935	69	131	52.7	798	522	1,320	3,564	37.0	19.1	27.2	304.6	1,233.5	24.7	4.4	9.4
1936	72	134	53.7	859	465	1,324	3,511	37.7	18.4	26.2	345.8	1,313.9	26.3	4.8	9.8
1937	79	155	51.0	881	616	1,497	3,930	38.1	18.9	25.4	492.4	1,646.9	29.9	6.2	10.6

出所）『大阪市統計書』各年版より作成.

五〇人未満の工場の比重が際立っている。[13] 試みに近隣の兵庫県と比べると、三〇年の工場当たりの職工数は、大阪が四〇・九人、兵庫は五七・三人であり、同じく生産額は、大阪が八・六万円、兵庫は一五・六万円で、規模の落差は大きい。[14]

この点をふまえた上で、その中での東成区の位置を追求するために、三つの時期について、東成区と西淀川区を比較対照しておこう。両区は、西成区・東淀川区とともに大阪ゴム工業の中心地であり、一九三一年以降は、大阪市の区別のゴム生産額で首位と第二位を交代してきた地域であった。まず東成区の工場当たりの職工数は、二六年に二三・六人、三〇年に二八・四人、そして三五年に一九・一人と推移した。これに対して西淀川区の場合は、それぞれ六九・七人、六六・八人、六七・四人とほぼ不変を示した。また東成区の工場当たりの生産額をみると、それぞれ九・三万円、五・〇万円、四・四万円と半減しているのに対して、西淀川区の方は、二六・〇万円、一八・八万円、二八・九万円と推移しており、その格差は明確である(ちなみに大阪市の平均は、工場当たりの両指標とも両区の中間にあった)。

次に両区の品目別生産額を示したのが、Ⅳ-3表・Ⅳ-4表である。東成区の場合は、ゴム靴生産の比重の高さが目を引く。とくに三三年以降は、数量・価額ともに大阪市のゴム靴製造の五〇%を相当に超えており集中度は高い。また玩具生産は、絶対額はそう多くないが、相対的には市内の生産の半分以上を占めていたといえよう。他方西淀川区

Ⅳ-3表　東成区におけるゴム製品生産額

年	タイヤ類	靴類		玩具	ベルト	その他	合計（万円）
		数量	価額				
1930	0	217.4 (32.4)	82.0 (14.8)	15.8 (63.7)	0	141.0 (41.1)	238.8 (20.6)
1931	0	195.8 (27.7)	59.6 (22.6)	18.0 (73.6)	0	112.6 (37.9)	190.3 (23.2)
1932	1.6 (0.7)	436.5 (39.9)	118.8 (27.6)	18.3 (54.6)	0	121.4 (37.6)	260.1 (23.7)
1933	1.3 (0.2)	490.7 (59.0)	229.7 (60.9)	25.2 (64.1)	0	116.2 (26.5)	372.3 (32.7)
1934	1.4 (0.6)	460.0 (64.1)	132.6 (52.3)	23.0 (70.1)	0	141.8 (62.3)	298.9 (24.6)
1935	0.9 (0.5)	556.0 (77.1)	112.2 (61.1)	19.1 (47.9)	0	172.4 (24.3)	304.6 (24.7)
1936	0	140.8 (55.4)	112.1 (64.6)	24.5 (56.6)	4.7 (3.6)	204.5 (26.2)	345.8 (26.3)

Ⅳ-4表　西淀川区におけるゴム製品生産額

年	タイヤ類	靴類		玩具	ベルト	その他	合計（万円）
		数量	価額				
1930	12.6 (8.7)	200.4 (29.9)	105.9 (19.1)	0	10.8 (12.0)	88.8 (25.7)	226.4 (19.5)
1931	45.3 (26.4)	171.7 (24.3)	84.7 (32.1)	0	18.0 (28.8)	56.8 (19.1)	204.8 (25.0)
1932	75.9 (32.5)	160.1 (14.7)	97.7 (22.7)	0	7.1 (9.5)	68.2 (21.1)	248.9 (22.7)
1933	64.6 (33.8)	171.6 (20.6)	84.5 (22.4)	0.5 (1.3)	6.7 (7.3)	91.0 (20.7)	247.4 (21.7)
1934	105.5 (44.8)	110.4 (15.4)	63.8 (25.2)	0	10.6 (13.3)	122.4 (20.7)	302.3 (24.9)
1935	92.7 (47.1)	140.6 (19.5)	63.2 (19.5)	0	33.9 (32.6)	157.1 (22.2)	346.8 (28.1)
1936	80.2 (43.0)	94.6 (37.2)	52.1 (30.0)	0	47.5 (36.2)	159.5 (20.5)	339.4 (25.8)

注）靴類の数量は万足単位，その他の項目は万円単位．（　）内は，各項目の大阪市の生産額に対する東成区，西淀川区の比％．

出所）『大阪市統計書』各年版より作成．

の方は、タイヤ・ベルトの生産が年とともに増大していることが注目される。

以上から東成区のゴム工業は、大阪における最大の中心地でありながら、その経営規模は、そもそも全国的にみて低い水準である大阪市の平均をさらに下回って、中小零細工場がひしめきあっており、また製品別ではゴム靴製造に比重がおかれていたといえる。

再びⅣ-1表を参照されたい。一九二七年から三一年までの五年間に新設された市内ゴム工場三四のうち東成区は三分の二以上の二三を占め、三一年時点では一一一工場中五三工場を擁して四七・七%に上昇している(Ⅳ-2表では、この年一〇〇工場中五〇工場となっている)。しかも三〇年創業の九工場のうち七、三一年創業の一〇工場のうち七が、同区の立地であった(そしてこの二年間に新設の一四工場のうち猪飼野に一〇工場が集中していた)。これに対して西淀川区は、この五年間にわずかに二工場が新設されたにすぎず、三〇、三一年には創業はみられない。またⅣ-2表によれば、三二年には大阪市内の一一四ゴム工場のうち東成区は五九(五一・八%)、三三年には一四五のうち八七(六〇・〇%)にまで地域集中度は高まっており、この三〇年代初頭に東成区ゴム工業の発展の第二のより大きな波があったといえる。

ではこうしたゴム工場は、逆に東成区の側から見た場合、地元工業の中でどのような位置を占めていたのだろうか。この点を確認するために、一九三二年六月末時点をとって同地における工業を七つの業種と七つの地域に分け、さらに工場数・労働者数別に示したのがⅣ-5表である(15)(Ⅳ-1図も参照)。まず業種別にみれば、化学工場が区の工場全体の二九・一%を占め、また化学工場の職工が東成区の職工全体の三四・〇%を占めている。(16)そして化学工業の中でゴム工業は、工場数で六〇・七%、職工数で六五・四%に達しており、中軸産業としての位置に立っている。次に地域別にみると、猪飼野は、工場数で二六・五%、職工数で二五・〇%を占め、極めて重要な工業地域であることがわかる。そしてこの猪飼野こそ東成ゴム工業の中核地帯なのであった。同地域に立地する一一一の工場の四一・四%、同地域で働く二一一六人の労働者の五三・四%がゴム工業に従事していたのである。これに対して、区内北部に位置す

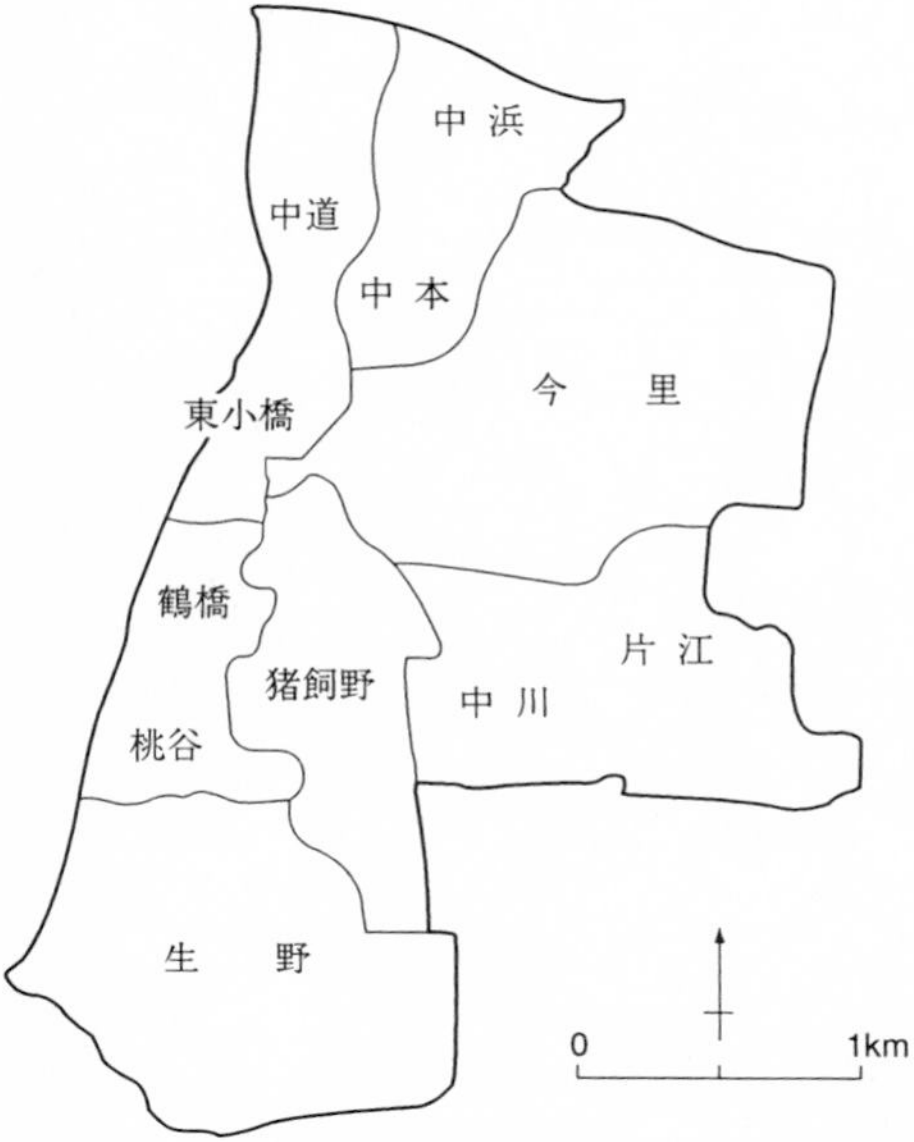

Ⅳ-1図　東成区図

Ⅳ-5表　東成区の業種別工場分布(1932年6月末現在)

	染色	金属	機械器具	窯業	化学	うちゴム	食料品	雑種	合計
猪飼野	0 0	13 250	28 346	1 22	58 1,354	46 1,129	0 0	11 144	111 2,116
鶴橋 桃谷	0 0	19 309	19 163	0 0	25 443	14 328	0 0	17 355	80 1,270
中道 東小橋	2 202	26 337	28 476	5 88	8 228	2 32	1 7	14 304	84 1,642
中本 中浜	0 0	11 572	6 97	0 0	7 265	1 42	1 11	13 611	38 1,556
今里	0 0	9 195	8 92	0 0	15 419	10 344	2 14	7 281	41 1,001
中川 片江	1 12	2 19	5 96	0 0	5 121	1 7	0 0	9 121	22 369
生野	0 0	5 56	11 121	5 55	4 46	0 0	1 28	17 204	43 510
合計	3 214	85 1,738	105 1,391	11 165	122 2,876	74 1,882	5 60	88 2,020	419 8,464

注）上段は工場数，下段は職工数．
出所）大阪府内務部工務課『大阪府工業年報 昭和7年』1933年，より作成．

る中本・中浜および中道・東小橋の両地域においては、大阪砲兵工廠に近接しているという地理的条件もあって、金属・機械器具工業が目立っている。また経営規模の点でも、地域による対照性がみられた。一〇〇人以上の労働者が働く工場は、両地域では、和気鉄線(四二二人・南中本)を筆頭に合計六工場を数えていたが、猪飼野地域では、職工数が最多の工場でも七〇人にすぎなかった。

Ⅳ-6表は、大阪ゴム工業全体の中での猪飼野地域

Ⅳ-6表　東成区ゴム工業の地域別・製品別の工場分布
(1932年6月末現在)

	ゴム精錬粉砕	ゴム靴	タイヤ・チューブ	医療用品	工業用ゴム製品	薄層ゴム	消しゴム	雑製品	合計
大阪市	6 76	48 2,490	9 746	4 213	9 296	3 28	4 79	31 711	114 4,639
東成区	6 76	36 1,036	0 0	0 0	7 258	2 22	2 18	21 472	74 1,882
猪飼野	4 64	27 738	0 0	0 0	0 0	2 22	0 0	13 305	46 1,129
鶴　橋 桃　谷	2 12	6 233					2 18	4 65	14 328
中　道 東小橋		1 15			1 17				2 32
中　本 中　浜					1 42				1 42
今　里		2 50			5 199			3 95	10 344
中　川 片　江								1 7	1 7
生　野									0 0

注）上段は工場数，下段は職工数.
出所）大阪府内務部工務課『大阪府工業年報 昭和7年』1933年，より作成.

Ⅳ-7表　大阪におけるゴム成型工(1930年10月現在)

	男子		女子		合計	
	職工数	朝鮮人(%)	職工数	朝鮮人(%)	職工数	朝鮮人(%)
大阪府	3,246	1,106(34.1)	1,657	396(23.9)	4,903	1,502(30.6)
大阪市	2,852	1,016(35.6)	1,450	376(25.9)	4,302	1,392(32.4)

出所）内閣統計局『昭和5年 国勢調査報告第4巻 府県編 大阪府』1933年より作成.

の位置を示したものである。三二年六月末現在で、大阪市全体のゴム工場は一一四、ゴム工は四六三九人であったから、猪飼野地域だけで、それぞれ四〇・四％、二四・三％を占めており、その集中度が異常に高い。また工場当たりの職工数をみると、大阪市が四〇・七人であるのに対して、猪飼野の平均は二四・五人とわずか六割にすぎず、その零細性がうかがえる。製品別でみると、猪飼野はゴム靴生産の中心地であるとともに、精錬・粉砕・乾燥・薄層ゴム(風船)、雑製品(爪掛など)の工場も相対的に多いことが示されている。

つまりゴム工業が猪飼野地域の地場産業を構成したことは明白であるが、それにとどまらず、東成区の地域工業の側から見ても、また大阪ゴム工業の側から見ても、靴製造を中心とした零細な工場の密集に支えられた猪飼野ゴム工業は、まさしく中核的位置を占めていたのであった。

第三節　朝鮮人ゴム工業労働者の登場

このように大阪のとりわけ東成区で発展してきたゴム工場に、朝鮮人労働者は、いつ頃からどれほどの規模で入ってきたのであろうか。断片的に存在する諸官庁統計を、時系列的に整理しておきたい。

①　まず第二節でみた大阪・東成地域におけるゴム工業発展の第一波の終期にあたる一九二四年三月時点での大阪府下在住朝鮮人(男子二万二二二一人、女子四六二七人、合計二万六八四八人)に対する職業調査によれば、[17]ゴム工は、男子四二人、女子一七人、合計五九人にすぎず、零細ゴム工場の調査が欠落していたにしても、その数はなお極めて少ない。

②　二八年六月末の大阪市社会部調査課による朝鮮人の「職業調」において示された有業者内訳によれば、[18]ゴム工は男子のみで三五三人と数えられていた。『大阪市統計書』では、同年末時点での大阪市内ゴム工数は男子一五三八人、女子八六七人、合計二四〇五人(うち東成区は男子四九六人、女子二九七人、合計七九三人)となっており、半年のずれがあるが、朝鮮人ゴム工は、市内のゴム工の約一五%、男子のみでみると約二三%であった。

③　二九年末時点での大阪府特高課の調査をみると、[19]府内の朝鮮人ゴム工は、男子五六五人、女子一二二人、合計六八七人となっている。当該年の『大阪府統計書』によれば、大阪府下のゴム工は、男子二一五二人、女子一四七七人、合計三六二九人であり、朝鮮人ゴム工は府内のゴム工の男子で二六・三%、女子で八・三%、合計では一八・九%と、その比重を幾分高めていた。

④　ところが翌年におこなわれた国勢調査——行政単位による通常の調査に比べると相対的には正確度が高いといわれる——によれば、三〇年十月現在で、大阪のゴム成型工

（ゴム工の基幹）は、Ⅳ-7表のような構成となっていた。同表は、大阪府には約一五〇〇人の、そのうち大阪市には約一四〇〇人の朝鮮人ゴム工が働いており、ゴム職工全体の三一〜三二%もの比率を占めていることを示している。男子は三分の一の水準を超えており、また女子も急増してほぼ四分の一に達していることがわかるだろう。

⑤ さらに三三年末時点での大阪府特高課による『朝鮮人ニ関スル統計表』所収の「朝鮮人職業別調」をみると[20]、朝鮮人ゴム工は、男子二七四三人、女子九八七人、合計三七三〇人にのぼっており、職工人数としては鉄工、紡績工、ガラス工を上回り最多の職種となっている。同時期のゴム工数は『大阪府統計書』によれば、男子二九〇八人、女子二四三三人、合計五三四一人であり、ゴム工の中での朝鮮人労働者の比重は、男子九四・三%、女子四〇・六%、合計六九・八%と、にわかには信じがたい高さを示すことになった。この数値のうち、ゴム工の総数については漏れがあることが考えられるが、朝鮮人労働者数そのものは決して過大評価ではない。そのことを示すのが、次の統計である。

⑥ 先の特高調査の四カ月後にあたる三四年四月末に、済州島の島内一二カ所の警察官駐在所への届け出を集計した調査によれば[21]、日本への出稼ぎ労働者のうちで、職種別にみて男子の第一位はゴム工で四二〇八人、女子では紡績工についでゴム工が一七五六人で第二位であり、両者あわせると五九六四人の済州島出身ゴム工が日本で働いていたことになる。当時五万〇〇五三人を数えていた済州島からの出稼ぎ労働者の中で、大阪府

下に居住していたのは七五・八％にあたる三万七九三八人であった。そこでこの在阪比をゴム工にも適用すると、全羅南道済州島の出身者だけで、約四五〇〇人ものゴム工業労働者が大阪在住であったことになるのである。他地方からの出稼ぎ労働者の存在を考慮にいれるならば、実に多数の朝鮮人がゴム工場での労働体験をもっていたと言わねばならない。

ところで上記『朝鮮人ニ関スル統計表』には、同じく三三年末での「十人以上就働工場」における労働者数が記されている。この数値を上記の「職業別調」と比較すると、紡績工では八一・六％、ガラス工では九〇・七％の朝鮮人労働者が職工数一〇人以上の規模の工場に勤めていたことが判明する。ところが「護謨工場」の項目には、男子一二〇九人、女子七三七人、合計一九四六人と記載されており、先に示されたゴム工総数の五二・二％でしかない。つまり朝鮮人ゴム工の約半数は、職工数一〇人未満の零細ゴム工場で働いていたのであった。また工場数でみても、第二節で述べたように三〇年末時点で、大阪市内の一二三工場のうち四一％にあたる五一工場は、一〇人未満の職工を雇用していた。こうした事実を総合すれば、先にみた一九二〇年代後半の朝鮮人ゴム工に関する諸統計においても、零細規模の工場労働者がきわめて不充分にしか算出されていないと指摘しなければならないだろう。

以上のような府ないし市レベルにおける朝鮮人ゴム工の登場過程が、東成区では具体的にどのようにみられたであろうか。それを統計的に裏づける資料は多くないのだが、ここでは一九三〇年の国勢調査に基づいて推察してみたい。大阪市内には、ゴム成型工が男子二八五二人、女子一四五〇人、合計四三〇二人就労していたことはⅣ-7表に示されているが、このうち東成区のゴム工場に勤務していた者は、男子で一四五七人(対市比は五一・一%)、女子で七二六人(同五〇・一%)、合計で二一八三人(同五〇・七%)となっており、市内ゴム成型工のほぼ半数が東成区に集中していたわけである。朝鮮人ゴム工についてては区単位での統計が出ていないので、東成区のゴム工場に勤める朝鮮人ゴム工数を推計するために、大阪市在勤の朝鮮人ゴム工男子一〇一六人、女子三七六人にそれぞれ上記の東成区の対市比を乗ずると、男子五一九人、女子一八八人、合計七〇七人という数値がでてくる。だが大阪市在住の朝鮮人の東成区への集住度の高さを考慮するならば、この推計値は最低ラインを示したものにすぎない。

ところで猪飼野ゴム工業を論じる際に見落とせないのは、通常のゴム工場以外の存在である。中堅以上のゴム工場経営者を組織した大阪ゴム工業組合の組合史によれば、一九二一年暮れから「猪飼野付近ではロール、キャレンダーを持つ『強ゴム』を中心に七、八軒もの多数家内工業者が賃加工を基礎として寄生し、一日に千五百乃至二千に上る爪掛を手工的に製造して輸出製品を出したもので、強ゴムは蒸気代、練代を取立てることによつて旺盛な発展ぶりを示した」[22]。組合の統制のきかぬ異端的存在たるこうした家内工業において、一般のゴム工場以上に劣悪な条件の下で朝鮮人労働者が働いていたことが大いに予想される。彼らが統計的に捕捉されることはまずなかったであろう。

また一九三〇～三一年には、大阪ゴム工組合が、東成区を中心にゴム工ゼネストを幾度も企画し、弾圧を受けながらも実践していくが、三一年五月には猪飼野内外の三〇ゴム工場で九〇〇人のストライキが闘われたことが報道されている。日本人ゴム工労働者は、ストに敵対することはあっても参加することは極めて稀であった状況を鑑みるならば、ストに不参加の朝鮮人ゴム工の存在も含めると、一九三〇年代初頭には、一〇〇〇人をはるかに超す朝鮮人ゴム工が東成地域に働いていたことが推察できるのではないだろうか。

ではこうした朝鮮人ゴム工業労働者は、どのような経緯でこの東成区に入ってきたのか。一般に朝鮮人労働者が仕事と住居を探す際に血縁・地縁関係が大きな役割を果たしたことは、種々の聞き取りや当時の調査が示すところである。大阪に来た彼らは、まずは家族や親戚の暮らす間借りに同居するか、あるいは東成区とりわけ猪飼野一帯に点在する下宿屋、それも同郷の出身者が開いている下宿屋に入り、職を求めるのが常であった。そして帰還の機会があった者は、郷里で大阪での生活を語った。その話は苦労談であるとともに、未経験の青少年たちには、ある種の「あこがれ」を抱かせる契機ともなった。それゆえ「一人の出稼ぎ帰還者は再度の渡航には必ず隣人、知人を誘い、数人となって出稼ぎ渡航した」[23]という表現は極端な誇張というわけではない。さらに「陸地民」の「済州島民」に対する「自然的排斥の結果は済州島民の一層強き排外的気分と共同団結心と相俟ち」、済州島出身者は、「大阪市東成区鶴橋中本方面に集団しており工場労働者の如きは同一工場に就業するの状態である」[24]という特殊事情も働いていた。この大阪区裁検事の判断には、朝鮮人労働者の出身地別の対立をことさらに強調する作為が感じられるが、当時そうした矛盾が存在していたことも事実であり、そのことがゴム工労働者のリクルートにも作用していたのである。たとえば上記⑥の調査によれば、第Ⅱ章第四節でも指摘したように、一九三四年時点で、済州島の出身村(里)のなかでゴム工労働者を最も多く日本に送っている朝天里の場合、同里出身の在阪朝鮮人労働者八七〇人のうち一九%はゴム工であった。以下、同様に計算すると、法還里では四一%、為美里では二三%、新興里では五七%、泰興里では一九%がゴム工率ともいうべき数字を示している。そしてまたこうした故郷を同じくする者たちのつながりが、大阪におけるゴム工労働運動の展開を支えたのである。

最後にこうした朝鮮人労働者の増大が、大阪ゴム工業に与えた影響を考えてみたい。経営規模が零細・弱体であり、他地域にみられるような基軸となる製品の種類や核となる企業が育たず、自転車タイヤとゴム靴という民需を主体としたままで重化学工業化の流れに乗ることにも遅れた大阪ゴム工業は、兵庫の圧倒的比重、東京のオールラウンドな力量、そして神奈川と福岡の急上昇という各地の発展状況の中で、いわばジリ貧傾向に向かわざるを得なかった(生産額の全国比は、一九二〇年一七・九%、二六年一七・〇%、二九年一三・八%と次第に低落した)。とはいえ昭和恐慌に苦しんだ一九三〇年代初頭には、ゴム靴を軸に、ある程度の盛り返しを示していた(一九三〇年一五・〇%、三一年一五・九%、三二年一七・四%、三三年一五・五%)。とりたてて特徴をもつことのできなかった大阪ゴム工業にとって、こうした挽回がどうして可能であったのか。それを推測するひとつの、しかし極めて重要な根拠は、低賃金労働力の存在に求められる。二九年と三二年の府県別賃金を比較すると、大阪はゴム工の時給が一七銭から一三銭へ二四%も低下している。これに対して兵庫は一七銭から一五銭へ、東京は一六銭から一三銭へ、神奈川は一九銭から一八銭へといずれも低下しているが大阪ほどではなく、逆に福岡では一〇銭から一四銭へとむしろ大幅に上昇を示していた(25)。第二節で述べたように、一九二〇年代後半以降の大阪ゴム工業の発展の中で、東成区ゴム工場の比重は高まっていった。危険で悪臭がひどく職場環境が劣悪であるにもかかわらず、低賃金を強いることができるような労働者に対する需要が、まさにこの地域の側から生み出されていたのである。この労働力需要に対応する供給源のひとつとして、済州島出身を主力とした朝鮮人労働者が登場し、大阪ゴム工の中核的部分として急速に増大したのであった。民族差別賃金が厳存したことは当時の調査によっても明らかであるが、それが大阪のゴム工賃金水準そのものを押し下げ、そのことが大阪ゴム工業の発展を保証する有力な源となったという事実が強調されるべきであろう。

第四節　居住形態の変容と政治社会運動の組織化

第二、三節では、在阪朝鮮人の定着化の経済的指標としての就業可能性について、大阪ゴム工業とりわけ東成区ゴム工業の発展に即して論じてきたが、本節では、社会的指標および政治的指標に関して略述しておこう。

定着化の社会的指標としては、まず在阪朝鮮人の居住形態が、短期滞在・移動から長期化の方向を示すようになる点があげられる。「在住朝鮮人累年別表(大阪府)[26]」をみると、「一戸を構えて居住するもの」が「一戸を構えざるも九〇日以上同一市町村に居住するもの」「その他」を含めた在阪朝鮮人全体に占める比率は、一九二〇年には六・七%、二五年には一八・三%であったものが、二九年に三九・七%、三〇年に四六・七%、三三年には五九・二%にまで増大しており、一九三〇年代初頭から定着化傾向が顕著になっていることが明確である。

ここで定着化という時、それは長期滞在者の単なる量的増加だけを意味するのではなく、居住の形態が重層的に展開していたことが含意されるべきである。この点を東成区

Ⅳ-8表　鶴橋署管内の在住朝鮮人

年	管内全体人口	管内在住の朝鮮人						
		人口	%	男	%	女	%	女性比 %
1929	98,141	6,320	6.4	4,393	8.6	1,927	4.1	30.5
1930	102,124	8,466	8.3	5,903	11.1	2,553	5.2	30.2
1931	105,271	9,204	8.7	6,330	11.6	2,874	5.7	31.2
1932	110,262	11,248	10.2	7,646	13.2	3,602	6.9	32.0
1933	123,005	14,024	11.4	9,729	14.9	4,295	7.4	30.6
1934	140,260	14,981	10.7	10,464	14.4	4,517	6.7	30.2
1935	153,644	20,120	13.1	11,591	14.6	8,529	11.4	42.4
1936	163,715	21,714	13.3	12,641	15.0	9,073	11.5	41.8
1937	170,537	23,083	13.5	13,427	15.4	9,656	11.6	41.8
1938	173,582	23,802	13.7	14,011	15.8	9,791	11.5	41.1
1939	180,747	33,672	18.6	19,012	20.8	14,660	16.4	43.5
1940	194,275	37,106	19.1	21,807	22.2	15,299	15.9	41.2
1941	205,557	47,896	23.3	27,232	26.5	20,664	20.1	43.1
1942	200,077	48,302	24.1	25,357	26.0	23,045	22.5	47.7

出所）各年末の数字．『大阪府警察統計書』各年版より作成．

に即してみておこう。

東成区は、一九三二年に旭区が独立した後、大阪府警の警察区画としては、大阪電気軌道（通称・大軌、現在の近鉄）をはさんで、北半分が中本警察署、南半分が鶴橋警察署の管轄となっていた。後者は、一九四三年に東成区から独立して生野区となった。現行の東成区はこの時点での区画を踏襲しており、生野区は戦後巽町を編入して現在に至っている。この鶴橋警察署管内の朝鮮人居住統計をみたのが、Ⅳ-8表である。

一九九一年三月時点で生野区の居住者一五万九三一一人（住民基本台帳人口一二万〇五九三人、外国人

登録人口三万八七二八人)のうち、韓国・朝鮮籍の在日朝鮮人は三万八四〇四人で、二四・一%にあたっている。日本国籍を取得している人々も含めれば、広義の在阪朝鮮人の比率はより高くなるであろう。Ⅳ-8表のポイントは、まさにこの点にかかわっている。現在の生野区における朝鮮人居住者の高率の原型は、すでに戦時下に形成されたものであり、それが戦後も基本的には維持された結果として今に至っているのである。しかもそれは、同表が示すように、急速な展開の結果であった。一九二九年から四二年までの間に、当該地域の人口はほぼ倍増し、その増加数は一〇万一九三六人であったが、朝鮮人は七・六倍に達し、増加数は四万一九八二人を数えていた。つまり一九三〇年代を含むこの一三年間の同署管内住民の増加数の四割以上を朝鮮人が占めていたのである。

次に、男女比をみてみよう。一九三〇年代前半に三〇%強を推移していた女性比は、三五年以降突然四〇%台をしめるようになった(この三五年の唐突な伸びの理由については、今後の課題としたい)。隣接する中本警察署管内の朝鮮人女性比は、三三年三一%、三四年三六%、三五年四三%であり、大阪府在住規模での女性比は、三三年三五%、三四年三八%、三五年四〇%で、全体としてほぼ同様の傾向を示していた。

一九二九年の二月から夏にかけて鶴橋署管内の「鶴橋内鮮自治会」がおこなった朝鮮人生活調査(27)によれば、総世帯数一五三八、総人口五八〇六(うち男子有職者三二五六、男子無職者八四九、女子有職者六八一、女子無職者一〇二〇)であった。有職業者一人あたり平均所得は三三円一〇銭、居住者一人あたりでは二一円八九銭となり、生活の苦しさは明らかである。しかもなお「日収一円内外のもので一カ年百円内外を故郷に送金してゐるものが珍らしくない」という状況は、「配偶者(主として妻)を鮮土に残して単身内地に来て働いてゐるものが相当ある」という実態に照応するものであり、故郷との密接なつながりのもとで在住がすすんでいることが示されている。

ところで一九二八年六月末の大阪市社会部調査によれば、東成区(うち後の旭区に所属する一カ所を除く)には一〇カ所の朝鮮人集住地があり、合計三〇七六人が暮らしていた。(28)これを三三年末時点の大阪府警「在住朝鮮人部落密集地方調」と比較すると、東成区内の朝鮮人集住地は一六カ所に増えており、人数も五年半のうちに二・二倍の六七三九人に急増している。(29)この後者の内訳をみるならば、鶴橋署管内では番地を特定した一一カ所(猪飼野西三カ所、猪飼野東二カ所、東桃谷二カ所、猪飼野[中?]、鶴橋北之町、鶴橋南之町、中川町)に合計四〇六八人が、また中本署管内では、同じく五カ所(東小橋北町、大今里町、西今里町、北中浜町、猪飼野町大通)に合計二六七一人が居住していた(在日朝鮮人集住地の代名詞ともなった猪飼野は、一部は中本署管轄地域に入っていたが、大部分は大軌以南の鶴橋署管内に位置していた)。

ここには、①猪飼野各地をはじめとする集住の中核地域そのものが、受け入れる朝鮮人数を増大させているとともに、さらに②猪飼野内部および周辺部に新たな集住の核が、いくつもの小島のように形成されている過程が示されている。またこの関連で、一九二八年時点で東成区在住朝鮮人九九七四人(大阪市内在住朝鮮人の二八・五%)のうち一一の集住地に暮らす者が四一・一%であったのに対して、三三年では二万六七二九人(同二三・九%)のうち一六の集住地に暮らす者が二五・二%と比率を落としていることが注目される。というのも、この事実から、③彼らが集住地の内部だけでなくその外部に、つまり地域の中に分散した形で、家族を構成しつつ、居住空間をひろげていった過程も進行していたことが読み取れるのである。まさしく「猪飼野」は、定着形態のこうした重層的な展開過程の中で、最も大きな民族的居住＝労働空間として、一九三〇年代初頭に形成されてきたのであった。

いささか数字の羅列が続いてきたので、当時の居住感覚を示す発言を、ここで引用させていただきたい。長文ではあるが、生活の雰囲気が醸し出された貴重な証言である。

……私は小さい時分からヤンチョル・トナリというのに耳慣れております。ヤンチョルは朝鮮語でトタンのことをいいます。となりは隣、日本語です。トタンぶき小屋の密集部落ということです。それからタク・トナリ、タクというのは鶏なんですね。鶏小屋、鶏と同居している密集部落ということ、在阪朝鮮人の造語なんですが、居住状況を単的にいいあらわしているだけでなく、なんとなく生活感がこもっているような造語といえます。強いられた生活を嘆くよりも、それでも生きているんだという感じがある。このヤンチョル・トナリ、タク・トナリというのは、どこか一個所だけでなく、生野周辺のあちこちにつくられます。住所を聞かれると何丁目何番地と答えないで、どこそこの、たとえば田島町のタク・トナリ、杭全町のヤンチョル・トナリと答えるのが普通なんですね。それがお互いにいちばん分りやすい[30]。

この点について、さらに李哲さんの証言を引いておこう――。

　タク・トナリは、現在の生野区役所の裏であり、そこでは養鶏と養豚で生計をたてていました。

　この他、東成区の中道には、メヨク・トナリ(わかめトナリ)というのもありました。済州島の海女さんは世界一です。島の海女さんたちがわかめをとってきて、きれいに干していました。伸ばし方もうまく、質のいいわかめをつくっていました。島根県にまで遠征していた海女さんもいました。

　中道には、日本人がつくったヤンチョル・トナリもあり、間仕切りをつくって、朝鮮人の職工さんたちが住んでいたようですね。

定着化の社会的指標として次に注目すべきは、世代の再生産の問題である。在阪朝鮮人の中で女子の比率が二〇%を超えるのが一九二六年(全国平均では二七年)、三〇%を超えるのが三〇年(同じく三二年)、四〇%を超えるのが三五年である(以後増大し四四年には六〇%を超えた。しかしこれに対して、全国平均の方は四〇%を超えることはなかった)。この指標はただちに世代の再生産を意味するわけではないが、上記の居住形態の変容とあわせて考えるならば、青壮年男子の単身出稼ぎという従来からの主要な存在形態は続いているにしても、家庭を有する在阪生活という形態が増大していることがうかがえる。こうした状況の当然の反映であろう、三〇年代中葉には「朝鮮人向けの食料品を扱う小売商人」は大阪に五〇〇人、「民族服地を扱う布木(地?)店」が一二〇余りあったという。これらの店が東成区とりわけ猪飼野に多くあったことは言うまでもない(31)。

『朝鮮日報』記者の同胞生活訪問記によれば、一九三九年には猪飼野の朝鮮市場で「生活必需品を売る店が二百軒余りにもなり、明太や唐辛子粉などからピニョ、カラッチ(朝鮮のかんざし、指輪)さらには婚礼用の装身具まで」が店頭に並んでいたという。この記事を紹介した外村大氏が指摘するように「こうした衣料や食料が民族的なものであるというだけではなく、朝鮮人部落は日本語を用いず日本人と接触なく日常生活が展開される空間であり本国文化の延長であった(32)」。私自身も、済州島出身の一世の女性で、一九三八年に同じ村の男性と結婚のために来阪され、猪飼野周辺に居住してこられた方から、これに符合する話をうかがったことがある。解放までにすでに三人の子どもをもうけ生活の基盤も確立しておられたこの方は、近所も朝鮮人、夫の経営する鉄工所の従業員も済州島出身者という環境のなかで、日本語を少しずつ覚えるようになったのは戦後になってから、ということであった。いずれの証言も、大阪において濃密な民族的生活空間が存在したことをうかがわせるものである。それは、植民地支配と同化政策の強権的展開のなかで、日々の暮らしを守り助け合い、アイデンティティを保持する重要な場であり、また同時に「日本的なもの」がおおいかぶさってくるせめぎあいの場でもあった。

これに加えて、在阪朝鮮人の中で、ある程度の階級分化が進行してきたことも、在阪朝鮮人の定着を示す社会的指標のひとつとしてあげることができよう。この点をゴム工業に即してみるならば、やや時がたった三八年時点では、少なくとも六つのゴム工場の経営が朝鮮人によって行われていたことがわかっている。このうち五工場はいずれも東成区猪飼野にあった。金成ゴムは、済州島朝天面新村出身の金正成と姜萬善の二人によって共同経営されており、その隣の金山ゴムは二六年に金鼎敏(全羅南道海南出身)が起したものである。また二四年創設の松本ゴムは盧次龍の経営にかかり、さらに三益ゴム、高橋ゴムも在阪朝鮮人の成功者に経営が委ねられていた。また東成区に接続する中河内郡巽村の安田ゴム工業所も、済州島西帰面法還里出身の康安生が二七年に資本金わずか五〇円をもって創設したものであり、その後大きな発展をとげている。(33) このようにすでに一九二〇年代半ばより、在阪朝鮮人成功者の中からゴム工場の経営者として頭角をあらわし上昇してくるものが出てきたのであった。なかでも猪飼野の金山ゴムは、階級分化を顕在化させつつある在日朝鮮人社会の成立を告げる上で、きわめて新しい質の問題を示しているように思われ興味深い。実はこの金山ゴムに勤める朝鮮人職工は、大阪ゴム工組合そして全協化学に結集する戦闘的労働者の影響下にあり、一九三〇〜三一年猪飼野ゴム工ゼネストの中心部隊のひとつであったと推定される。つまり経営者も労働者も朝鮮人という新たな事態が、猪飼野の地において進行していたのである。また新聞報道によれば、谷口ゴム(鶴橋北之町三丁目)に押しかけた朝鮮人ゴム工たちは、「同工場の鮮人の酒井監督」を呼び出し「何故争議応援に加盟しないか」と詰問したという。(34) ここには経営者でもなく、また一般のゴム工でもなく、職場監督という地位につく朝鮮人(しかも日本名を名乗っている!)の登場が示されている。

繰り返す渡航と帰還の波の中で進行した定着化は、上に見たように職と住と新世代の形成という基本生活に関わる諸条件を確保する過程に他ならなかった。そしてそれがきわめて困難な状況であったが故に、その確保を求めての、つまり生きんがための闘いが存在した。人間としてのまた民族としての尊厳を守り、社会生活の改善を求める自主的な組織が大衆的に成立してくること、この点に在日朝鮮人の定着を示す政治的指標がある。

この観点からみれば、第一に指摘すべきは、一九二七年の新幹会大阪支会および大阪朝鮮労働組合の創立に続いて、二九年秋に結成をみた大阪ゴム工組合の存在である。それは第二、三節で述べてきた東成区の朝鮮人ゴム工業労働者を中心に組織されたもので、最大のゴム工出身地であった済州島朝天里を故郷とする金文準が中心となっていた。当時の活動家たちの証言によれば、日本人の参加は極めて限定されたものであり、朝鮮人とりわけ済州島出身者が圧倒的であったという[35]。この組合の指導の下で、三〇年代初頭にゴム工ゼネストが幾度も企画され、また行動に移された[36]。しかもそのゼネストで闘ったのは、労働者だけではなかった。たとえば一九三一年五月、相次ぐ弾圧に抗して数十名の朝鮮人女性たちが大阪府警特高課内鮮係に押しかけ「『夫を帰せ！　帰さねば食へなくて母子は死ぬる！』等、子供を泣かせて釈放を迫る[37]」という気概を示したように、子供たちを含む家族もまた大きな役割を果たしていたことが注目される。東成でのゴム工運動とは、まさしく地域社会における朝鮮人労働者の生活をかけた階級的労働運動であったといえよう。

そして第二に、東亜通航組合運動をあげておきたい。すでに第Ⅲ章で詳しく論じたように、一九三〇年四月に結成され、同年十一月より三三年十二月まで日本資本の船会社に対抗して大阪済州島航路に参入したこの組合の運動は、これもまた地域社会における朝鮮人労働者の生活をかけた民族的闘争であった。ここで特筆すべきことは、当時、済州島の全所帯の三分の二までが日本とくに大阪へ労働者を送っているという程に、出稼ぎ労働が島民の生活の深部にまで刻み込まれていた点であり、法外に高い船賃は生活にとって死活問題であったという事実である。だからこそ船の問題を自力で解決しようとする自主的な声が大きな反響を呼んだのであった。

これらに加えて、なお二つの点を追記しておきたい。ひとつは、借家人組合、消費組合、医療組合などの様々な生活権擁護運動や自主的な民族教育運動の組織化が進展したのが、おもに一九二八年以降三〇年代初頭にかけてであったことである。このうち後者について一言しておこう。(38) 一九二八年七月には、「内地同化」をめざす「内鮮融和会」系の教育活動に対抗する形で、大阪朝鮮労働組合が蒲生夜学校を東成区蒲生町に開設、また同年十一月には、玄吉弘らが中心となって浪速区久保吉町にやはり夜学の教育機関であった浪華学院を開校している。浪華学院院長の玄吉弘は、この時期、関西大学朝鮮人留学生学友会(当時の名称は関西大学ウリ学友会)会長をつとめていたが、後に東亜通航組合の幹部として活動した人物であった。学院は二年間で三〇〇名の卒業生を出したとされ、一定の大衆的基盤を、とりわけ済州島出身者の間にもっていたことを推測させる(三一年まで存続)。また三一年四月には、全協関係の朝鮮人が関西共鳴学院発起人会を結成、東成区北中浜町二丁目に土地を購入し独立した校舎を建立、同年十二月には落成式を挙行している。猪飼野地域周辺の不就学児童への日常的教育活動を展開したが、三二年八月には職員全員検挙から閉鎖へと追い込まれた。弾圧はさらに進み、翌三三年十月には大阪府が朝鮮人の経営する夜学の全廃を命令するに至ったが、それでもなお猪飼野を中心に、勇進会夜学、誠信会夜学、無名夜学所、大友町夜学などが運営されていたという。

いまひとつは、二七〜二八年に東成区で成立した済州共済会大阪支部や城東協和会といった同化主義的団体の結成であり、これらは先に述べたような民族的＝階級的な要求を前面に押し出した活動とは、きびしく対立する組織であったことは明らかである。このように敵対的な政治主張が尖鋭化していくなかで、いずれもが一九三〇年前後に相次いで組織形態を伴って登場してきたということ、ここに政治的な意味での在阪朝鮮人の定着の指標を見出したいと思う。

第五節　おわりに

一九二〇年代とくに後半、大阪市東成区は、都市化・工業化に向けての基盤整備が進行すると共に、化学および金属・機械器具工業を中心とする中小零細工場が叢生し、工場数では大阪市全区のうちで最多を示していた。この中で猪飼野地域は、靴製造を中心とし、経営規模では全国水準はもとより大阪市の平均をも下回るような零細なゴム工場の密集地帯として、一九三〇年代初頭には、大阪ゴム工業の中核たる地位を占めるに至ったのである。

ほぼ同じ時期に、済州島をはじめとする朝鮮の労働者たちは、植民地支配による生活困窮と共に大大阪の工業力に引き寄せられるように来阪するようになった。彼らは、紡績工場の寮監督で「トリシマ」(取締り)と呼ばれるリクルーターに引率されてくることが多かった紡績女工の場合と異なり、初めから特定のゴム工場をめざしたわけではないが、血縁・地縁関係を通じて東成区に入り、そこに職を求めるという流れは強まっていった。朝鮮人集住地の質量両面での拡大は、このことを示している。一九二〇年代初頭の東成ゴム工業確立の頃(第一の波)は、朝鮮人労働者は存在そのものが極めて小さく、その労働力ゆえにこの地域でゴム工業が発展したわけではなかった。だが一九三〇年代初頭における東成区ゴム工業発展の第二波は、労働力需要に対応して定着してくる朝鮮人ゴム工の急増に支えられたものであったことを改めて確認しておきたい。つまり大阪におけるゴム工業の発展の流れと、朝鮮とりわけ済州島からの朝鮮人労働者の来阪の流れとが、まさに一九三〇年代初頭において東成区とりわけ猪飼野という地域において結合したのであり、以後この地は、現在まで半世紀を超えて、在日朝鮮人の最大の労働=

居住空間であり続けているのである。

以上、第二節、第三節でみた就労をめぐる経済的指標に加えて、第四節でその要点を記した居住・家族形成そして自主的な諸組織の結成といった社会的・政治的諸指標を総合的に考慮するならば、定着化のための諸条件が、一九三〇年代初頭にほぼ出そろってきたと言えるであろう。そのことは、大阪・東成という地域の側からみる場合、地域内のさまざまな権力関係において、排除と同化をめぐるさまざまなベクトルが作動していき、地域社会の中に新たな質が刻印されていくことを意味するものであった。

最後に、現在進行中の諸問題との関連で、残された課題について記しておきたい。

(1)　一九八〇年代以降、ME(マイクロエレクトロニクス)化・ソフト化とよばれる日本経済の構造変化が、一方では高度な技術職や専門職の仕事口を生み出すと共に、他方ではそれを補完するような劣悪な条件の仕事口をも作りだしており、仕事編成自体が不断の階層化傾向にさらされてきた。労働者が流入してきて底辺の労働市場が形成されるのではなく、新しく労働力需要が生み出されているにもかかわらず、そのなり手が職場環境の劣悪さや賃金の低さなどの理由から減少しており、既存の労働力源ではまかなえず、それがゆえに外国人労働者たちが入り込んでくるという構造になっているのである。[39] 実は、本章が対象とした一九二〇年代後半から三〇年代前半にかけての大大阪においても、就業構造の変化と労働市場の階層化が進行したのであり、比較的新興の中小零細工場が設立されてきた東成区でも、劣悪な職場環境の下で働く廉価な労働力が求められていた。なかでも区の産業構造の中で重要な柱であり、溶剤、塵芥、蒸気等による悪臭、事故、発火等の危険にあるゴム工業は、まさにその典型に他ならなかったのである。それゆえ当時の産業構造の変容とそれに対応した大阪労働市場の階層的な再編という枠組みの中で、朝鮮人労働者の流入と定着を改めて位置づける作業を通じて、現局面の外国人労働者問題との比較が、より明確におこなわれるであろう。

(2) ところで民族的・階級的闘いの前進と挫折とは、渡航してきた朝鮮人が在日朝鮮人として、この地で定着していく上での諸困難を、より一層明るみに出さざるを得ないものであった。つまり、①相対的には仕事口へのアプローチが前進したとはいえ産業予備軍の底辺に位置し、景気の動向による経済生活の悪化に際しては、首切り・合理化・賃下げ等々の最前線に立たされたこと、②日本社会の排外意識に規定されて、住居差別や教育差別等、暮らしの中での抑圧が大きかったこと、そして、③権力による有形無形の弾圧と圧迫の中で、組織化の方途がさまざまに追求され多くの成果を残したと共に、日本人との連帯の希薄さが際立ったこと、があげられる。だがこれらは過去のことでは決してなく、現在の外国人労働者の直面している諸困難にオーバーラップしてくるものではないだろうか。

(3) 朝鮮人労働力に支えられた大阪市生野区・東成区の地域産業は、戦後新たな発展を示した。この過程で済州島を中心に朝鮮人労働者が、再びあるいは新規に来阪して在日の「新一世」世代を形成していく。彼らは、戦前のゴム工業と密接な関連をもつケミカル・サンダル産業の担い手となってきた。近年来日の「新々一世」も含めての在阪朝鮮人の重層化に関する分析は、一層の調査研究がなされるべき大きな課題である。

注

(1)　一九九三年八月二十二日付け各紙を参照。

(2)　在阪朝鮮人史に関する研究文献は、第Ⅰ章第二節をみよ。

(3)　表現の問題について二点を注記しておきたい。まず旧稿では「在阪朝鮮人社会の成立」という表現を使用していたが、それでは日本社会の中にあたかも自己完結的に独自の在日朝鮮人社会が存在し得たかのようであり、日本社会を貫くきびしい権力関係を曖昧にしかねず適切ではないという理由から、ここではとらない。ご批判をいただいた、ひろた・まさき氏、また林哲氏・小林知子氏に感謝する。

次に定住化という表現について。本書で直接に対象とする在阪朝鮮人においては、膨大な渡航と帰還の繰り返しが存在しており、常に故郷との関係を保ちながら、くらしが成り立つという主観的かつ客観的状況があった。在日朝鮮人は、そもそも一九三〇年代から予定調和的に定住志向が形成されていた、というわけでは決してない。「定住化」という表現は、現在の「定住外国人」という概念を直ちに連想させ、今述べた状況に対する充分な理解を閉ざし誤解をもたらす傾きがあるように思われるので、ここでは採用せず、そのかわりに「定着化」という表現を用いる。積極的な定住というよりも、植民地支配下の制限された困難な諸条件の中で日本に渡り、さしあたり当分は留まらざるを得ないという状況になった時、生きんがためにさまざまな手段によって生活基盤をつくっていこうとするのは当然の行動である。本章は、そうした意味での定着化の過程を検討しようとするものである。

(4) 以下、ゴム工業史関係の叙述は、主に日本ゴム工業会編『日本ゴム工業史』全二巻、東洋経済新報社、一九六九年、による。大阪市ゴム工業関係の数値は、『大阪市統計書』各年版による。また、戦後、生野区をはじめとする在阪朝鮮人の多くが生活の糧としてきたケミカルサンダル産業の詳細な分析を含む、庄谷怜子・中山徹『高齢在日韓国・朝鮮人――大阪における「在日」の生活構造と高齢福祉の課題』御茶の水書房、一九九七年は、大規模で貴重な調査研究である。なお神戸のゴム工業史を扱った以下の諸論文は、大変参考になった。市村智孝「偏平の指――神戸ゴム街の生態」『歴史と神戸』一九六四年五月号、長谷川善計「地場産業の構造と地域性――ケミカル・シューズ産業を中心として」『社会学評論』第一六巻第一号(一九六五年)、若生みすず「朝鮮人労働者の兵神ゴム争議について」『在日朝鮮人史研究』第一〇号(一九八二年)、堀内稔「神戸のゴム工業と朝鮮人労働者――一九三三年を中心に」『在日朝鮮人史研究』第一四号(一九八四年)。

(5) ゴム工場名簿としては以下の資料がある。大阪市役所産業部『大阪市工場一覧』大正十三年版、昭和元年版、昭和三年版、昭和八年版。『大阪市工場名簿』(大阪市社会部報告一二五)一九三〇年。大阪市役所産業部調査課『大阪の護謨工業』一九三二年、所収の大阪ゴム

工業組合名簿。大阪府内務部工務課『大阪府工業年報　昭和七年』一九三三年。大阪市勢研究会編『大大阪発達史』一九三七年、所収の名簿。

(6)　川端直正編『東成区史』東成区創設三十周年記念事業実施委員会、一九五七年、六二ページ。また生野区創設十周年記念事業実行委員会編『生野区誌』大阪市生野区役所、一九五三年、五ページも参照。さらに近年、新たに刊行された生野区役所『生野区五〇年の歴史と現況』大阪市生野区役所総務課、一九九三年、および大阪都市協会編『東成区史』東成区制七十周年記念事業実行委員会、一九九六年、も是非参照されるべきである。

(7)　芝村篤樹『関一——都市思想のパイオニア』松籟社、一九八九年。

(8)　大阪市都市整備協会編『大阪市の区画整理——地区資料』同会、一九九二年。

(9)　東浜弘静「鶴橋耕地整理と新平野川開削」猪飼野郷土誌編集委員会編『猪飼野郷土誌』猪飼野保存会、一九九七年、所収、一一一ページ、より重引。

(10)　屈曲の甚だしい猫間川の護岸および川底の浚渫工事は、鶴橋町と大阪市の共同事業として一九一九年八月より開始されたが、その一環として、猫間川から平野川へ放流する暗渠を築造することになり、一九二二年十月からそのための工事が着手された。これに呼応して、平野川の方でも流水の増加に対応する必要が生じたので、鶴橋耕地整理組合は平野川の一部を組合地区に指定し、下流寝屋川に至る延長二八一〇間の区間について、一九二二年十月より、大阪市と共同して「両岸に杭柵又は石垣築造護岸並に川床浚渫工事を施行し」、二三年五月末に竣工したのであった(大阪府自治講究会東成郡支部『東成郡最近発達史』一九二五年、三四二〜三四四ページ)。金賛汀『異邦人は君ヶ代丸に乗って』(岩波書店、一九八五年)

が、当時の地図を比較検討した上で指摘しているように、蛇行していた平野川の主要区間を直線化する開削工事は、一九二一年までに完了していたものと考えられる。とはいえ護岸工事はその後も引き続き行われていたとみることができる(東浜、前掲論文、一一一ページ)。なお前掲『猪飼野郷土誌』所収の、荻田昭次「猪飼野の歴史」をも参照。

平野川の河川工事には、朝鮮人の土木労働者が従事していたことが知られているが、彼らがどの段階の改修工事にどれ程の人数でたずさわっていたのかは明らかではない。とはいえ上述の鶴橋耕地整理組合による改修工事に朝鮮人労働者が従事していたことは、ほぼ間違いない事実である。

彼らの多くは、朝鮮半島陸地部とくに慶尚道の出身者であり、済州島出身者はあまり見られなかったこと、またこの地に定住する者は実は少なかったという証言が、前掲金著や『統一日報』一九八一年一月九日の記事にあり、私自身も聞き取りの経験がある。したがって、生野に在住する済州島出身者の比率の高さを、この時期の平野川改修工事に直結させる形で説明することは無理があると言わねばならない。だが、こうした朝鮮人の土木労働者がこの地に登場し、足跡を残していったという事実は、東成とくに鶴橋・猪飼野の「地域史」の視角からみるとき、大きな意味をもつものであったと、私は考えている。

(11) 小川勇蔵「人口の都市集中傾向と大阪市の人口」『大大阪』第四巻第一一号(一九二八年)、三六ページ以下。

(12) 『大阪の護謨工業』一七〜一八ページ。

(13) 同上、九六〜九七ページ。

(14)『日本ゴム工業史』第二巻、四三、四六ページ。
(15) Ⅳ-5表作成の原資料は、大阪府下の工場総覧であるが、遺漏も少なくないと思われる。しかしながら他の工場一覧とは異なり職工数を明示していること、また職工数五人以下の工場も編入している故に、全体像を構成するには貴重な資料である。
(16) 脱稿直前に入手した植田浩史氏の研究によれば、東成区では、一九三〇年代とくに三三～三五年に、機械器具・金属工業の工場の創業が相次ぎ、同区は、機械・金属関係で大阪市内で最も工場数が多い地域となっている。その圧倒的割合を占めるのは小規模工場であり、これらの工場にも朝鮮人労働者が就労していたことは明らかである。本章ではゴム工業に焦点をあてているが、東成の地域産業史は、より多面的に考察する必要があることを教えられた。植田浩史「一九三〇年代大阪の中小機械・金属工業」広川禎秀編『近代大阪の行政・社会・経済』青木書店、一九九八年、所収。
(17) 朝鮮総督府『阪神・京浜地方の朝鮮人労働者』(一九二四年)朴慶植編『在日朝鮮人関係資料集成』第一巻、三一書房、一九七五年、所収、四〇五ページ。
(18) 大阪市社会部調査課「本市に於ける朝鮮人の生活概況」(大阪市社会部報告八五号、一九二九年)前掲『資料集成』第二巻、三一書房、一九七五年、所収、一〇三五ページ。
(19) 大阪市社会部調査課「本市に於ける朝鮮人住宅問題」(大阪市社会部報告一二〇号、一九三〇年)前掲『資料集成』第二巻、三一書房、一九七五年、所収、一二〇〇ページ。
(20) 大阪府警察部特別高等課『朝鮮人ニ関スル統計表』(一九三四年)朴慶植編『朝鮮問題資料叢書』第三巻、アジア問題研究所、一九八二年、所収。

(21)『桝田一二地理学論文集』弘詢社、一九七六年、九三ページ以下。
(22) 大阪ゴム工業組合編『大阪ゴム工業組合誌』大阪ゴム工業組合、一九四四年、三六八ページ。
(23) 桝田、前掲書、一一二ページ。なお血縁・地縁要因の強さについては、本書第Ⅱ章を参照。
(24) 三木今二『内地に於ける朝鮮人とその犯罪に就て』司法省調査課『司法研究』第一七輯、報告書集二(一九三三年)、一三六ページ。
(25) 以上の数値は『日本ゴム工業史』各所より。
(26) 前掲『朝鮮人ニ関スル統計表』。
(27)「月収二十一円余――鶴橋署管内の鮮人生活調」『大大阪』第五巻第七号(一九二九年)、九七ページ以下。
(28) 前掲「本市に於ける朝鮮人の生活概況」一〇三三ページ。
(29) 前掲『朝鮮人ニ関スル統計表』。
(30) 金仲培「在日朝鮮人と生野」『解放の燈』一九八一年別冊、大阪府立桃谷高等学校解放教育推進委員会、一九八一年、一六ページ。
(31) 外村大「解放前における在日朝鮮人社会試論」『季刊青丘』第一二号(一九九二年)、一〇六ページ。この関連で子どもの教育が問題となってくるが、今後の課題としたい。
(32) 外村、前掲論文、一〇五ページ以下。
(33) 高権三『大阪と半島人』東光商会書籍部、一九三八年、一一六ページ以下。

(34)『大阪朝日新聞』一九三一年五月十一日。『社会運動通信』一九三一年五月二十二日。
(35) 金曦煥証言(一九六一年)、岩村登志夫「世界大恐慌期の在日朝鮮人労働者のたたかい――大阪地方を中心に」『日本史研究』一九六三年五月号、二六ページ。金正純「生きることが闘いだった」『社会主義と労働運動』第六巻第五号(一九八二年)、一四ページ。
(36) 注(2)の運動史関係の諸文献を参照。
(37)『社会運動通信』一九三一年五月二十二日。
(38) 伊藤悦子「一九三〇年代を中心とした在日朝鮮人教育運動の展開」『在日朝鮮人史研究』第一五号、一九八五年。趙博「日帝時代の基礎資料に見る在日留学生と関大留学生の動き」『関西大学人権問題研究室紀要』第一三号、一九八六年。なお同紀要のこの号は、関西大学創立一〇〇周年記念特輯号であり、「旧制関西大学に在学した朝鮮人学生に関する調査・研究」プロジェクトのメンバーであった杉原達、市原靖久、市川訓敏、梁永厚、趙博による計五本の関連論文が収録されている。参照されたい。
(39) 式部信「『外国人労働者問題』と労働市場理論」梶田孝道・伊豫谷登士翁編『外国人労働者論』弘文堂、一九九二年、所収、を参照。

第Ⅴ章　「同化」のまなざし——朝鮮人をめぐる近代都市大阪の言説空間

第一節　「排除」のまなざし／「解放」のまなざし／「同化」のまなざし

在阪朝鮮人史——それは対面空間の成立と展開の歴史ととらえることができる。これまでの各章でみてきたような朝鮮人の渡航と帰還の累積的増大、目に見える形での大規模な集住地域の形成といった事態の進行を、大阪社会の側では、どのようなまなざしをもって接していたのだろうか。以下では、問題のありかを探り出す機能を担う理念型の形で、大きく分けて三つの観点をとりだしておきたい。

まず第一に、最も強大で、最も支配的な影響力をもった観点は、朝鮮人に対する徹底した差別と排除のまなざしであった。そうした認識を示す典型を、長文となるがかかげておこう。筆者は大阪区裁判所検事である。

朝鮮人が群衆的騒擾性、付和雷同性を多分にもち、かの万歳騒擾〔一九一九年、三・一独立運動〕、元山罷業の騒擾〔一九二九年、植民地期最大のゼネスト〕または光州学生騒擾〔一九二九〜三〇年、光州から起きた抗日学生運動〕等は彼等の此の性癖に帰するものがあると謂はれて居る。

その群衆騒擾性付和雷同性は彼等の闘争心の強きこと、一般に信仰なく常に焦慮不安の念を抱いて居ること、教育なきため分別理性に欠くるところがあり何等かの衝動を受くると之を抑へることが出来ないで各々他人を中心として妄動するに基くものであらうが内地に於ける朝鮮人には生活の脅威に対する焦慮不安が自暴自棄の観念を起さしむると自然に醸生されつゝある民族意識に支配さるゝことによつて些細な事に端を発し兇暴なる騒擾を惹起するの虞がある。(1)

この治安当局者の認識は、予断をもって民族の性質を決めつけ、民族運動・労働運動・学生運動を敵視し、目に見えて増大する在日朝鮮人を、生活不安と民族意識が結びつくことによって暴発する蓋然性がきわめて高いという意味で、潜在的な犯罪者集団、と判断していた。そのまなざしは、徹底した監視と抑圧の体制を地域末端にいたるまで整えるとともに、必要に応じて懐柔と親日派育成を旨とする政策の貫徹を求めるものであったといえよう。種々のヴァリエーションはありながらも、この基本線にそって在日朝鮮人政策は推進されたのであり、それは戦後も脈々と生き続けてきた。一例だけ記しておきたい。

一九四九年夏、時の吉田茂首相は、在日朝鮮人の帰国の促進と一部残留について、GHQのマッカーサー元帥に提言をおこなっている。その提言は、「朝鮮人の中で犯罪分子は大きな割合を占めて」いるという認識に基づいており、彼らは、「日本の経済法令の常習的違反者」、そして「共産主義者並びにそのシンパで、最も悪辣な種類の政治犯罪を犯す傾向が強」い故に、追放する必要があることが強調されている。ただし他方では「日本の経済復興に貢献する能力を有すると思われる」者だけは残留させ、日本に同化させるつもりであるというものであった[2]。ここに示された、朝鮮人を政治的経済的犯罪者集団とみなすような認識の枠組みは、先に引用した判事の姿勢と相通じるものがあるといわねばなるまい。そのような朝鮮人観は、繰り返される「妄言」の共鳴盤として、広範な人びとの歴史認識の基底を、今もなお形づくっている。

第二のまなざしは、第一の線とは対照的な立場から、日本人と朝鮮人との関係を位置づけようとした社会主義勢力にみられた。それは、民族間の矛盾をあえて無視ないし過小評価し、階級矛盾一元論をもって状況を把握し、解放に向けて壁を突破しようとする観点に他ならなかった。その問題点が鋭角的な形であらわれたのが、在日本朝鮮労働総同盟(労総)の、日本労働組合全国協議会(全協)への解消問題であった。それは、一九二八年のプロフィンテルン(コミンテルン指導下の労働組合インターナショナル)第四回大会、そしてそれに続くコミンテルン第六回大会において、外国人労働者および植民地出身労働者を植民地本国の労働組合に合同させる方針が出されたことに端を発しており、それを受けて、植民地本国たる日本で結成された朝鮮人の民族団体たる労総が、日本共産党の指導下にある全協へ合流し、自らの組織を解散するという組織問題が生じたのである。

先行研究が指摘しているように、この問題はきわめて深刻であった(3)。

日本の左派陣営の一般的な見方を、たとえば一九三〇年二月当時の労働運動に関する情報誌『産業労働時報』にみてみよう。「特に注目すべきは朝鮮人労働者のみが争議を起し、日本人労働者が会社側の民族意識煽動に乗つて裏切つた例が非常に多いことである。大阪地方の加島足袋、岸本金属、その他ゴム工組合の争議は全部さうだ」。ではこうした「裏切り」の原因は何か。同誌は続けて主張する――「此の欠陥は在日朝鮮労働総同盟が今迄民族的組織であつて、日本人の組合オルガナイザーとの連絡が欠除していたからだ。日本人労働者は多くの場合未組織のまま放任されていた」と。それなら今後の見通しはどうか。いわく「かゝる現象は、今後、鮮総〔労総のこと〕の解体、協議会加盟の過程に於て清算されるであらう(4)」。

このように困難な状況のなかで、朝鮮人の先鋭な活動家は、コミンテルンの指導を受け入れ、あくまでも階級第一主義の立場から、全協労働運動へと邁進、その最前線を担っていったのであった。当時の共産主義者にとって、コミンテルンの方針の絶対的な重みは、私たちの安易な想像をはるかに超えるものであったことはまちがいない。組織に利用されたのではなく、あくまでも主体的に全協に参加したのだ、それがいかに苦渋と困難に満ちたものであったとしても、それ以外に選択肢はなく全力で献身した、という趣旨の証言を前に、頭を垂れるしかなかった個人的体験もある。

しかしながら、ここでふまえられるべき点は、朝鮮人側のいくつもの証言が示すごとく、日本人労働者が民族排外主義の風潮のなかで朝鮮人を差別していたが故に、日本人の側から朝鮮人労働者の闘いに積極的に合流していくような事例はほとんどなかった、という実情である。つまり、一方で朝鮮人の単独での闘いの困難は余りにも大きい、だが他方で日朝の具体的な共同闘争の見通しも立てることができない——こうした排外主義の渦巻くいわば袋小路としかいいようのない切羽詰まった状況の中で、直面する運動を少しでも前へ進めるためには、日本人組織への加盟という方針を提起するしかないという、ぎりぎりの選択であったことを忘れてはならない。「民族的感情を棄て完全に階級的意識の下に内地人同志とて〔手〕を握」る必要を説き、「民族を云はず兄弟はゼネストへと斗へ」という方針を打ち出すその背景にこそ、目を向けることが求められていよう。この排外主義の問題への注視は、民族問題無視の運動方針に対する痛苦を伴った内在的批判と両立させることによって、意味ある内実をもつことになるだろう。[5]

現場や地域あるいは組織のなかで、具体的な課題に即して民族排外主義を克服する条件づくりがなされていない状態において、組織合同の方針が上部からおろされた時、それは、局面の打破に向けて全協への参加に賭けた労総の意図を実現するものとはならなかった。とくに大恐慌下で、生活を賭けて闘う朝鮮人労働者の増大に対する、日本人側による政治的利用主義は抜きがたく、朝鮮人側の民族的力量は分散を余儀なくされ、その矛盾は戦後へと引き継がれたのであった。いうなれば「解放」のまなざしは、余りにも深刻な問題点を内包せざるを得なかったのである。

そして第三の観点として、第二の線とは別の形での普遍主義をめざす方向が存在したことを指摘しておきたい。その際、資料として『大大阪』という雑誌をとりあげることにする。月刊誌『大大阪』の創刊は、一九二五年十二月である。発行主体は大阪都市協会で、それは同年十月に「大阪市に関する都市問題の調査研究を為し市民並関係当局と協力一致大阪市の健全なる発達を期するを以て目的とす」(会則第二条)という趣旨をもって発足したものであった。大阪都市協会は、大阪市長を会長とし(初代会長は、関一大阪市長であった)、その所在地が大阪市庁であることが明示しているように、半官半民の組織であった。このような月刊雑誌がこの時期に登場するに至るには、歴史的な理由が存在した。第Ⅳ章で述べたように、実はこの年の四月に市域拡張の実現、すなわち人口二一一万の日本一の大都市の誕生という大事業が実現したばかりで、それとともに都市社会問題が噴出してきており、そうした諸課題を解決するために、広範な調査と政策提案をおこなう確固とした機関とメディアが求められていたのである。

そこには、市の行政担当者、大阪商科大学をはじめとする諸研究分野の学者、警察関係者、諸団体関係者、ジャーナリスト、さらに一部の植民地官僚までもが寄稿しており、同誌は、大阪府庁社会課が関与していた『社会事業研究』（発行・大阪社会事業連盟）とならんで、さまざまな都市問題に関する調査報告と論議と啓蒙の場として登場したのである。いいかえれば、『大大阪』は、都市大阪が直面する諸問題をめぐって権力と学知が織りなす言説空間の場として位置づけることができる媒体であった。

この『大大阪』に掲載された在阪朝鮮人に関する署名論説は、それほど多くはなかったが、時期的には一九二八年から三四年頃に集中していた。その後も調査報告や報道記事等では取り上げられることはあったが、まとまった議論が展開されるにはいたらなかった。以下では、そのうち『大阪毎日新聞』の井上吉次郎と、大阪市社会部の酒井利男の二人の言説をとりあげ、朝鮮人との対面空間の形成に対して、彼らが、いわば都市を代表する側から、どのような論理と思想をもって対処しようとしていたのかを、彼らの思考の枠組みにさかのぼって追求してみたい。(6)

ところで大阪市社会部といえば、その浩瀚な調査報告で有名な組織であるが、在日朝鮮人史研究においては、実は本書の各章でもそうであるように、ともすれば調査課の公表した調査結果を結果として利用するにとどまり、たとえば「大阪市社会部にみる調査の思想」といったテーマを論じることは皆無であったといってよいだろう。こうした研究史上の問題点をふまえて、本章では、とくに酒井利男の言説分析に力点をおきたい。というのも、大阪都市行政における調査の論理という問題を、在阪朝鮮人史研究の文脈のなかでも、ひとたびは考えておく必要があるのではないかと思うからである。そしてそれはまた、都市社会政策の思想を問い直すという作業にもつながるであろう。(7) 酒井利男は大阪市社会部調査課の核心メンバーとして、多彩な調査活動に携わり、それを調査報告にまとめただけでなく、『大大阪』や『社会事業研究』に、在阪朝鮮人問題を含む少なからぬ分量の論考を執筆していた。これらの論考の分析を通じて、従来在阪朝鮮人に関するデータの源としてのみ活用されていた調査を、言説として読みなおす作業に着手し、そのまなざしの質を確かめてみること、ここに本章の課題がある。

第二節　ジャーナリストの眼――井上吉次郎の場合

井上吉次郎は、初期の『大大阪』の常連の執筆者の一人で、当時は『大阪毎日新聞』の記者をつとめていた。(8) 「倫敦生活」(第二巻第一号、一九二六年)や「カルチエ・ラタン」(第二巻第五号、同年)といった井上のエッセイは、いずれも軽妙で個性的な筆致をもって街の風景や人々の生活習慣などを活写しており、大都市の風俗や民衆生活に着目するセンスをもったジャーナリストであった。

さて彼の「大大阪と移入鮮人の問題」（第四巻第一一号、一九二八年）は、管見の限りでは、『大大阪』誌が在阪朝鮮人問題をとりあげた最初の論説である。井上はいう――「猛烈な人口の都市集中現象の背後には、必らず都市における失業者の群と生活の低下現象が現はれる。特に大大阪に集まる集中群の如き主たる目標を物質的生活の獲得に置いて居るものに就いて過剰人口の流れる方向はきまつて居る。大都市にドン底生活は付き物だ。大阪では殊にそれが眼に付く」、そして「大大阪に押し寄せる集中群の中此法則に外れぬものは鮮人移入者である」と。つまり過剰人口の都市集中は、失業者群と生活水準の低下をもたらし、彼らは都市下層に滞留するが、その典型が朝鮮人労働者というわけである。それに対する著者の解決策は、朝鮮総督府による渡航制限という、それ自体としては新味のない政策提案であるが、この論考をその平凡な結論の水準だけで読みすてるべきではない。この論説には、問題として直視すべき重要な論点が含まれているのである。

まず「男女鮮人の数の増加は街頭の瞥見でもわかる」、あるいは「鮮人々口が飽和度に達した都市では異民族の姿が判然と映つる」といった表現がみられる点に注目したい。そこには、朝鮮人との対面関係が大大阪という都市社会の日常のうちに定着していること、つまり日々のくらしの中での日朝間の出会いの〈場〉が否応なしに成立していることが示されている。都市の民衆生態に鋭敏な感覚を有するジャーナリストの眼には、こうした対面空間の形成がもつ問題性が自覚されていたといえよう。ではこうした異質な存在の、いったいどの点に井上は問題を見出していたのか。

日鮮同祖論などは学者が如何に明快に証明しても、異民族観念の一般的に成立して居る事実は動かせない。融和は必要だ。けれども必要と感じて融和に努めることは意識的努力であつて、異民族観念の明白に成立して居る確証である。これが人口の消化を極めて不良ならしめる。亦中に散見する白衣の朝鮮婦人、雨に傘なく天気に傘持つやうな姿は生活の破綻を示す。生活破綻者の行く道はただ一筋だ。而して、これは恐しい道である。……

生活の破綻は民族的色彩を生地に出し且其民族群の数の増加は益々内地社会への同化を困難にして、大大阪市の懐の中に異殊社会を抱だくことになつて、社会的不安が永久に去らぬ。

最初の引用の前段では、対面空間の中において日本人の朝鮮人に対する違和感が厳存していることが指摘されており重要な点であるが、続いて後段において、そしてまた第二の引用においても「生活の破綻」というキーワードが登場している。井上吉次郎は、在阪朝鮮人問題を、民族を異にする両者の「融和」問題であるとみなすだけではなくて、都市への人口集中に関わる問題であるととらえていた。彼の観点によれば、近代都市が抱える基本問題は、一義的に民族問題であるのではなく、ドン底たる最下層に滞留する「生活破綻者」の問題に他ならない。それゆえ、秩序を破壊する異民族は来るな、といった単純な民族排除論・絶対的流入阻止論は、井上の採るところではない。彼は、東成地域の歴史を回顧し、この地を流れる百済川にことよせて次のように述べる――「くだら川かは瀬をはやみゆく駒のあしの浦えにぬれにけるかも、前は水も多く美しい流れをみせ、其頃の移入者は葦の葉の間に白衣を洗つて綺麗な姿を出没させた」と。そしてかつて朝鮮から大阪へ来住した人々は「工芸文物あらゆる点において日本人を教え導く先覚者」であったと敬意を表するのである。また現時点にあっても「大大阪は相応の分量の移入者を迎へることは排斥すべきでない」と、粗雑な民族排外主義への安易な傾斜を戒めているのである。

こうした議論が『大大阪』において在阪朝鮮人を対象とする最初の論説として登場したことに注目すべきであるが、そのことの意味を充分におさえるためには、今すこし井上吉次郎の都市認識をみておく必要があろう。井上の論説の数は多いが、いずれも短編の上に、言い回しに個性があり、ときに簡潔すぎる部分もあって、その論理構造を追うのは必ずしも容易ではないのだが、おおよそ次のように理解することができよう。

まず著者のいう「都市としての大阪」とは「歴史と現在の地域に建設された人の利害の交錯としての大大阪」である(「都市の姿」[第二巻第九号、一九二六年])。そしてまたそのような「都市としての大阪」への人口流入とは、「経済生活」における豊かさのみならず「文化的利便と享楽」を求めての行動である(「大阪綜合大学論」[第三巻第三号、一九二七年])。つまり井上にあっては、近代都市大阪は、歴史性と現在性から成り立つとともに、経済的側面と文化的側面をふたつながらに併せもつ〈器〉であり、人と人との利害が交錯するダイナミックな〈場〉として設定されているのである。

大阪がこのような〈場〉であるとするならば、そうした近代都市がスラムなどの下層社会に滞留する「生活破綻者」を伴うのは必然であることを認めた上で、住民や行政はその現実を直視し、ふさわしい対策を講ずるべきである——このような論理を井上は展開してくるのである。それゆえ都市大阪の側としては、「生活破綻者」「ドン底生活者」といった存在をクリアランスすることが求められよう。かくして井上は論断する。

ドン底生活者は都市の生活水準を下げる。ドン底生活は大都市に必然に伴ふ生活現象であるが、これあるは都市の名誉でもなく幸福でもない。これが除去は都市計画者のプランに入るべき重要問題だ。都市計画と云ふのは、決して街区の整理だけの言葉でない。(「大大阪と移入鮮人の問題」)

朝鮮からの渡航制限という政策提言は、実はスラム化阻止のための都市計画と不可分のものであり、あるべき都市社会の防衛と、すでに存在し、なお渡来が見込まれる異質な存在の都市の論理への編入統合を目的としていることが浮かび上がってくるのである。

ではそのような近代都市大阪という〈場〉の性質を、われわれはいかに探究すべきであるのか。井上はいう。「成長する動物と植物と其成長する場所との複雑な関係を発見し説明せんとする科学を生物分布学(エコロジイ)といふのである。この生物分布学の方法を類推によつて人間社会に行ひ得られる。人間分布学(ヒュマン・エコロジイ)――さういふ一科の学問を米国の都市研究者が唱へ出した」「分布の事実、条件、性質を究めて学問組織にしたのが人間分布学である。……人間分布学は今や都市学の最尖端に置かれることになつた」(「都市学の尖端に置かれる人間分布学」[第六巻第五号、一九三〇年])。

このように井上の言説を再構成するならば、都市をめぐる彼の問題意識と論理構造が、決して孤立したものではないことがみえてくる。というのも井上の論説が出た前後に、在阪朝鮮人問題を論じている酒井利男は、大阪市社会部調査課の中核メンバーとして、職工や商店員の生活、家計、余暇などの調査を実施し、大阪における都市社会政策の基礎資料作成の任にあたっており、まさに井上の提唱する「人間分布学」の具体的な実践をすすめてきた一人であったからである。そこで酒井の主張の検討にうつろう。

第三節　社会調査者の眼——酒井利男の場合

酒井利男は、『大大阪』第五巻第一二号(一九二九年)に「朝鮮人労働者大阪渡来の一原因」という論説を寄せている。その分析の焦点は、小作人階級に合わせられていた。大阪への渡航者の七〜八割は農民または農業労働者であり、小作人の生計調査によれば、収穫だけでは生活不可能で、副業として賃仕事に従事せざるを得ないが、朝鮮における農業労働の日雇い賃金は四五銭と安く、鉱工業でも一日八八銭、土木建築業九四銭にとどまる。これに対してたとえば「内地」の農作業手伝いの日当が一円五一銭という現実は重い意味をもつものであった。一九二九年末時点の朝鮮人農家の転業ないし移住状況調査によれば、その行き先の約半数は朝鮮国内の農業労働者・傭人であるが、それ以外に「内地」「満州」「シベリア」への出稼ぎ合計は一八・五%をしめ、一家離散やその他の一部をあわせると、約二割に達すると見られる。そこには、域内移動と対外移動を一体のものとしてとらえる視角が提示されているのであり、さらに移住できるものは朝鮮内に滞留する者に比べて、なおゆとりのあることが指摘されている。酒井の結論は「この社会層(小規模自作及び小作兼自作農など)に改善の鍬を打ち込み彼等の生活レベルを内地同様に引き上げるしか、他にこれ等無告の農業労働者を生活の苦悩から救い、或いは堰をきつて流れ込むが如き下級農民階級の内地渡来を阻止することは出来ないのである」という点にあった。

酒井利男のこの論説は、加筆修正されて『社会事業研究』掲載の「朝鮮人労働者問題」(上・中・下)の一部として吸収された(第一九巻第五～七号〔一九三一年〕)。酒井の調査は、主題を問わずいずれも詳細で、調査結果の叙述もまことに手堅いものであるが、この論文もその例にもれず、それゆえ在阪朝鮮人史研究において、しばしばその調査結果が引用されてきた。だが本章の趣旨から提起されるべきは、酒井の(あるいは酒井を代表者の一人とする大阪市社会部の)調査の思想ともいうべき、認識枠組みの問題であろう。対面空間という〈場〉をめぐる言説を問う意義は、この点にかかっている。

さて著者は、四〇〇字換算で百数十枚に及ぶ長大な論考の冒頭で、「朝鮮人労働者問題はその範囲広く、朝鮮本土に於ける問題、内地に於ける問題、更に満州及びシベリアにおける問題などの形の下に考へ得るが、これ等は互に相関連するを以つて全然独立の問題として取扱ふことは少なくとも妥当を欠く」(上、八五――以下、酒井論文のページ数を記す)(9)として、問題の拡がりを的確に提示する方法的立場を示した上で、渡航の原因、沿革と現状、大阪における労働と生活、直面する諸問題を整理している。その全体を紹介する余裕はないが、酒井の認識を問題とするために、ここではまず急増する朝鮮人に対して一般に抱かれているイメージに注目したい。以下は著者が「一般的観察」として紹介する朝鮮人像である。長くなるが摘記して原文のままに引用しよう。

朝鮮人労働者は一般に怠惰無精で動作の如きも緩慢であり且つ仕事に対する責任感を欠きがちであるから、能率の増進を極度の要求する今日の生産社会には不向であり又責任ある仕事を委すことが出来ない……一定の場所に長くとゞまつて一定の仕事に励むといふやうな持続性に於いても乏しい……移動性或は浮遊性に富んでゐる……食ふに窮すれば働き金を得れば仕事を放棄して徒食する……生来付和雷同するばかりか、闘争を好み議論を喜び事あれば直ちに烏合結束して騒擾を起す風がある……盗癖を有し飲酒賭博を事とするなどあらゆる無頼漢的性質を多分に持ち合せてゐる……場末に彼等独特の不衛生なる群居生活を営み、そこにあらゆる社会悪を生みつけて衛生上風教上幾多の問題を惹起しがちである……(中、一一九〜一二〇)

これらは、当時の新聞等にもみられた、労働と生活全般にわたる朝鮮人像の公約数的な表現といってよい。これに対して著者は、「個々の朝鮮人についてその妥当を求めるのは不可能である」と慎重な姿勢を示しつつ、こうした問題が現象的には生じていることを認めた上で次のような見解を述べる。

朝鮮人労働者の好ましからざる特質も彼等の本性に基くものであると言はんよりも寧ろ教育の普及せざることによるものと見る方が至当である。故に朝鮮人労働者の欠点はこれを民族的欠陥に帰することなく、彼等の労働素質や一般生活標準の向上を期するためには今後どうしても教育の普及に力をそそぐべきである。（中、一二二）

ここに示された酒井の認識関心は、きわめて重要な論点を構成している。他の記述をも参考にしながら問題を明らかにしてみたい。酒井は、「ヨボ」「朝鮮」あるいは「不逞鮮人」といった蔑称を投げつける日本人側の日常意識に反省を促すことを忘れない（下、一八五）。その意味では、彼は決して単純で偏狭なショーヴィニストではない。酒井においては、これらの「好ましからざる特質」は朝鮮人の生来の本性であり、拭い去ることの不可能な民族的欠陥である、といった運命論的視角、つまり通俗的であるだけに人びとの意識の中で定着しやすい見方は、きっぱりと否定されている。まさしく「この両者（日本人と朝鮮人）を隔離する要素は民族的本性の相違ではない」（下、一八六）のだ。

では問題は何か。著者によれば、「労働素質」そして「一般生活標準」――これらが欠如しているからこそ、上述のように日本人側が問題視するような振る舞いが、大阪の労働現場や生活の場において表面化するというのである。「生活の不潔、不衛生、乱雑、群集性に基く団体的の暴行、騒擾、所有観念の欠乏、群居生活による喧噪と破倫的行為、粗暴怠惰なる性情」(下、一八五)、といった諸々の「欠点」は、端的に〈近代性〉の欠如というポイントに収斂させられ、それが判断の基準となり、その基準に照らして「民族性」が評価され、改善のための教育つまり近代による規律訓練が要請される、という論理構造をみてとることができるのである。

ではこうした酒井利男の主張は、在日朝鮮人に関してのみ論じられていたのであろうか。この点を確かめるために、民族性に直接は関わらない問題をとりあげた彼の論考を検討してみよう。このことは、酒井の、広い意味での社会認識の中に、改めて在阪朝鮮人問題を位置づけ直す上で重要と思われるからである。

たとえば「大阪市に於ける工場労働者余暇生活の実際」(『大大阪』第四巻第一号〜二号[一九二八年])において、酒井は「労働者各自が与へられる余暇を、その時の社会道徳に訴へ、自己の好むところに従ひ、身体の鍛練に精神の慰安に人格の向上に資するときに限つて、余暇生活の真意義が解せられる」と述べ、「現代の余暇問題」の「本質的重要さ」は「労働者階級をして人として値すべき生活に生かしむる点」にあるとの認識を示した。それは、文字どおり近代的な労資関係の確立と労働者の人間的な生活の実現をめざす立場であった。

著者によれば、余暇生活の実があがっていない原因は、①休養時間や公休日に関する制度的不備、②公的なまた使用者側の余暇利用施設の不足、および、③余暇生活に対する労働者自身の無自覚、にある。そして酒井は、一方で官側と経営者に対して、労働者の生活改善に向けての努力を強く要請するとともに、他方で当事者の自覚なしにはいかなる施設も「猫に小判」であり、「教育程度と余暇生活方式とが密接」な関係をもつがゆえに「教育の向上普及」が不可欠として、労働者自身の覚醒を求めたのである。それは近代的な理念の貫徹を第一義とする基本姿勢に根ざしたものであった。

このような観点は、借家争議に関する見解をも貫いていた。『大大阪』第六巻第一号(一九三〇年)に、酒井は「大阪市に於ける借地借家争議概観」を寄稿している。この論説は大阪市全体の問題をとりあげたものであるが、在阪朝鮮人をもその一部として論じているという点からみて、酒井の在日朝鮮人に対する観点を、彼の一般的な社会認識の中に位置づけることを考える上では貴重な一篇である。

自らの立場を「吾人は家主の横暴をにくむと共に借家人の跋扈にも与するものではない」と客観的に位置づけた著者は、まずは借家人および地主双方の主張を確かめ、それらが近年急速に組織を進めている状況を整理するとともに、両者の板挟みに位置する多くの中小家主(彼らの多くは実は借地人である)に同情を惜しまない。そして「最近住宅争議を特色づけるものは朝鮮人住宅争議の続発」であるとし、警察署へ届けられた紛争が年間二〜三千件にのぼっていることを指摘した上で、「内地人を手先に使つてその名義で家屋を借りうけ家主が朝鮮人を嫌ひ家屋を貸さない事実を逆用して立退料をせしめ」たり、あるいは「何々借家人同盟会本部」と名乗って「家主恐喝事件」を起こすような朝鮮人による「新犯罪の発生」に警鐘を発している。そして酒井はこうした朝鮮人の問題をも含めて借家人争議の問題点を指摘するのである。そこで酒井が批判する対象とは「契約の履行を怠つたり、堅実な思想や善良なる道徳心を破壊悪化せしむる」傾向であり、さらにそれを組織化したり煽動しようとする動向である。つまり問題は、朝鮮人だからということではないのだ。この点が重要なのであり、朝鮮人問題は、あるべき近代性からの逸脱に対する批判というコンテキストの中に位置づけられていたのであった。

この点を確認した上で、再び上述の長篇「朝鮮人労働者問題」に視点を戻そう。住宅をめぐる日朝間のトラブルに関連して、酒井が「朝鮮人労働者の経済的無力と借家人としての悪質など複雑なる要素が介在して問題を悪化し紛糾化する」と述べているのは、まさに今紹介した議論と重なるものといえよう。それをふまえて酒井は、「緊急の実施事項としては不良住宅の改善、新家屋の築造」などを指摘した後、次のように論を展開するのである――「完全に問題を解決するには朝鮮人の文化的育成に依つて文化標準と労働能力とを向上すると共に生活様式を改善し経済力を豊かにし或いは内地人との融和を図ることが先決問題である」と。酒井の結論は、そのためには「問題は朝鮮人渡航の阻止問題に懸つて来るのである」(中、一三六)というもので、それ自体としては常識的な政策提言に帰結するのであるが、その特徴的な論理構造は、ある程度示すことができたであろう。

こうした主張を確認するために、酒井の認識が浮かび上がるもう一つの言説を記しておこう——「内地在留朝鮮人の犯罪率の大きいのは朝鮮人が一般に犯罪性を多分に有するといふよりも、むしろ在住者の大部分が無知な下層労働者又は浮浪者であることに由るものと考ふべきである。更に彼等の盗癖、賭博癖も元々先天的の特性ではなく主として生活状況と教養程度の低劣さによるものであるから、生活の改善道徳観念の向上に依つて矯正することは必ずしも不可能ではない」(下、一九二)。

この「犯罪者観」を、先に第一のまなざしに関して引用した三木今二の視点と比較しておこう。後者は、激増する朝鮮人の「犯罪」に対処するための大阪区裁検事の調査であった。そこでは、治安維持法違反や公務執行妨害などで検挙される社会運動、民族運動が注目されているのは当然であるが、窃盗・傷害・賭博の分野において、朝鮮人の犯罪率が大阪府下の一般の犯罪率の約四倍に達していることを指摘し(徹底した検挙であることがうかがわれる)、「朝鮮人を見たら泥棒だと考へたものがあるのも無理はない」との認識を示していたのであった[10]。

酒井利男は最後の大阪市社会部調査課長であり、そして最後の社会部労働課長であった。第一次世界大戦以後、一世を風靡した社会部報告は、一九四二年まで刊行されるが、その最盛期を担った人物のひとりといえるであろう。その間、上記のような論説を精力的に展開した酒井は、社会部を離れた後、港区長(一九三五年五月〜四一年八月)を、次いで北区長(四一年八月〜四三年一月)をつとめている。区長時代の酒井の発言は、まとまった論説というよりは本年度の各区の抱負を示すというような企画の一環として、『大大阪』に散見される(「新方針と軌を一にする市岡総連合会の誇り」第一四巻第三号[一九三八年]、「港区」第一五巻第七号[一九三九年])。それらを他の区長の主張と比較するならば、彼らが非常時体制を呼号するなかで、酒井は区官吏の自己修養・自己研鑽をすすめるなど、そのトーンは相対的には確かに控え目であり、以前の主張を想起させる論点もうかがえる。にもかかわらず酒井の論理は時局に対抗する質を有したわけではなく、大阪市の高級官吏としての任務をふみはずしていたのではなかったのである。

とするならば、一九二〇年代から三〇年代前半の社会部時代の力のこもった論説と、三〇年代後半以降の区長時代の比較的穏やかとはいえ時局そのものを体現した発言との落差を、いかに理解すべきだろうか。『大大阪』を通読すれば明らかなように、在阪朝鮮人に直接に言及した論説は、三〇年代半ば以降ほぼ姿を消している。それはこの雑誌が、朝鮮人問題のみならず都市社会問題そのものへの関心を希薄化させてゆき、むしろ時局の要請に適合するような論調がふえていくことに対応しているといえよう。そしてまた発行主体である大阪都市協会の初代会長をつとめた関一市長のイニシアティヴの低下とも関係しているだろう。だが、雑誌をとりまくこうした環境の変化だけではなく、酒井利男が社会部時代に精力的に展開した主張そのものに、問題がひそんではいなかったであろうか。この点を、いますこし丁寧に追っておきたい。

酒井は先に指摘した論文「朝鮮人労働者問題」の末尾で、次のような提案をおこなっていた。

①「農村の中堅たる青年を養成して農民指導の先駆者たらしめ、一般的朝鮮農民の文化程度と生産力を向上せしむ」。

②「近代的契約関係」の普及を通じて、封建的身分的関係の残滓で、地主と小作の仲介者たる「舎音」を排除する。

③「朝鮮自身の生産力の発展を図るべきであり、これと共に労働者側の労働能力及び組織的団結力の増進と資本家側および為政者の理解によつて労働条件の改善」をはかる。

④朝鮮で土木事業を起こし、朝鮮内の失業者および内地在住者の帰還を喚起する。

⑤間島地方へ、さらに「満蒙シベリア方面」へ過剰労働者の「捌け口」を見いだす。

（下、一九六）

大阪都市協会の刊行する月刊誌『大大阪』をかざった酒井の一〇篇にのぼる論説は、大阪の企業家や商店主に対して労働条件の改善を求める一方、職工や店員に対しても近代都市住民としての自覚を求めるものであった。近代国民国家の構成員そして近代都市住民の形成にふさわしい資質の涵養と、そのための環境づくりの提唱、それが彼の基本線であった。再論すれば、労働能力増大と生活文化の水準向上を両軸とする形での〈近代人への教化〉が必要であり、この両者がレベルアップすることによってはじめて望ましい近代都市大阪の住民になることができる、という酒井の思考方法は、在阪朝鮮人問題に対するスタンスをも規定していたのである。こうした認識に上記の結論部の政策提案を重ね合わせてみると、〈近代人への教化〉とそのための環境形成が、まずは大阪の地で実現されるべきであるにしても、酒井の論理は、同時に朝鮮本土におけるその更なる貫徹を要請するものであったことが浮かび上がってくるのではあるまいか。

向き合うべき問いは、軍事的・封建的な線が、酒井ら都市の社会調査者たちの近代化志向の線を押しつぶしてしまったことが悲劇であって、後者の路線がより強力に育成され活躍できる条件があれば事態はちがっていたのだが……、というような問題では、もはやないだろう。〈近代〉のもつ普遍の論理は、都市の中に流入した異文化の存在に対して、生活のあり方、その質を規定し拘束するような要請を発動するとともに、その要請は、大阪の現場を越えて「帝国」の版図へ、そしてさらに外に向かって波及するものであることが見てとれる。労働過程における労働力確保という問題と、生活過程における生活保全という問題が、近代的人間像の形成確立を媒介として、分離不可能なものとして提起されるその具体的な〈場〉とは、実は大阪に限定されるものではなかったのである。(11)とするならば、長大な論文の冒頭で酒井が示したような、在阪朝鮮人問題をアジア的連関の中でとらえるという、まことに注目すべき観点の意味を、今一度再考する必要が生じてくるだろう。異なる歴史と文化を背負った人間が越境していく根拠と影響を、一国の枠を越えて考察するという立場は、実は複雑な性格を有するものであった。「ひたぶるに労働の天地を求めつつ或は満州、シベリアの野に流れ込み、或は海峡を越えて内地に移住する彼等白衣の群はまことに『亜細亜の群集』の姿を具現するもの」(上、八五)ととらえる観点は、生活と労働の場を求めて大阪へ渡来してきた朝鮮人に対して要求する資質を、とりもなおさず朝鮮・アジアの民衆にも求めていくという形で、逆に大阪からアジアに向けて押し返していくという連関にあったのである。つまり酒井の主張にあっては、大阪における〈近代〉の実現が、都市大阪のみで完結するものではなく、その外延的な拡大膨張が、自身の論理のうちに包含されていたのであり、そのような意味において大阪が先頭に位置づけられていたわけである。ここに、〈近代〉の普遍主義が換骨脱胎されて、一視同仁の論理に転化していくあり方をみないわけにはいかない。

あたかも井上吉次郎は、「大日本の大大阪」という論説を『大大阪』第一八巻第一号

(一九四二年)に発表し、次のように記していた。「大大阪人の活動が地方的より全日本的な色彩をより多く帯びる。それは全日本的といふのが、全東亜的といふ色調を加味するからだ」。井上は、報道活動および経済活動のいずれにおいても、大阪がアジア的ひろがりの中でその位置を高めていることを強調する。一九二〇年代後半以降、大阪をフィールドとする啓蒙のジャーナリストとして多くの近代主義的提言をおこなってきた井上が、いまや「大大阪は、日本の東亜の大大阪になってきた」と現在進行形で語るとき、私たちはその言説のうちに、これまでみてきた酒井利男の思想構造に響きあうような認識のあり方をみるのである。

第四節　おわりに

対面空間の大規模な成立は、それをめぐる言説空間の登場を呼び起こしたが、そこで問われるべきは言説の質である。本章では、朝鮮人に対するいくつかのまなざしの中で、必ずしも充分な注目を受けていなかったと思われる傾向について、『大大阪』や『社会事業研究』といった雑誌を手がかりにして論じてきた。

一般に同化といわれる政策思想も、何に対する同化であるのかによって質的な差異が存在する。もっとも支配的であった線は、具体的な朝鮮人との対面を通じて、違和感が確信をもって一段と深まる結果になり、他民族に対する侮蔑観に支えられて日本国家への同化を徹底的に要求する立場を強化するものであった。他方、社会への同化を求める線としては、民族的アイデンティティへの配慮をもたない階級一元論がひとつの系であるが、本章では、もうひとつの系として〈近代〉への同化を求める線の論理を、やや詳しく紹介し、その問題点をみてきたわけである。

一九三一年頃に、大阪市社会部の酒井利男の眼前に展開する現実は、たとえば次のようなものであった。

　彼らの多くが正月をその故郷において迎へんとする旧習を墨守し仕事を放棄してまでも帰還することは、連続労働を要求する生産事業において彼らを歓迎せしめる所以ではない。（中、一一九）

明らかに流れる時間が異なっていたのだ。朝鮮の風習における時間感覚（それは沖縄についてもいえるだろう）に対して、生産の中断や効率の低下を認めず、いわば「均質で空虚な時間」（W・ベンヤミン）のローラーをかけていく線こそが、当時の大阪社会を規制していたのである。[12] 酒井は、近代都市住民にふさわしい資質――労働能力と生活文化の向上――の涵養を、民族・出自を問わず要求し、大阪市行政は、そのための環境づくりに尽力すべきである、という基本姿勢をくりかえし強調したのであった。その論調は、対面空間の問題領域をあらわにし、その亀裂や矛盾を地域の現実の中から克服する方向を探るように議論を導くものではなかった。むしろ普遍主義の論理が前面に押し出されることによって、問題が隠蔽されていく結果となったのである。対面空間の具体的矛盾に根ざさない形での〈近代〉の導入は、一視同仁のもとでの〈近代〉の押しつけにあざやかに転化され得たのであり、あえていえば暴力の質において同等の意味をもつものであったと、私は考えている。

本章では、これまでの章とはややスタイルを変えて、一九三〇年代大阪における朝鮮人との対面空間の問題性を、言説分析という形で論じてみた。ひるがえって思うに、井上吉次郎や酒井利男に即して提示した論点は、はたして彼らだけに固有の問題であったのだろうか。あえていえば、〈近代人への教化〉を実現するための条件整備を都市社会政策の軸とし、その現実のためにさまざまな人びとを、調査し分類し配列するという思考方法は、戦後をくぐり抜けて現在にまで存続しているのではあるまいか。私たちは、「国際化」をうたい「共生」を語る際に、文化の多様性を標榜しながら、その実、日本社会に適合的な存在へと善導・教化することに疑いをはさむことなく、それを効率的に進めようとはしていないだろうか。異なる背景を持ち、実像のわかりにくい人びとを、分かちこちらが然るべき位置とみなしたところに勝手に当てはめていくという発想を、もっているのではないだろうか。

かくして、酒井利男らが直面した問題群は、形をかえつつも再生産され、一九八〇年代／九〇年代以降の私たちの他者認識のあり方へと繋がってくるだろう。整序する思想、そしてそれを受容する内面的な傾向をこそ、問題として取り上げ対象化していきたいと思う。

注

(1)　三木今二(大阪区裁判所検事)『内地に於ける朝鮮人とその犯罪に就て』司法省調査課『司法研究』第一七輯、報告書集第二(一九三三年)、五二一～五二二ページ。

(2)　「吉田首相よりマッカーサー元帥宛書信」大沼保昭「出入国管理法制の成立過程(一三)」『法律時報』第五一巻第四号(一九七九年)、九六～九七ページ。田中宏氏の御教示をいただいた。

(3)　とくに朴慶植『在日朝鮮人運動史』(三一書房、一九七九年)二二四ページ。また岩村登志夫『在日朝鮮人と日本労働者階級』(校倉書房、一九七二年)、谷合佳代子「一九三〇年代在阪朝鮮人労働者のたたかい――全協での活動を中心として」『在日朝鮮人史研究』第一五号(一九八五年)、および金森襄作「在日朝鮮人の労働組合運動」『大阪社会労働運動史』第二巻(大阪社会運動協会、一九八九年)を参照のこと。さらに金正純「生きることが闘いだった」『社会主義と労働運動』第六巻第五号(一九八二年)、張錠寿『在日六〇年・自立と抵抗』

社会評論社、一九八九年、などの証言を参照。

(4)『産業労働時報』一九三二年二月十三日。

(5) 谷合、前掲論文、一〇ページ。

(6) 井上、酒井以外の論説として、三木正一(内鮮協和会専務理事)「在阪朝鮮人について」第五巻第四号(一九二九年)、同「在阪朝鮮人の住宅問題について」第六巻第一号(一九三〇年)、上山善治(弘済会会長)「大阪市人口増加と在住鮮人人口」第一〇巻第八号(一九三四年)がある。

(7) 都市社会政策の思想に関する労作として、玉井金五『防貧の創造——近代社会政策論研究』啓文社、一九九二年、を参照。

(8) 井上吉次郎は、『大大阪』第六巻第五号(一九三〇年)には「大阪毎日論説課」として、また下って第一四巻第三号(一九三八年)には「大阪毎日新聞学芸部長」の肩書で寄稿している。戦後は関西大学文学部に新聞学科が創設される時に招かれて教鞭をとった。教授時代を知る関西大学の元同僚によれば、井上は博識で人当たりがよく、いかにも垢抜けたジャーナリスト出身という印象で、リベラルな雰囲気の持ち主であったという(杉原四郎氏談)。井上は多筆家で著作や翻訳も多いが、彼の来歴や性格をうかがう上で貴重なものとして、『記者と学者の間』井上吉次郎博士喜寿記念出版刊行会、一九六四年、をあげておく。

(9) なおこの酒井の論点は、朝鮮を重要な一環としつつも、より大規模な形でアジア内労働力移動史の問題として考察すべき課題である。この点については、西成田豊『在日朝鮮人の「世界」と「帝国」国家』東京大学出版会、一九九七年、「はじめに」が問題提起をおこなっている。なお同書への私の書評・『社会経済史学』第六四巻第四号(一九九八年)も参照。

(10)　三木今二、前掲書、一七五〜一七七ページ。

(11)　ここで考えておかねばならないことは、近代主義的なまなざしからみて、どうしてもそこから落ちこぼれてしまう存在に対して、どのような見方をとったかという点である。「相手を見る自分の目を、相手の目によって見つめなおす」(池田浩士『〔海外進出文学〕論・序説』(インパクト出版会、一九九七年、五七ページ)という作業は、ここでは果たすべくもなく、いわば目にしているのに、実は見えていない、つまり接する機会があるにもかかわらず他者としては認識していない、という「関係の不在」とでもいうべき状態が存在していたのではないか。そして実はこの問題は、ひとり大阪のみならず、近代日本の植民地の先々において現れていた(現れている)のではあるまいか。本書終章の末尾で指摘する点を先取りしていえば、「帝国」の内外を貫く対面＝言説空間の問題の核心は、この「関係の不在」という論点に深く関わってくるのかもしれない。

(12)　この論点については、杉原達「『均質で空虚な時間』をめぐって」『江戸の思想』第四号(一九九六年)を参照されたい。

終章　大阪・今里からの世界史再論——むすびにかえて

第一節　今里の原風景

大阪・今里を舞台にした上方落語「代書」から始まったこの話も、そろそろ幕引きの時が近づいてきたようだ。

一九八〇年代から九〇年代初頭にかけて自分自身の生活の場であった今里について語り出そうとするとき、私にとっての原風景のひとつは、ハルモニたちが、乳母車を少し大きくした程度の台車の荷台にダンボールを積み重ねて、内職をしている家々や小さな町工場をまわっている姿である。ある程度まとまったら、古紙専門業者へ持っていき換金してもらうわけである。背中を九〇度近くに折り曲げながら、古いリヤカーを引くハルモニを見かけたことも少なくない。小さな路地に入ったある家の前には、ダンボールが几帳面に積み上げられ、また別の倉庫前ではぞんざいに放り出されている。それらを、慣れた手つきでゆっくりと仕分けし、大小取りまとめて、白くて丈夫なひもでキュッと束ねてから、車に載せるのである。

台車やリヤカーは、急ぐ風でもなく淡々と進み、時には一服をくゆらせるためにしばらく停まっていることもある。狭い路地が多いゆえ、いくらハルモニが道の端を歩こうとしても、大きめのダンボールなどがはみ出している分、原料や半製品を次から次へと配達していく軽トラックがすり抜けるのは、いくぶん危険であるにはちがいない。だが私の体験では、慣れた運転手なら、まずよほどのことがないかぎり、クラクションを鳴らしたりはしない。それは、年配者へのいたわりなのか、それとも鳴らしたところで事態に何ら変化が生じないことを知り尽くしてのあきらめなのか。ここは両方の気持ちがあろうと思っておきたいところである。

もちろんこうしたハルモニたちは、今里だけではなく生野や東成のあちこちで見かけることができる。猪飼野に生まれ育った日本人の若い友人が話してくれたことだが、ある日、上記のようにダンボールを回収しているハルモニに対して、中年の女性が、「あんたのような恰好の人がおるから、私らまでが、きたない、くさい、と言われるんや」と、けんもほろろに罵っているのに出くわしたそうだ。友人はなすすべもなく、いたたまれないままにその場を離れたという。このような切り刻み合いが、まことに些細なきっかけから直ちに露呈するという現実――それが、今里の、生野の、そしてこの日本の今の現実なのである。こうしたできごとは、ささやかな断片であるようにみえながら、実は「日本」なるものに対して、どこの位置から何を見ていくのかということと切り離すことのできない問題であろうと私は思う。

ここで、今一度、先に記したダンボールを集めるハルモニと、それをなじる在日二世(あるいは三世)と、そしてその現場に立ち尽くした日本人との間の関係がどうなっているのか、という問題を考え直してみたい。

もとよりそれぞれの、おそらくは直接の接点もない三者三様の個人史が存在しているのだろう。だがここで、私が提起したいのは、三人が出くわした現場そのものが、幾重もの歴史によって重層的に構成されているとみる方法的立場である。いつごろ、どういう事情によって故郷を離れたのか。どこからどのようにしてこの大阪に来たのか。当地ではどんな職につき、どこに住み、どのような家族関係をもったのか。どこで買い物をし、どんな隣近所づき合いをしてきたのか。いずこの親にとっても頭を悩ませるのは、子どもの教育のことだが、その苦心はいかばかりであったか。成長した子どもや孫たちとの関係、そして故郷との関係はどうか。肉親たちの遺骨は思案のあげく、今はどこに安置しているのか。済州島四・三事件、朝鮮戦争、共和国への帰国運動、日米安保条約、日韓条約締結、故国の政治の変動、南北協商の困難といった激動の節目節目では、家族、親戚、あるいは近所同士の間で、政治が何らかの形をもって生活に響いたことはなかっただろうか。あるいは「朝鮮」から「韓国」への国籍書き換えをめぐる激しい軋轢をどのように感じ、その中をいかにすごしてきたのか。「密航者」と陰口をたたかれながら身を粉にして働いてきた知り合いの、時の流れとともにできた家族はどこでどうしているのか。南にも北にも親族や友人が居住するのが当たり前といえる在阪朝鮮人として、「冷戦の終焉」が語られて久しいにもかかわらず、なお見通しが明確でない南北統一への思いは如何ばかりか。そして地域の中の日本人たちと朝鮮人たちとの出会いはどのようなものであるのか。さらに近年新たにこの地域に入ってきた、韓国やアジア各地からのニューカマーたちをどのようなまなざしで見ているのか……。

こうしたことがらは、しばしば基本的には在日側の問題として論議されてきたように思われる。だが本当にそうなのだろうか。むしろ、日本人側の生活世界を確固たるその一部とする「今里」(それを「猪飼野」や「生野」と言い換えてもよい)という「私たちの地域」の場に、日々生起し、実はそれぞれにつながりをもった問題群なのではないのだろうか。

第二節　地域のなかの世界史／地域からの世界史

私は、ここで地域分析の視点として、いささか熟さない表現ではあるが、越境する文化交流・文化接触の社会史、もし英語で表現するならば、不自然かもしれないが、social history of transnational cultural contacts とでも特徴づけられるような方法を構想してみたい。人びとは、故郷を少しだけあるいは遠く離れる時、生活と文化を背負って移動してゆく。だからこそ、この移動を通じての人と人との出会いは、はっきりと(あるいは微妙に)異なった生活の作法や習慣やことばが、お互いにむき出しの形で(あるいはおずおずと)権力関係をともなって接触し、まさぐりあい、きしみとズレと理解と抹殺を繰り返しながら進んでいくのである。文化交流史とは、圧倒的に文化摩擦史以外のなにものでもなく、さらには文化略奪史であったことは、世界史に眼を向ければ否定することはできないであろう。

だがしかし、いやだからこそ、私は、このような地域から世界史を構想する道筋を、手放すことなく立てていきたいと思う。さまざまな異なる主体の、歴史的かつ重層的な生活の蓄積の場としての「地域」。そこは、一方では、世界史的条件あるいは国際関係そして国家権力の政策に規定されて変容をとげていくものであるとともに、他方では、地域内部のさまざまな矛盾に基づく緊張した関係の中から、共同で新しい関係をつくりあげていくという側面をもった「場」そのものではないのか。

ここで私の念頭にあるのは、政治学者・斉藤純一氏の近年の仕事である。氏は、「政治的なもの」をめぐるH・アーレントの思考を丁寧に読み込みながら、次のように言う——「『私たち』は、発見されるのではなく、意見交換のプロセスのなかで創出される。

私たちの中にある共通の本質ではなく、私たちの間に形成される共通の問題感覚や問題関心が、私たちを繋ぐメディアとなる」[1]と(強調は原文)。この論点は相当に緊迫した議論をよぶであろう。だが私は斉藤氏のこの主張に学びながら、「場」とは固定されたものではなく、流動的で、それゆえ積極的に意味付与し、構成していくべきものであるのだと考えたいのである。

場は決して単なる行政的単位でもなければ、それだけで自己完結するものでもあり得ない。このような意味での場の可変性に依拠することによって、「地域のなかの世界史」が「地域からの世界史」と通時的かつ共時的な連関をもったものとして立ち現れ、両者をともに問うていく意義が生じてくるのではあるまいか。

確かに地域から世界史へと一足飛びにいくはずがあり得ないことは明らかである。そこには媒介すべき多くの領域が介在している。ひろた・まさき氏は西川長夫氏の名著『国境の越え方――比較文化論序説』(筑摩書房、一九九二年)への刺激的な書評のなかで「おそらく『国家』は『生活』によって支えられ、『生活』は『国家』によって支えられているのである。『日本文化』によってアイデンティティをえようとする『生活』があり、『日本人』として守られる『生活』があるのである」[2]と述べている。まったく適切な表現である。すでに序章でも指摘したように、地域だけからでは視野に入らぬ世界史があることを充分に自覚すべきである。また一般に地域の生活が、草の根保守主義ともいわれるように、しがらみが貫徹する場として機能することも少なくない。だがしかし、歴史に裏打ちされた思想が、人の生き方の深い所に届き、主体の確立に響くようなものとして定立されることがあるとすれば、それはやはり何らかの形で幾度も形と工夫を考えながら、生活の場をくぐり抜けることが求められるのではないだろうか。

こうした点に思いをこらしながら、私は、さまざまな「地域」を成り立たせているような、地平ないしステージの共有、とでもいうべき状況に目を向けることによってこの問題を考えてみたいのだ。ここでいおうとする地平ないしステージとは、同時代的な規定を受け、冷厳たる構造的格差をもった「関係性」[3](relatedness)ともいうべき「場」に他ならない。しかもその際に決定的に重要なことは、各自が否応なしにその地平のどこかの位置に組み込まれていること、天空に超越的に浮かび続けることはできないということを認識せざるを得ないという問題が存在しているという点である。こうした観点に導かれることによって、先に指摘したように、地域は、単なる空間的に切り取られた行政区画たることを越えて、いわば新たな規定を受け概念化された「地域」として再構成される可能性が生まれてくる。とするならば、繰り返しになるが、異なった背景をもつ上記三人の出会いとは、ひとつの共通の地平における出会いにほかならず、そこにおける「出会いのあり方」こそが、「地域のなかの世界史」かつ「地域からの世界史」の問題として、浮かび上がってくるように私には思われるのである。[4]

＊　＊　＊

生野・東成における在日朝鮮人の生活の歴史と現在を伝える営みは、戦前の植民地支配の時期はもとより、戦後も冷戦構造が東アジアに覆いかぶさる中、血の滲むような努力によって、ガリ版刷りの自費出版も含めて進められてきた。もちろん文字だけではない。一人一人の「身世打鈴」と言うべき、あらゆる場をとらえての百人が百の顔をもつ、かけがえのない腹の底からの語り。諸団体による民族舞踊の保存の努力に支えられながら、しかもなお震えるように恥じらうように、しかしのめり込むように身体が立ち上がっていく民族の踊り。日本による文化侵略のために奪われた、陶芸や絵画などの朝鮮文化を奪還せんとする試み。映像や写真メディアを通じて、日本と朝鮮の友好と軋轢の歴史を、民族と民衆の立場から復権し現代に生かそうとする営み。ユーモアとペーソスと粋と洒落、そして民族の気骨をただよわせる文学作品。それぞれの心に突き刺さりながら、なおかつ癒しとなっていくパワーをぶちあげる肉感的な歌唱。一九二〇年代以来、さまざまな困難の中で進められてきた、民族学校における、あるいは日本の公立学校の中の民族学級における在日朝鮮人教育……。そして秘めやかに語られる自分史、あるいは最後は当然ながら互いに一個の人間として拮抗しあうしかない民族差別糾弾史等々。

私が接してきたのはそれらのほんの一部にすぎないが、いろいろなものがないまぜになった声、声、声に学んできた日々であった。

言うまでもなく私が、こうした声を代弁することはできるはずもないし、またそうあってはならないことである。そこで私が心がけようとしたのは、そのような歴史と実体験の中からの叫びやつぶやき、そして声にならないさまざまな思いに対して、それらを、地域に生きるひとりの日本人として、自分自身の生活と思考の中で、まずはゆっくりと咀嚼してみることであった。そして私が本書で追求しようとしたのは、あえて図式化すれば、一方でこうしたさまざまな彩りと翳りをもつ生活実感の世界、他方で無味乾燥のようにみえる各種の統計数字をもって人びとを分類・総括し、施策を決めてゆく権力と知の世界――これら両者の間に横たわるような、一見無関係に見えつつも実は浸透しあう領域に注目して、大阪という具体的な場に視点を据えつつ工夫と思案をこらしながら、ふたつの世界を繋ぎ合わせて描いてみようとすることであった。

それは言葉を換えれば、先に記した私の今里の原風景、そしてそれに関わって三人の人びとの出会いのあり方を、別個のものとして切り離さずに、何とかつながりのなかに探ってみたいという作業に他ならなかった。序章から第Ⅳ章までは、落語、文学、歌などを交えつつ、人びととの生の証言と残された文献資料とを織り合わせながら、そのような志向を、さまざまな切り口から形にしようとした試みである。

これに対して第Ⅴ章は、べつの意味で本書の目的にとって不可欠の位置を占める章となっている。というのはこうである。すでに述べたように、一九二〇年代から三〇年代にかけて、朝鮮総督府や内務省あるいは各県各市等、さまざまなレベルの行政機関や警察の手によって、朝鮮人の諸側面に関する調査が進められたことは知られており、また復刻もいくつも刊行されるようになっている。なかでも大阪市社会部の手による各種の報告書は、とりわけて有名であろう。他にまとまった民間調査が圧倒的に困難な状況のなかで、多くの研究者が、しばしばこれらの調査報告をそのままの形で利用してきており、かくいう私自身もまた本書の各章で引用したりもしてきた。だがそのような使い方でいいのだろうか、むしろ数十年を経た今、いかなる立場でこうした統計を再提示するのかについては、それなりの覚悟を決めた姿勢を打ち出す義務があるのではないかという思いが、自分の中で次第にふくらんできて、その点の吟味を抜きにしたままで数字の一人歩きをさせるわけにはいかなくなったのである。

というのも、後世の研究者ではなく当時の調査者たちは、私のみるところ、実は、彼らは彼らなりの考え方をもって、実態調査と政策提案という形で、上記のふたつの領域(世界)を架橋しようと試みていたといえるからである。つまり第V章末尾に示したように、事態は、決して過去のことでもなければ他人ごとでもないのだ。その意味で第V章は、こうした問題のいわば原点ともいえる酒井利男らの仕事に対する私なりの評価を示すことによって、ともすれば「多文化共生」を結びの言葉として事足れりとしてしまいがちな思考方法の問題点や陥穽を考えてみようとした習作である。

第三節　社会意識としての「君が代丸」

本章の冒頭で、自分にとって今里の原風景のひとつにハルモニの姿があると述べたが、もうひとつの原点は「君が代丸」である。一目瞭然のごとく、本書には「君が代丸」という船名が、繰り返し出てきている。資料のなかで繰り返し眼にし、聞き取りのなかで繰り返し聞き続けてきたのが、この船の名称であった。それは、予想以上に多くの生活者にとって人生の大きな転機を象徴するものであった。その意味で、この言葉は、本書を貫く最大のキーワードといってもよい。

「君が代丸」とは、疑いもなく「奴隷船」であり、しかしながらうまくいけば白い飯や小金儲けが可能となるかもしれぬ手立てであり、「文明」の体現者として帰還する夢を見させてくれる「憧れの船」でもあった。また「君が代丸」は、民族独立・階級解放闘争の公然たる(あるいは非公然の)現場であった。この意味では、敵の存在、敵の制度、敵の技術を「生かし」「利用」しながら、それを乗り越え克服してゆくべき象徴に他ならなかった。逆に尼崎汽船部からみれば、大手の朝鮮郵船や民族的な協同組合たる東亜通航組合、その他弱小船会社を駆逐し、独占的な経営航路を走ったドル箱と言えた。そしてまた「君が代丸」は、済州島への帰還時にはいつも、異国に斃れた島人たちの亡骸を静かに運ぶ遺体安置船でもあったのである。

このような多重・多層な意味合いを付与された「君が代丸」。この船に乗り込んだ何千何万という人びとにとって、船への思いが多様であるのは、ある意味では当然である。そうした中で、たとえば当時、生死をかけての激しい闘争の対象でもあり舞台でもあった「君が代丸」への思いを、数十年の時の流れのなかで脱色し漂白するかのごとき言説をもって、「回想の君が代丸物語」へと流し込むことがあってはならないだろう。あるいはまたこの船や「京城丸」が、多いときは毎月数回にわたって済州島へもたらした「日本」の影を見ないわけにはいかないだろう。

大阪済州島史を考えるとき、この「君が代丸」は決定的な手がかりである。それに寄り添いながら、なおかつ問題を、より広い理論的・歴史的展望のなかでとらえていこうとする場合、私は「社会意識」という問題領域を念頭に置いてみることにした。それは、異質な存在との出会いに関わる、為政者の政策や、学問的な知識の表象技法の次元(これを「レベルⅠ」とよぼう)と、異質な存在と、日常的に顔と顔とを突き合わせて接する民衆の出会いの次元「レベルⅢ」との間に横たわる、いわば中間領域のようなものである「レベルⅡ」。それは、特定の政策が直接的に貫徹してゆく領域でもなければ、逆に諸個人の極私的な狭い生活領域のあれこれだけで事態をみていく領域でもない。むしろ双方の影響を受けながら、しかも双方に影響を与えるような、その限りで諸勢力による表象の闘争の場ともいうべきヘゲモリアルな領域として、考えられるものである。先に列記したような「君が代丸」をめぐるさまざまな言説を、この「レベルⅡ」の社会意識という地平で受けとめること。この方法意識が、先に指摘した「植民地支配の結果として故郷を離れることを余儀なくされるという『客観的な背景』が、島を出ようとする人々の主観にあっては、所得や文明なるものへの『あこがれ』を求めてという形での『主体的選択』として表出せざるを得ないという落差の構造」(第Ⅱ章第三節)の意味を掘り下げていくことのひとつの道筋ではないだろうか(5)。

近代日本においては(そして近代ドイツにおいてもまた)、この社会意識の領域の問題群が、ほぼ世紀転換期以降、帝国意識として登場することになると私はみているのだが(6)、一般的な社会意識においては、内外の異世界に生きる他者に対する何らかの意識が形成されるためには、「対面」という具体的なきっかけが必要不可欠にちがいない。つまり上記の「レベルⅢ」でいう実際の出会いが担保となってはじめて、「レベルⅡ」の社会意識ないし帝国意識の議論が社会的な意味をもってくるのである。と同時に、そうした「レベルⅡ」の社会意識に大きく規定されることによって、一人一人の意欲と決断と実行が励まされたり、あるいは逆に鈍らされたりするのである。

このような意味で、「君が代丸」をめぐる言説こそは、「地域」を主体的に立ち上げようとする民衆にとって、かの日露関係と深い縁を有した前身たる「マンジュール号」の由来も含めて、まさしく日本帝国主義の歴史そのものに関わる言説たるだけでなく、この船によって開かれた世界に生きる人びとの日々のくらしのなかの排外主義やオリエンタリズムの問題にも関わる言説であるように、私には思われる。

かくして、この言説としての「君が代丸」の開いてゆく対面＝言説空間をとらえなおす作業を通じて、地域としての今里は、上述してきた種々の困難に抗いつつ、なおかつ緊張をもって「共通の問題感覚や問題関心」によって場を持とうとする私たちの力によって、「地域」としての「今里」として構成し直される。氾濫ともいえるポスト・コロニアリズムをめぐる議論のなかで、私は、こうした方向線上に、自らの発話の位置を定めていきたいと思う。

論点がこうした領域に入ってくると、権力とは何か、少なくとも地域内の権力の構造的な格差の問題をどう考えるのか、という問いが緊張感をもって立てられるべきだろう。地域内の権力構造とは、たとえば、町内会(町会)、警防団、各種学校、協和会、婦人会、商工団体、青年会、老人会、レクリエーション団体等々、まことにさまざまなレベルと歴史をもった組織の人選と運営方法といった問題だけではない。日本語で書かれた掲示や回覧をまわすということからはじまって、ひいては風呂屋に行って、湯船につかる前のかかり湯の仕方にいたるまでの、生活の一切こそを〈権力〉として理解し、切り込んでいくべきであろう。そしてまたそのことが、朝鮮人学生に対する志願兵応募への強要を含む強制連行に代表されるようなむき出しの圧倒的な暴力と、実は通底していることの意味が問い詰められるべきであろう。だが本書では、そうした諸問題のとば口にようやくたどりついたところで、力尽きたことを率直に認めなければなるまい。

第四節　「越境のなかの近代日本」における一九三〇年代大阪の位置

さて本書では、一九三〇年前後の大阪を例にとって外国人との出会いの諸相を論じてきたが、最後に、「対面」の意義を改めて簡潔に整理するとともに、少し長いパースペクティヴのもとで、「越境のなかの近代日本」という視角から、この時期の問題を歴史的に位置づけることによって本章を締めくくることにしたい。その作業は、在日朝鮮人と他の在日外国人との関係をどう理解し、次世代に伝えていくのか、たとえば民族教育と国際理解教育との関係はどのようなものであるのかといった、すぐれて実践的な問題ともつながってくるだろう。

そもそも外国人に対する認識は、さまざまな情報を通じて形成されてゆくものである。たとえば文字情報はそのひとつだが、それと重なり影響を与えあいながらも、別個の認識回路として、外国人との対面関係を通じての情報の獲得がある。対面関係が重要な意味をもつのは、それが、におい、声の大きさ、色づかい、作法のちがい、といった私たちの皮膚感覚に関わる問題を内包しているからである。こうした直接的な違和感は、対面空間が広まれば広まるほど、日常生活のこまごまとした局面で、数多く生じてくる。その場その場で積み重なっていく皮膚感覚――それらに基づく判断は、外国人のイメージを規定し、文字情報と連動しつつ、外国人に対する認識を培っていく。それは家庭内、地域内の領域の問題にとどまることなく、種々の媒介手段を通じて切り取られ、しばしば一面的な形で拡大流布していく性質を否応なくもつことになる。かくして具体的な外国人をめぐって論じられながら、種々のフィルターがかかった言説が打ち出されていくのである。ここで取り上げたいのは、直接的な対面を通じて、あるいはまたそれをめぐるメディアや学知などを通じて形づくられてゆく思考の枠組みの問題性であるが、一見したところ思いつきのような一言半句の表現であっても、むしろそういう断片的表現を出現可能ならしめた「出会いの場」の存在と意味をこそ問わねばなるまい。それゆえ、ここで問題にしようとする言説とは、一般的に外国人に関する言説という意味ではなく、対面の場にかかわっての言説である。対面関係の拡大はそのような言説の展開を促し、後者が前者の問題領域をあらわにして矛盾を隠蔽あるいは拡大するものであるゆえ、両者を連関のなかでとらえる必要があるだろう。

ところで日本社会のなかでアジア系の外国人の存在が問題化するということは、合法的あるいは非合法的な越境が、大量現象として生じていることが大きな条件であるが、その事実は、とりもなおさず日本人との直接の対面関係が日常的に生じることでもある。このような対面の場の形成、つまり対面空間の登場は、日本の津々浦々どこでも均等に発生するというものではない。そのようなことは、そもそもあり得ない。そうではなくて、特定地域に形成されていくことにこそ敏感でなければならない。外国人との対面関係の場が、さしあたり点としてであれ形成されることが、その場が構造的な根拠をもっている限り、本質的な意味で全体の性格を規定していくからである。

本書で主に論じてきた時代は、まさに在阪朝鮮人が急増する時期であったとともに、さらなる劇的な増加を予感させる時期でもあった。改めて三例ばかり資料をあげておこう。すでに一九二六年には、済州島出身者の増加について、「頭髪の結び方も全く陸と趣を異にし、大阪市中にて屢々見受くる長き黒塗の髪を、三つぐりに編み頭に巻附け内地にては見受けざる型の小籠を持つ朝鮮婦人は、〔済州〕島の出身者にて島にありても畧これと同一の姿なり」という指摘がみられるし、[7]また第V章で論じた酒井利男も、一九三一年時点で「白衣長管の群れ店頭に陳べられた朝鮮婦人むきのゴム靴、さては見なれぬにら、にんにくなどの街頭所見が現実に彼等の夥しく内地に入り込める事を説明してくれる」[8]と論じている。こうした観察は、髪型や服装あるいは食べ物といったように、まさに目に見える形で「異文化」が大阪庶民の生活の街角に登場しつつあるありさまをよく伝えているだろう。

さらに一九三四年になると、上山善治(大阪における社会事業とくに貧民救済活動の代表的組織たる弘済会の会長)は、「都市の健全なる発展」という観点からみて「注意を払はねばならない無限の問題は、その都市の人口の増加から来るものである」と語り、「吾が大阪市人口の増加の中に、如何なる問題を包含してゐるか」と問うた上山は「その代表的なものとして鮮人人口増加の推移」をみるべきであると意見を開陳していたのである。(9)

ではこのような一九三〇年代前後の大阪という時空間は、近代日本とアジアをめぐる人の越境が結果した外国人認識にとって、どのような位置をしめていたのだろうか。(10) 近代日本の民衆のアジアとの出会いを、異質な他者の顔に接するという意味での直接的な対面関係の場の成立という観点から振り返ってみると、実は日本の〈外での出会い〉が先行していたことがみえてくる。

まず〈外での出会い〉の第一の契機は、「台湾出兵」を前史としつつも、やはり日清・日露戦争、とりわけ後者であるといえよう。色川大吉氏は、二〇三高地の戦闘に参加した上等兵の留守家族あての書簡を分析して、「最初は驚きの眼をもって、次には嫌悪の念で、そして最後には勝者の侮蔑意識をこめて、中国人の生活の細かな様子を、〝野蛮〟として、〝不潔〟として、〝貧困〟として、〝愚昧(未開)〟として描きだしている」ことを実証した。氏は、「朝鮮、満州の戦場に出ていった百万という日本人大衆が、おそらく有史以来はじめてのスケールで直接に中国民衆に接し」た結果として、その中国観において決定的な価値転換が生じ、しかもその感覚が、人の口から口への共同体的なコミュニケーションルートを通じて外延化していったことの意味を追求した。これを受けて、ひろた・まさき氏は、独自の史料にもとづき「皇軍の力や大都会の光に示される文明国の一員という帰属意識こそが中国への蔑視感を支えている」(強調は原文)という問題性を析出し、「基準としての文明」が軸となって「未開」への蔑視と日本国家への回収という機制がはたらいていたことを明らかにしている(11)。

第二の契機は、日本人の勢力圏とりわけ朝鮮への移住である。一九〇〇年に一・六万人であった在朝日本人は、韓国併合の一九一〇年には一七万人を超え、二〇年には三五万人、三〇年には五三万人に達していた。農業労働が中心のハワイ・北米・南米への移民に対して、彼らは商業や公務の比重が高い職業構成を示した。あまり知られていないが、在朝日本人数は、一九三五年まで在日朝鮮人数を上回っていたのである。帝国主義は、東京の政府や軍や官庁の政策によってのみ推進されるのではなく、しばしば上層ではない日本人入植者によって、社会的に担われたのであった。彼らは軍と行政機構の庇護を受け、時にはこうした公的機関と摩擦さえ起こしながら、現地社会において「生活のなかの権力者」として立ちあらわれ、朝鮮や中国の民衆に対する差別と恐怖感の混淆した観念を固定化した。戦時における居留民会などの強固な排外的姿勢は、平時の日常的な〈出会い〉の延長上に位置するものであったとみなければならない(12)。

これに対して、〈内での出会い〉の方は、いわゆる内地雑居をめぐる論争を前史としつつも、その最大の契機は、一九二〇年代以降にみられた朝鮮人労働者の急増であった。先の日露戦争時の中国人認識が、戦時体験を通じての身体感覚であったのに対して、これは広範な民衆の平時体験であり、異質な他者が生活空間の中に入ってくる決定的なできごとであったといえよう。やや図式的にいえば、一九三〇年代初頭には、済州島という出身地、猪飼野という地域、ゴム工という職種——このトライアングルが、大阪に形作られようとしていたのである(誤解がないように記しておきたいが、猪飼野には、日本人も、また済州島以外の地の出身の朝鮮人も多く住んでおり、ゴム工場とは異なる実にさまざまな所で仕事に従事していたことは言うまでもない。また済州島出身者でも、しばしば職種や職場や居住地をかえながら生活してきた人びとが多いことも確かである。だがしかし、こうしたことを充分にふまえた上で、なおかつこの時点における上記の三つの契機の結合という「現実」に注目したいのである)。

「東洋のマンチェスター」は、その底辺を朝鮮や沖縄からの労働者に支えられて初めて成立し得た国際都市であった。大阪市内在住の朝鮮人の対市人口比は、一九三〇年から四二年にかけて、三%から一〇%に増大したが、なかでも東部の比重は高く、東成区の南半分をしめる鶴橋署管内では、八％から二四％へと飛躍的な伸びを示した。また区内の人口のうち朝鮮人が一割を超える区が、一九三〇年には一三区の中で皆無であったが、四一年には一五区の内で七区に達したのである。かくして猪飼野をはじめとして、経済的社会的政治的差別の結果として、限定された区域に朝鮮人集住地域が形成されるとともに、日々のくらしの中での日本人と朝鮮人との出会いが恒常化するようになった。そしてそれはまた、日本人の意識においてショーヴィニズムが、ことあるごとに浮上し得る空間が成立したことをも意味していた(13)。

近現代の日本史は、いうならば内から外へ／外から内へと、民が越境していく時空間でもあった。つまり「帝国」の外と内の双方で、アジアの人びととの出会いが、民衆の生活レベルにおいて着々と進展していたともいえるのである。そして「外」で作られた朝鮮・朝鮮人像と、「内」で作られた朝鮮・朝鮮人像が、いわばセットとなり連動し重畳するものとして構成されていったところに、「帝国」を貫く対面＝言説空間の問題の核心が存在したのであった。国民国家においては、メディアやとくに教育を通じて諸規範が各自にすり込まれ、いわば身体に対象化された共同体が形成されていくが、直接的な対面接触における他者感覚、そしてそれに関わっての言説もまた、このような「想像の共同体」の形成にあずかったと考えられる。それゆえ「越境のなかの近代日本」という問題構成は、一国史的枠組みを突破し、国民国家を相対化していく上で、歴史学のみならず思想史や経済学、社会学、教育学などの人文社会科学の各分野に対して、きわめて重要な問題を投げかけるものであろう。

本書が取り上げた論点は、直接的には大阪と済州島を軸にした在日朝鮮人史であったが、それが本章で強調した「地域」に根ざした独自の歴史的特殊性を揺るぎなく維持しながらも、だからこそ同時に、より普遍的、より世界的な問題領域に接続していくための作業の一環となることを望むものである。

序章末尾で、私は「近代日本の民衆のアジアとの出会いの歴史――その時その場で具体的に生じた矛盾とその突破の可能性――を、『地域』の生活に即して問うていくためには、(1)歴史への視線、(2)現実への感覚、そして(3)理論的な構想力、が求められているだろう」と記した。第I～V章は各課題に対するそれぞれの角度からの切り込みであり、そしてこの終章では、それらの問いへのまとまった応答を心がけようとしたわけだが、実のところ、改めて問題を再提起する形になってしまった。今後の課題の重さを感じつつ、終章を閉じることにしたい。

注

(1) 斉藤純一「表象の政治／現われの政治」『現代思想』第二五巻第八号(一九九七年)、一七〇ページ。

（2）『立命館言語文化研究』第四巻第四号（一九九三年）、一四四ページ。

（3）百瀬宏「基調報告」津田塾大学国際関係研究所創立二〇周年記念シンポジウム記録『国際関係学の現状と展望』一九九六年、一〇ページ。

（4）脱稿後に、成田龍一・吉見俊哉対談「新たなる〈歴史の知〉へ」（『週刊読書人』一九九八年七月十七日号）を目にした。歴史学に対するさまざまな角度からの批判に対して、歴史学そのものの「来歴」（歴史を記述することが「日本」を創造する）を正面から引き受け、それを改めて注意深く時空間を主題として脱構築することによって応答していこうとする成田氏の姿勢に敬意を表するとともに、吉見氏の次の表現に注目したい――「一番必要な問いは、……表象の秩序の分析の中に歴史の次元やそこに生きる人々の経験の次元を介在させて、テクスチュアルな分析をいかにコンテクスチュアライズしていくかにあります」。その営みの圧倒的な困難さを思いつつ、この提起を大切に受けとめたいと思う。私は、この対談のあまりに鮮やかな整理のしかたに、ある違和感を抱くのだが、しかしながら、本書で不充分ながらも追求しようとした「場の政治社会史」というべき主題は、両氏の指摘の方向性に重なってもいるだろう。別個に撃ちつつ、できることなら共通点を見出していきたいと願う。

（5）「社会意識」の問題を考える場合、教育はきわめて重要な領域であることは言をまたない。具体的な学校教育現場において、国際化時代に対応する内実ある教育のあり方を模索しようとする試みのひとつとして、宋英子「本市における『ともに生きる力』を育てる教育の創造――在日外国人教育の実践史からの展望」『大阪市教育センター研究紀要』第一〇〇号

（一九九七年）、同「『ともに生きる力』を育てる教育の創造（Ⅱ）――在日韓国・朝鮮人の子どものエスニック・アイデンティティ形成からの考察」『同紀要』第一一二号（一九九八年）をあげておきたい。

（6）近代ドイツについては、杉原達「ドイツにおける帝国意識――世紀転換期のオリエントとの関係を中心に」平田雅博・北川勝彦編『帝国意識の解剖学』世界思想社、一九九九年、所収を参照。

（7）廣瀬勝「在阪鮮人と済州島（一）」『社会事業研究』第一四巻第五号（一九二六年）、三二ページ。

（8）酒井利男「朝鮮人労働者問題（上）」『社会事業研究』第一九巻第五号（一九三一年）、九八ページ。

（9）上山善治「大阪市人口増加と在住鮮人人口」『大大阪』第一〇巻第八号（一九三四年）、四〇～四一ページ。

（10）世紀転換期に焦点化した、外国人とはだれか、日本人とはだれか、という本質的問題については、山脇啓造『近代日本と外国人労働者』明石書店、一九九四年、を参照。

（11）色川大吉「日露戦争と兵士の意識」『東京経済大学七十周年記念論文集』（一九七〇年）、ひろた・まさき「日露戦争下の兵士の意識に関するノート」『文明開化と民衆意識』青木書店、一九八〇年、所収。

（12）木村健二『在朝日本人の社会史』未來社、一九八九年。辛美善「在朝日本人の意識と行動――『韓国併合』以前のソウルの日本人を中心に」『日本学報』（大阪大学文学部日本学研

究室)第一四号(一九九五年)。江口圭一「満州事変と民衆動員──名古屋市を中心として」古屋哲夫編『日中戦争史研究』吉川弘文館、一九八四年、所収。

(13) ショーヴィニズムについては、さしあたり、杉原達「ショーヴィニズム」竹内実・西川長夫編『比較文化キーワード①』サイマル出版会、一九九四年、所収を参照。また近現代日本の民衆とアジアとの出会いについては、同「アジアとの出会い──文化交流史の視点から」柏木隆雄・山口修編『異文化の交流』大阪大学出版会、一九九六年、所収、で試論的に考えてみた。

補章　あらためて大阪の場から考える

――在日朝鮮人の歴史的形成・展開と日本の社会意識

個人的な体験から話をはじめたい。私がドイツ（当時は西ドイツ）を実質的な意味で初めて訪れたのは、一九七九年の夏だった。ビーレフェルト大学の秋学期に入学する前に、フライブルクにある語学学校でドイツ語を勉強する必要があったのである。フライブルクに着いた私は、まず駅のレストランで食事をとろうとした。客が多く、忙しそうに働いていているウェイターのひとりを見つけて、手をあげ声をかけてこちらに来てもらおうとした。そのときである。私をみつめる彼の冷たい目があった。そして一言発せられた言葉。私には聞き取れず、何かとても悪いことをしたような気分になった。そのとき何を食べたのかは思い出せない。投げかけられたその言葉が、„Gastarbeiter!"（「外国人労働者」）であったことを理解したのは、何週間も後になってからのことであった。

ドイツのレストランでは、ウェイターやウェイトレスがそれぞれ自分の持ち場を持っていて、客はそのテーブル担当の係員に注文する習慣があるということを知らなかったのだった。それは、ドイツ市民社会の内側にいる人間から見て、習慣もわきまえず外からやってきた者がどのように意識されているのかという問題であったともいえるだろう。いうならば「その言葉がわからない」こと、そして「その場の『ルール』がみえない」ことという二重の意味での不安の前に立ちすくんでいたわけである。この小さな体験は、三〇年近くたった今でも、突然に蘇ってくる。その意味では、私にとって根底的な経験となった。

以下の小論では、在日朝鮮人の歴史的形成・展開と日本の社会意識の動向を分析の対象とするが、問題の全体像を過不足なく概観的・鳥瞰的にとらえるというよりも、大阪という場に即して個別の経験を起点としつつ、問題の所在を確かめるスタイルをとりたい。具体的には、新聞紙面、ドキュメンタリー・フィルム、写真集とその展覧会を手がかりにして、暴力の中の越境と生活の中の越境が重畳しあいながら、大阪・済州島を含む各地に生きる人びとの生が交錯していくありようを論じてゆきたいと思う。

第一節　アジアの中の大阪／大阪の中の朝鮮
──新聞紙面を手がかりに

統計によれば、大阪に居住した朝鮮人は、一九一〇年で二〇六人、一九二〇年時点で四四九四人であり、在日朝鮮人全体の一四・九％を占めていたが、その後、絶対数でも全国比率においても上昇を示し、一九三二年末の居住人口は一一万八四六六人、全国比は三〇・三％に達した。[1]

そうした中で、新聞において朝鮮人の生活と労働に関する記事が次第に増大するのも当然であった。以下では、それを時系列的に追うのではなく、特定の時間を切り取って、その新聞の一つの面にどのような記事が並んでいるのかをはじめに見てみよう。取り上げる資料は、『大阪朝日新聞』の一九三一（昭和六）年五月一日付けの第九面である。この年の九月十八日に日本軍は「満州事変」を起こし、アジア・太平洋戦争に突入したので、その約四カ月前の時期のものである。

大きく紙面を概観すると、右側上段では、大々的に大阪帝国大学の開学が報道されている。初代総長は著名な物理学者・長岡半太郎であり、同日、医学部と理学部からなる「日本第一の産業都市が産んだ文化の大殿堂」の開学式に、文相、大阪府知事、大阪市長らの出席が予定されている。真中上段には、鴻池善右衛門の死去による相続税が約四〇〇万円にのぼるという話題が出ている。鴻池家は、近世以来、大阪の金融や新田開発などを手がけてきた豪商であった。真中から右下の段にかけては、昭和恐慌以降の世相を反映して、住友製鋼や村尾ドックの労働争議、あるいは生活難に苦しみ子ども二人を殺害した失業者の事件の裁判などが報じられている。また真中下段には、本日が第一二回メーデーで、府下の労働者・農民三万人が中之島公園から天王寺公園までデモ行進する予定との記事がある。

このような大阪の学問、産業、労働、社会の諸断面を伝える生々しい報道の中に、朝鮮に関する記事がいくつか混じっているのだが、その前に、この紙面の写真に示されたジェンダー表象を検討したい。この面には合計六葉の写真が掲載されているが、そのうち、主要な四枚をみてみよう。右側上段には、病室を回診する医学部長と、カルテらしいものを手にして付き従う看護婦長かと思われる洋装の女性をあわせて撮った写真がみられる。現在の病院回診にもつながる伝統的な性別役割分担の姿に他ならない。また最下段の左右には、二種類の写真つき通信教育の広告が出ている。右側は帝国中学会の宣伝で、「学校に行かないでも　中学を家庭で　仕事の余暇に学べる」という表現で、学帽をかぶった中学生の写真があり、そこでは「仕事の余暇」に「中学全科を習得せしめる」ことが謳われている。他方、左側は大日本家庭女学会の宣伝で、「盛んになつた通信教授　女子の学問を　家事の余暇で独習する」という表現で、和服の若い女性の横顔写真がある。ここでは「家事の余暇」に中学全科ではなく「婦人に必要な学問と知識。家庭生活の基となる裁縫、編物、料理、手芸、その他一切」の習得が約束されている。

この二例は、いわば古典的・定型的ともいえるジェンダー表象であるが、そうした写真群の中に次に紹介する記事と写真が、さりげない日常風景として掲載されていることをおさえておきたい。左側中段には「エロか、グロか　海女の群　築港の午は賑ふ」という見出しのついた記事がある。そこには、「築港にて朝鮮海女」というキャプションのついた写真も掲載されている。本文の中には、「毎年五月上旬から現はれる朝鮮海女

鴻池家の相續税は
ザッと四百萬圓
住友家以來の納税記録
田村駒商店は五十萬圓ぐらゐ

濟州島行き
運賃値上げ
朝郵、尼崎兩社提携で
三會社の競爭尖鋭化

ホース・レース
プレート
愛知では厳禁
大阪は考慮中

その後に聴く
共同宿泊所のお客
廣口鐵治郎氏

罪に咽び泣く父
生活難が生んだ悲劇の
主人公公判廷に立つ

エロか、グロか
海女の群
築港の午は賑ふ

『大阪朝日新聞』の記事（1931年5月1日）

が今年は暖気にそゝられて早くも二十九日から大阪築港防波堤一帯は鶴橋、四貫島方面から出た海鼠獲りの海女で賑はつてゐる、……」「注文次第では三人がかりの潜水夫の縄張りあらし位は朝飯前、海女の本場済州島からの出稼ぎでこの島では娘の子は貧富の別なく八、九歳からもぐりの稽古をさせる、……」という記述がみられる。「エロ」や「グロ」は、「ナンセンス」とともに当時の流行語でもあった。この記事や写真には、民族の意味でも階級の意味でもジェンダーの意味でも、差別意識と恐怖心と好奇心が複雑に入り混じって露出している。センセーショナルな見出しの下で、済州島出身の朝鮮人海女を表象しつつ読者の歓心をかうという姿勢がうかがわれる。彼女たちの漁獲量の高さへの言及は、恐慌下における大阪の「潜水夫の縄張りあらし」と表現されている。それは単に職の奪い合いというだけでなく、「エロか、グロか」という形で表象される異邦人女性への反感であった。つまり経済的圧迫感と文化的違和感が重なり合っているところに問題の根深さがうかがわれるのであり、それはまた現代日本の外国人問題にも通じるものでもあろう。

また紙面の左上には、「済州島行き　運賃値上げ　朝郵、尼崎両社提携で　三会社の競争尖鋭化」という見出しが出ている。本文では、大阪と済州島とを結ぶ定期航路において、大手の朝鮮郵船、中規模の尼崎汽船部が提携して、零細の鹿児島郵船を圧迫している状況が報道されている。ちなみに鹿児島郵船というのは、元来は大阪・鹿児島・奄美大島・沖縄航路に船を就航させていたが、大阪商船との競争に耐えられず、大阪済州島航路に転身した会社であった。ここでいう運賃値上げには、深刻な背景が横たわっていた。日本側の三社以外に、済州島の人びと約一万人が自主的に組織した東亜通航組合が、大阪済州島航路に参入してきたので、運賃ダンピング競争をおこなって、経営基盤の弱い民族系の東亜通航組合を休業に追い込んだ後、今度は運賃を値上げしたというわけである。激しい競争の後、大阪済州島航路は、一九四五年まで尼崎汽船部のほぼ独占航路となった。一九二〇年代前半から同社の中心的な貨客船としてこの航路を走ったのが、「君が代丸」(クンデファン)というまことに象徴的な名前をもつ船であった。

最後に、真中下段に目を移すと、「けふの大阪」の欄に、大阪築港に出入りする船の動向が列記されている。まず「入港」の項目をみると、「神代丸(前六時)木浦」に続いて、「二君が代丸(前六時)済州島」とある。これが第二君が代丸であり、済州島を出て大阪築港に午前六時に到着したという意味である。続いて大阪へ入港した船の出航地をひろっていくと、秦皇島(中国)、天津、広東、小樽、カルカッタ、高雄(台湾)、天津、ニューヨーク、馬山(朝鮮)となっている。次に「出港」の項目から行き先だけを記すと、恵須取(樺太)、大連、済州島、済州島、木浦となる。横浜港が主としてアメリカ向けであったのに対して、大阪港がアジアに開かれた港であったことがはっきりと示されている。

こうした紙面構成が、一九三〇年代の初頭に連日見られるわけではない。だが、この日の報道は次のふたつの意味において、大阪の社会を象徴的に表現している。第一は、当時の大阪は、人の流れにおいても物の流れにおいても済州島・朝鮮半島、台湾、樺太、そして中国、さらにアジア各地と深く結びついており、各地によって支えられていたという構造がみえることである。大阪は単に大阪だけで自己完結しているのではなく、アジアの中の「大大阪」として存在したのであった。第二は、そのような大阪の日常の生活と文化の中に、朝鮮が次第に埋め込まれていっていることである。民族の問題は単に民族の問題としてだけ切り取られそれで自己完結していたのではない。「エロかグロか」という好奇心のまなざしにもさらされながら、大阪の中の朝鮮が、階級的・民族的・ジェンダー的な差別と緊張のもとに確実に形成されてきたのであった。

つまりアジアの中の大阪、そして大阪の中のアジアとくに朝鮮という両様の意味で、大阪は、単なる大都市というだけでなく、帝国日本を背景にもち帝国の諸動向との密接な関係において、産業の諸領域のみならず文化の細やかな襞をも包み込む形で、帝国都市・大阪として立ち現れてきたのである。その具体的なあり様が、いま紹介した一九三一年五月一日の新聞紙面に横断的に刻印されていると思われる。ここで改めて、やや長期的な時間の流れのなかで、朝鮮人の往来に視点をあわせて整理をしておこう。

在日朝鮮人という存在そのものが、植民地支配のさまざまな意味での帰結であった。

植民地朝鮮からの人びとの移動は、帝国日本という総合的な枠組みによって規定されたのであって、その歴史的事実と、越境した人びとの主観において夢やあこがれ、断念も含めて多様な意味づけがなされたこととは両立し得たことがらであった。

一九一〇年の帝国日本による韓国併合以後、渡航政策の原則は、治安管理が前面に出る場合であれ、安価な労働力需要に対応した規制緩和が重視される場合であれ、日本にとって許容できる範囲に限定されていた。各種の統計は、細部の違いはあれ、日本への渡航者と帰還者が、いずれも併合以後とくに一九二〇年代から増大したことを示している。他方で厳しい規制をかいくぐっての渡航や帰還は、戦前・戦中・戦後を貫いて、危険を伴いつつ繰り返し試みられた。相当数の自力渡航者が朝鮮半島南部や済州島などから日本をめざした。

こうして一九三九年の強制連行(2)の開始時点において、すでに日本に約一〇〇万人の朝鮮人が居住していた。以後一九四五年八月までに強制連行を中心にさらに約一〇〇万人が増加することになる。彼ら／彼女らの動向は、常に朝鮮総督府および日本の行政と警察、さらには協和会などの融和団体などによって監視された。日本社会への同化、とくに工場労働者の場合は、「近代」や「都市生活者」にふさわしい習慣への同化が要請された。その意味では、朝鮮の故郷でも、渡航先の労働の現場でも、家や子どもの教育など生活の現場でも、軍や警察の強権発動や近代的規律の教化という形で、越境する行為そのもの、そして越境後の生活そのものが帝国の暴力にさらされていた。と同時に、渡航と帰還が繰り返される中で、朝鮮の故郷たとえば済州島と、日本での居住地とりわけ大阪を結ぶような、玄界灘という海のエリアをはさむ生活圏が形成されていた。

朝鮮人は朝鮮半島に居住しているというフレーム・ワークから離れて、朝鮮半島にとどまらない近現代のコリアン・ネットワークを考えるとき、大阪は、ひとつの、しかしきわめて重要な結び目となってきた。この点は、関釜航路の日本側の玄関口であった下関と比較すると明らかとなる。大阪は、第一に阪済航路の到着地かつ出発地であった。第二に下関経由者も含めてさらに日本各地に朝鮮人が拡散していく際の一時逗留地であった。そして第三に大阪の産業界の労働力需要を背景にした朝鮮人の定着地でもあった。このように互いに関連する三つの特徴をもった場として、大阪は朝鮮からの人びとを受け入れてきたのである(3)。

第二節　越境をめぐるせめぎあい
——ドキュメンタリー・フィルムを手がかりに

日本敗戦後、在日朝鮮人の法的地位は、これまで押し付けられていた日本国籍が剥奪され、外国人と一方的にみなされることによってきわめて不安定なものとなった。戦後まもなく在日朝鮮人の多くは自力で帰国した。生活基盤を日本に築いていた者、帰郷の条件が整わなかった者たちの一部が残り、現在に至る在日朝鮮・韓国人の原型となった。だが、一九四八年の済州島四・三事件、一九五〇年の朝鮮戦争勃発の時期に前後して、相当数の人びとが日本をめざした(四・三事件の騒乱を避けて日本に移動した済州島出身者は、二〇〇〇〜三〇〇〇人ともいわれている)(4)。たしかに一九四五年は、日本と朝鮮半島の間に国境線を作り出したが、その国境を越えての日本からの帰還、日本への渡航の企て、また日本からの送還をめぐる複雑な動向は、それ以降、高度成長期の間も続いた。そしてこれらの「不法入国者」によって、戦後大阪の産業の一部は下から支えられたのである。ここで強調したいのは、国家権力による管理と日本社会からの同化圧力のもとで、生活をかけての越境が、戦前および戦後で形を変えながらも続いてきたのであり、在日朝鮮人史の重要な側面を形づくってきたという点である。

こうした点に留意しながら、「金在元の告白」と題するドキュメンタリー・フィルム(制作・朝日放送、一九六五年十一月七日放映)を検討したい。このフィルムは、韓国から「密航」によって渡日した一家が、十余年にわたる大阪生活の中で入国管理事務所への出頭を決意し、審判の後に法務大臣の特別在留許可を取得するに至るまでを追ったものである。

全編を通じて、二つの立場の明確なコントラストが描かれている。一方に、「過去」

を清算し「罪」を悔いた上で、改めて日本で合法的な生活を営みたいという夫婦の必死の思いがあり、他方に、その思いを受けて、出入国管理令に違反する原因となった非合法の越境や不法残留の罪は許されないが、当局としては「子どもたちの将来」という特段の事情を考慮して恩恵的に在留を認める、という構成が強調されている。このドキュメンタリーの放映は、一九六五年六月の日韓条約の締結後四カ月余りというタイミングであった。そうした背景のもとで法務省入国管理局および大阪入国管理事務所の協力を得て制作された映像だけに、在日朝鮮人に対する日本政府の温情的配慮をアピールするという枠組みがはっきりと提示された内容であることは、言をまたない。だからこそ、この番組は、その年の芸術祭ドキュメンタリー部門参加作品として注目されたのである(5)。だが、このドキュメンタリーの意義は、そうした入管側から位置づけられた映像の政治性にとどまるものではない。むしろこのフィルムは、こうした問題を取り上げることによって、期せずして、朝鮮人の「密航」という事実や、現在の「不法残留者」の在留許可に関わるいくつもの問題へと、私たちの注意を喚起していることが重要である。

後者の点からいえば、たとえば「自首」した「密航者」は、自分たちの血縁関係、居住地、生計を立ててきた手段など、これまでの経歴について徹底的に追及される。そしてみずからの申し立てを立証し、入管当局を納得させるだけの証拠を自分の力で収集しなければならない。要するに、自己責任による証明が求められているのである。このことはドキュメンタリーでも十分に意識されており、父親が少年時代に暮らしていた山口県下関市に行って居住証明を取ったり、大阪で赤ん坊を取り上げてくれた助産院を訪れて事実認定のための証明書を書いてもらう場面を映し出している。

一九六〇年代までの「自首」は、おそらくほとんどが、このドキュメンタリーの主人公のようにきわめて個別的・個人的な形で行なわれたであろう。その後一九七〇年代半ば頃から、そうした傾向は主流として続きながらも、他方で、キリスト教会あるいは地域で在日朝鮮人の生活に関心をもつ日本人住民が相談者として出てくるようになった。一九八〇年代に、私の子どもが通っていた生野区の保育園では、「四月から〇〇ちゃんといっしょに小学校へ行こう」という形で、「密航」で来て大阪に生活の基盤をつくった韓国人家族の特別在留許可を請願する署名用紙が回覧されたことを思い出す。さらに一九九〇年代に入ると、弁護士や各種の言語の通訳も加わった支援組織も生まれて、地道な活動を続けている。とはいえ「不法滞在」していた人びとの合法化には、高い壁があり続けている。現在、何らかの事情で日本に「不法滞在」していた外国人が出頭して在留許可を申請する場合、一般的にいえば、一家のうちの誰かを収監しておきながら、子どもを含む家族を仮放免して上記の書類を準備させるという仕組みは、原則的には変わっていない。「密航者や不法滞在者が過去の証しを立てる」という作業は、以前も今も同様にきびしいものであることを意識せざるを得ないのである。(6)

では前者の点、つまり朝鮮人の「密航」という事実については、映像からどういう問題が喚起されてくるだろうか。主人公は、戦時中および戦後初期に山口県で国民学校(小学校)に在籍していたが、それはどのような経緯によるものなのか。また戦後のどの段階で、いかにして故郷の済州島へ帰ったのか。一九五一年秋という時点で、なぜ、母と妻子を故郷に残して単身、渡日を意図したのか。妻はその後、長女を人に預けて夫を追って「密航」をはかったが、上陸先の福岡県で拘束され、長崎県の大村入国者収容所から一度強制送還されている。だがあきらめることなく、今度は子どもを連れて再渡航を試み、ついに大阪で夫との再会を果たしているのである。こうしたことが可能となるには、独自のネットワークが存在したことを予想させるが、それはどのようなものであったのか、等々……。

現時点で、私が金さん一家の家族史について知り得ることは、このドキュメンタリー以上にはない。にもかかわらず、このような問題を想起することは歴史と向き合う上で重要な作業だと私は思っている。

こうした点は、どの時点からこの問題を考えるのかということに密接に関係しているだろう。「密航をしてくることをどう考えているのか。よその家に勝手に黙って入るのと同じことだ」と、日朝関係史を無視して言い放つ入管職員の言葉は、国家の論理そのものである。「密入国」という行為、あるいは「不法残留」という行為の発生時点から考え始めるならば、この表現はことの当否の二者択一しかあり得ず、その視線は、出入国管理行政の観点に収斂していくしかないだろう。

だが、植民地支配と戦争という大きな背景、さらに焦点をしぼるならば一九二〇年代から深くなってくる済州島と大阪とのつながりという背景の中で、問題の歴史性を考えようとするとき、そこには異なった視線が浮かび上がってくる。映像だけからは必ずしも明らかにはならないような上述の諸問題は、こうした観点からみると、韓国とりわけ済州島から大阪への「密航者」に、一定程度共通することがらである。ドキュメンタリーは、映像を通じて露わにした部分だけでなく、そこに映し出されていない歴史的文脈の存在を感知し読み込むことを求めている。植民地支配から、四・三事件、朝鮮戦争へと続く時代の激動の中で、生きんがために往還すること。そこに家族の結合・再結合の夢をも込めながら命がけの移動を試みてきた金一家の姿は、帝国日本の解体に次いで新しい国境線と国境管理が登場したにもかかわらず、決して偶然的で特殊な事例ではあり得ないのである。ここで思い起こされるのは、「国境をまたぐ生活圏ないし生活意識空間」[7]が、植民地期に接続する形で戦後の朝鮮半島や済州島と日本との間にも形成されていたことに注意を促した梶村秀樹の指摘である。こうした生活をつなぐネットワークが、国家の暴力に屈服したり、すり抜けたり、拮抗したりしながら、一九二〇年代以降、数十年間以上にわたって、さまざまな形で成立してきたことへの想像力が求められていよう。

ここで先行研究に従いながら、二種類の人びとの人数を確認しておきたい。まず「不法入国検挙者」数は、一九四六年(四月〜十二月)は一万九一〇七人、一九四七〜四九年では、年平均で七三九六人にのぼり、その後一九五〇年代では年平均で一九五八人、一九六〇年代では同じく一二六一人となっている(8)。いわゆる「密航者」の実数を推定することは不可能であり、その一部が現行犯として、または事後に検挙されることになるのだが、その際、法務省が、一九四六年四月〜十二月について、検挙者に「数倍した者が潜入したであろうと推測される(9)」と述べていることは、イメージを描くうえでひとつの参考となるだろう。

次に強制送還者の人数を見よう。一九四六年(四月〜十二月)は二万六〇三二人、一九四七〜四九年では、年平均で六九六五人にのぼり、その後一九五〇年代では年平均で一四九五人、一九六〇年代では同じく一二二六人となっている(10)。

「不法入国検挙者」数も強制送還者数も、一九四六年がもっとも多く、以後、数字の上では減少傾向を示している。しかし私はむしろ、一九五〇年代、六〇年代においても、年間平均で一〇〇〇人を超える人びとが検挙され、また強制送還されていたという事実をこそ重く受けとめたい。たとえば不法入国といっても、水際で検挙されたケースもあれば、何年も経てから摘発を受けたり「自首」する場合もあり、これらの人数を的確に関連づけることは困難である。しかしながら、こうした諸相は、戦後史研究の中でほとんどといっていいほど光を当てられることはなかった。[11]だが帝国日本の存立中だけでなく解体のあとも、生活の中で越境を求める動きは当然のこととして続いていた。そしてそれを新しい国境線と法体系をもってコントロールしようとする権力の発動との緊張の中で、戦後史の基底の重要な一部が構成されていたのである。

第三節　「猪飼野」との向き合いかた——写真集・写真展を手がかりに

二〇〇三年四月に、フリーカメラマン・曺智鉉による『曺智鉉写真集　猪飼野——追憶の一九六〇年代』(新幹社)が刊行された。同書には、曺が撮りためた一万八〇〇〇点という膨大な写真の中から選び出された一一一点のモノクロ写真が収められている。

「猪飼野」は、一九二五年からは大阪市東成区内に含まれ、一九四三年の生野区の新設以降は同区内に位置し、日本で最大規模の朝鮮人集住地として知られる地域である。一九三〇年代初頭には、この地域は零細なゴム工場の密集地帯として大阪ゴム工業の中核地を担ったが、ほぼ同時期に済州島をはじめとする朝鮮から、地縁・血縁をたよって猪飼野に入り、職を求めるという流れが強まっていった。やや強引に図式化すれば、済州島と大阪を結ぶ定期航路を媒介にして、①済州島の農・漁村⇕②猪飼野における済州島民の経営する下宿屋を中心とする生活世界⇕③猪飼野の中小零細工場における労働世界、という構図がこの時期には成立していたのである。その後、下宿屋を出て、間借りなどをしながら家族生活を営む傾向が目立つようになるが、現在にいたるまで、「猪飼野」地域は、日本における済州島出身者の中心的な居住地であり続けている。

この曺智鉉の写真集の中から四九点をパネルにして展示した写真展が、二〇〇三年五月十六日〜十九日に、東大阪市の市民会館において、また二〇〇三年十月二日〜六日には、大阪市生野区にある大阪市立御幸森小学校において開催された。いずれの写真展でも、その運営の中心を担ったのは、在日朝鮮・韓国人の児童と日常的に接し、子どもたちが拉致問題などで醸成される民族排外的な雰囲気の中で生きる苦しさに直面していることを実感している朝鮮・韓国側および日本側の教師や住民たちであった。東北アジアをめぐる情況が緊迫しているからこそ、猪飼野写真展をやりたい、というやむにやまれぬ強い希望が実現し、どちらの展示会も盛会であった。

ここで私は、この写真集と写真展をひとまとまりのものとして考えたい。そしてそれらに刺激され開かれていく幾筋かの思考について提示し、議論の素材としたいと思う。

まず写真に接した人びとの目をひきつけるのは、濃密な民族空間としての猪飼野であろう。とくに民族衣装を着て颯爽と街を歩く姿は、この街に生きてきた朝鮮の人びとの原風景ともいえるものである。背筋をまっすぐに伸ばしている人もいれば、一九六〇年代後半に流行だったという小型のビーズのセカンドバッグを手にして、結婚式にでも行くのかと思われる写真もある。

二〇〇三年五月の東大阪の展示場では、ある女性が駆け込んできて、「写真集に出ているこの人はアボジだ」と係の人に訴えている場に出会った。父が亡くなったのが一九七一年であるとのことだが、この写真群は一九六五～七〇年に撮影されたものなので、この写真はその方が亡くなる少し前の姿ということになる。父が仕事柄、毎日のように使っていた屋号入りの厚地の前垂れを締めている姿が写っているのを見つけた。改めて、きょうだいで確認したが、間違いないということだったので、そのことを告げるために翌日再び会場に来られたという話だった。似たような場面は、十月の生野区の展示場でも目にした。写真展の会場が、朝鮮・韓国をルーツとする生徒が約八割を占め、猪飼野の中心部にある御幸森小学校であったために、写真に写し出された肉親や知人の顔、思い出の場所などに見入る人びと、そして語り合う人びとが目立った。猪飼野の街を題材にしたこれらの写真から読み取れる人びとの生活は、撮影時を超えて、過去にさかのぼり、また現在にまで投影されている。

猪飼野出身ということを隠さないと生きにくい時代があった。だが毎年秋の開催が心待ちにされ、二〇回を迎えて一応の区切りをつけた生野民族文化祭（一九八三～二〇〇二年）の継続などにみられるように、生野ないし猪飼野を前面に出した民族的活動も、近年、地道な浸透を示しているように思われる。とはいえ、近年の北朝鮮非難の嵐のなかで、「朝鮮」という言葉を発すること自体がきびしい緊張感にさらされているときく。こうした情況のもとで、在日の当事者たちが、自らの生きてきた日本の「故郷」としての猪飼野について、その地をふりかえり、何らかの形で肯定的にみることができるなら、

朝鮮市場の光景 1(『曺智鉉写真集　猪飼野―記憶の 1960 年代』新幹社，より．曺智鉉氏所蔵)

それはきわめて大切なことのように思う。

けれども、この写真集を前にしている私の位置は異なる。この写真が撮影された一九六〇年代後半という時代に、猪飼野という街自体をまったく知らなかった自分には、いわゆる郷愁とは質的に異なる姿勢で、この写真群に接することが求められているだろう。この写真群とどう向き合うのか。それはとりもなおさず猪飼野とどう向き合うのか、そして在日朝鮮人とどう向き合うのかという問題を考えていく作業でもある。それは〈ある時間、ある空間〉という「時代」の照り返しに、自分の身体と思考をもってどのように反応するのか、という問題として受けとめることができるのかもしれない。そういう観点から、写真集を眺めたり写真展に足を運んで感じ取ってきたいくつかの点を述べよう。

そのひとつは、猪飼野の中にある御幸通商店街で、朝鮮語の新聞を眺めながら店番をする若い男性と、買い物かごをさげて歩いている女性を写し撮った一点から受けた刺激である。女性は、下駄をはいており和服の上に割烹着という姿からみて日本人かと思われる(ただし青年が『朝鮮新報』を読んでいることは、写真集では不明である。製本上、一定のサイズの中に写真をおさめた結果、端に写っている部分がカットされたためだが、写真展に展示された、元来のネガを拡大したパネル写真には青年が手にした新聞が確かに写っている)。この商店街が「朝鮮市場」と呼ばれるほどの濃厚な民族的空間を保ちながら、そこは同時に、当然のこととして日本人居住者もまた日常的に利用してきた市場でもあるのだ。日本人と朝鮮人が日常的に顔を合わせていたことは、たとえば路地裏に自転車でやってきた紙芝居屋を食い入るように見つめる幾人もの子どもたちの真剣な表情を鮮やかにとらえた写真にも、あるいは「朝鮮服・服地」「ホルモン料理」と並んで「丼物一式・めし」という看板を出している店が軒を連ねる商店街を斜めから撮った写真にも、それぞれの姿で示されている。当たり前のこととして、くらしの中での両者の交錯があったのである。この単純だが重い事実を避けることはできない。

異なる文化を背景とする者たちの日々のくらしにおける出会いは、人びとの間の親しみを深める場合もあろうが、支配的勢力の側による少数者に対する露骨な排除、意識的・無意識的な同化の圧力、さらには無関心あるいは自分とは関係ないという形での無視という形をとっての態度表明などとしてあらわれることの方がはるかに多い。その複雑なあり方や具体的な関係性の中に、想像力を働かせつつ自らの立ち位置をさぐっていくこと。そのことの意義を、曺智鉉写真集は改めて突きつけている。

たとえばなぜ猪飼野界隈では四月に各家庭で祖先祭祀(チェサ)が多く、その関連商品の売上げがふえるのかという問題は、一九四八年の済州島四・三事件と深い関係がある。とくに生野区在住の朝鮮・韓国人の中では、済州島出身者の比率は傑出して高い。つまり済州島と大阪、朝鮮半島と日本、さらには東アジアの情勢が個人・家族・親族の個々の歴史の中に影を落としているのである。また戦後に来阪した人びとの生活の中に、国境をまたぐ血縁・地縁のつながりと、国境をまたぐ国家権力の重圧とが影響してきた事実は、私自身、一九八〇年代から九〇年代初めにかけて同区内に居住した者として目にし耳にしたことであった。

さて朝鮮市場の雑踏にレンズを向けながら、ひとつの時代を象徴的に写し取ったとしか言いようのない二枚一組の風景がある。写っているのは、いずれも市場の道路上に張られた大きな横断幕であるが、一方は、「期限が過ぎて後悔しないよう永住権をはやく申請しよう」と記した韓国民団側のものであり、他方は、「死の申請〈永住権〉を取り消して傀儡〈韓国籍〉を朝鮮へなおそう」と記した朝鮮総聯側のものである。これらの二枚の写真が、南北の民族団体間の対立を緊迫した雰囲気の中で写し出しているのは明らかだが、認識を両者の対立の構図だけに押し込めてしまっては、日本社会がかかえていた問題のありかをとらえそこなうことになる。そもそもこの横断幕に記載されている「申請期限　昭和四六年一月一六日」とはいかなる日であったのか。

一九六五年の日韓条約に伴って成立した在日韓国人の法的地位協定(「日本国に居住する大韓民国国民の法的地位及び待遇に関する日本国と大韓民国との間の協定」)に基づき、韓国の在外国民登録をした者に限り、日本の法務大臣が本人の申請を審査して、永住資格を付与したのが協定永住権とよばれるものであり、その結果、元来同じ歴史的背景をもつ在日朝鮮人の間に分断が持ち込まれることになった。韓国籍の取得を前提とするこの申請は、一九六六年一月十七日から五年間に限り認められていた(その後、一九八一年の入管令改正によって差別待遇の改善がはかられ、一九九一年の入管特例法によって植民地支配の同じ歴史的背景をもつ在日朝鮮・韓国人が「特別永住者」として一本化される)。その最終申請日が

朝鮮市場の光景2(『曺智鉉写真集　猪飼野—記憶の1960年代』新幹社，より．曺智鉉氏所蔵)

「一九七一(昭和四六)年一月一六日」であり、申請をするかしないかをめぐって、家庭・親族の内部で、また猪飼野の街頭で、激しい葛藤や衝突があったという。一九七〇年前後といえば、世界的にも、また日本でも学生運動や反戦労働運動などが盛り上がっていた時期であった。しかし、在日外国人の法的権利に直結する「一九七一(昭和四六)年一月一六日」という問題は運動の中で充分に意識されていたのであろうか。さらには在日外国人の労働権、生活権、教育権といった、それぞれが具体的な顔を持つ個別の問題についてどこまで自覚していたのかという点は、改めて点検される必要がある。華僑青年闘争委員会の告発(一九七〇年七月七日)をはじめとする深刻な提起[12]が在日中国人や朝鮮人からなされたにもかかわらず、日本の社会運動の中で唱えられた「入管体制の解体」というスローガンは、実は具体的内実を欠落することが多いまま、空を切っていったのではなかったか。

ほぼ同時期に生野区で進行していたある事態は、在日外国人の生活の深部に日本側の意識が及ばなかったどころか、民族排外意識が根深く組織されたことを示していた。その事態とは、一九七三(昭和四八)年二月一日をもって、行政区画の名称としての「猪飼野」が消滅したことである。猪飼野という地名は、「朝鮮人の街」というイメージがあるので、そういうレッテルに反発する地域在住の日本人たちの声を背景にして、猪飼野東一丁目～十丁目、猪飼野中一丁目～八丁目、猪飼野西一丁目～四丁目という町名が、近隣の地名に吸収される形で完全に消滅したのであった。当時、猪飼野東六丁目に住んでいた小山仁示によれば、同町は三つに分割解体されて、中川西三丁目、中川四丁目、中川六丁目に所属がえになった。ある市議会議員が、「猪飼野の町名を変える」ことを公約の一つとして当選したという事実は、地域の「要望」の質を如実に反映するものである。(13)

こうした経緯をふまえるならば、「一九七一(昭和四六)年一月一六日」と「一九七三(昭和四八)年二月一日」というふたつの日付けは、大阪の朝鮮人の歴史を、日本人と混住する地域の生活空間をおおう権力関係に即してとらえようとするとき、忘却してはならない重要な節目であると考えるべきであろう。

第四節　おわりに

以上簡略に述べてきたように、曺智鉉写真集・写真展は、「猪飼野」に焦点を据えながら、地理的名称としての猪飼野を超えて、さまざまな出来事を想起させ、記憶をゆさぶる力をもっている。それは、一九六〇年代後半という特定の時代を超えて、朝鮮・韓国をめぐるイメージを喚起させる。しかも、国境を越えて作動する暴力にさらされながら、越境する人びととの流れのなかで形成されてきた帝国都市・大阪の歴史と現在の姿を改めて浮かび上がらせるのである。とするならば、写し出された時空間に単純に感情移入して、民族と人生の哀歓が切り取られているといって、この写真集を閉じてしまうことはできない。また生きるのにたくましい庶民の街が描き出されていると、まとめあげてしまうこともできない。一枚一枚の写真の中に、また写真展に足を運んだ人びとの中に、日本人と朝鮮人の間で、またそれぞれの内部の間で、さまざまな分断が積み重なり、矛盾が照らし出されざるを得ない、錯綜した水脈を探るような読み方が求められているのではないだろうか。そしてこのことは、大阪の断面を紹介する新聞記事や、あるいはドキュメンタリー・フィルムの見かたについても妥当するのではないだろうか。

一九二〇年代後半以来現在にいたるまで、在日朝鮮・韓国人の集住地域である「猪飼野」という現場において、東アジアの国際政治が、さまざまな影を落としてきたことは明らかである。だが諸々の節目となるような出来事が、朝鮮半島と日本をめぐる国際関係史の大文字の文脈だけではなく日常生活史の文脈において論じられるとき、そしてまたそれらの節目に何らかの態度を示した(あるいは示さなかった)地域の人びとの相互関係の中で具体的に論じられるとき、「猪飼野」は、文字通り幾重にも深い交錯を刻み込んだ民族関係の実践的な場として、改めて立ち現れてくるだろう。

私は、本稿をささやかな個人的経験の紹介から始めた。それは、小さなことではあるが、ある根源的な経験でもあった。そして大阪という場にこだわりながら、新聞記事、ドキュメンタリー・フィルム、写真集・写真展といったさまざまなメディアを手がかりにして、暴力の中の越境と生活の中の越境が重畳しあいながら、軋むように登場してくる問題の所在を明らかにしようと試みた。こうした紹介と考察を通じて、私は次の三つの認識を抱くにいたった。第一は、研究する主体、記述する主体、言葉を発する主体そのものが、実はある一定の歴史と社会と文化の関係性の中に組み込まれており、だからこそ、その主体が絶えず問い直されるということである。

第二は、この個別の経験を、特定の概念や原理から演繹して説明するのでもなく、また個人の特殊な物語として特権化してしまうのでもないような研究と記述のスタイルが求められるということである。「多文化共生」という言葉が流行して久しい。今や誰もが賛同し、何ものをも呑みこんでしまう感のあるこの巨大な器に対して、私は、困難な状況でさしあたり個人の声として囁かれるような小さな動きに注目し、それらの繫がりに留意したい。

そして第三は、帝国日本の解体は、一九四五年八月十五日をもって截然と区切られるものではないという、ごく当然な事実である。新たな国家権力の形態は、米ソの思惑に規定されつつ、アジア各地で澎湃と構想され、成立し、また挫折した。そうした中で、人びとの生活は、帝国の足かせを引きずり、それを切断突破し、またそれゆえに潰された。帝国日本の解体の前、その渦中、そしてその後に、さまざまに変容しながら人びとの生を刻印し続けてきているものを、長い歴史的射程において照射する作業は、取り組むべき課題であり続けているように思うのである。

注

（1） 以下の歴史的事実については、杉原達『越境する民――近代大阪の朝鮮人史研究』新幹社、一九九八年、を参照。また在日朝鮮人史に関する近年の総合的著作として、谷富夫編著『民族関係における結合と分離――社会的メカニズムを解明する』ミネルヴァ書房、二〇〇二年、外村大『在日朝鮮人社会史の歴史学的研究』緑蔭書房、二〇〇四年、がある。なお谷編著については、『部落解放研究』第一五四号(二〇〇三年十月)所収の私の書評を参照。

（2） 強制連行については、近年、研究が深まっている。山田昭次・古庄正・樋口雄一『朝鮮人戦時労働動員』岩波書店、二〇〇五年、内海愛子・上杉聰・福留範昭『遺骨の戦後――朝鮮人強制動員と日本』岩波書店、二〇〇七年、『季刊　戦争責任研究』第五一号(二〇〇六年三月)、第五五号(二〇〇七年三月)を参照。

（3） この点については、曺智鉉氏との度重なる対話において、大きな示唆を得た。

（4） 梁祚勲「韓国における〈歴史の和解〉――『済州島四・三事件真相調査報告書』と盧武鉉政権」(訳／解説・文京洙)『世界』二〇〇三年一二月号、二四三ページ。文氏のご教示によれば、この数は少なく見積もっての人数という。なお事件に関する新しい文献として、文京洙『済州島四・三事件――「島のくに」の死と再生の物語』平凡社、二〇〇八年、角南圭祐

「虐殺の島から大阪へ――済州四・三事件解明の取り組み」『世界』二〇〇八年六月号、を参照。重要な問題提起として、金成禮「国家暴力と性の政治学――済州四・三虐殺を中心に」(板垣竜太訳)『トレイシーズ』第二号(二〇〇一年)。

(5) 『毎日新聞』および『朝日新聞』の一九六五年十一月七日付のテレビ欄を参照。

(6) 最近の報道として、「密航で国外退去を迫られる金さん一家」『毎日新聞』二〇〇七年八月五日。

(7) 梶村秀樹「定住外国人としての在日朝鮮人」『思想』一九八五年八月号、二六ページ。『梶村秀樹著作集 第六巻 在日朝鮮人論』明石書店、一九九三年、一八ページ、に再録。

(8) 外村、前掲書、三七〇ページ。

(9) 法務省入国管理局『出入国管理とその実態』一九六四年、一三ページ。外村、前掲書、三七一ページも参照。

(10) 外村、前掲書、三七〇ページ。

(11) 最近の注目すべき以下の研究を参照。小林聡明「帰還・密航・送還――GHQ占領期における在日朝鮮人の移動とメディア」『東アジア近代史』第一〇号(二〇〇七年三月)、および玄武岩「密航・大村収容所・済州島――大阪と済州島をむすぶ『密航』のネットワーク」『現代思想』第三五巻第七号(二〇〇七年六月)、さらに蘭信三編著『日本帝国をめぐる人口移動の国際社会学』不二出版、二〇〇八年、所収の以下の諸論文。外村大「日本帝国の渡航管理と朝鮮人の密航」、伊地知紀子・村上尚子「解放直後・済州島の人びとの移動と生活史――在日済州島出身者の語りから」、福本拓「アメリカ占領下における朝鮮人『不法入国者』の認定と植民地主義」。

(12) 呉焜欽「入管闘争をめぐるわれわれの立場」『構造』一九七〇年七月号。

(13) 小山仁示「猪飼野と平野川」『ヒューマンライツ』第一八七号(二〇〇三年十月)。

あとがき

ドイツ近代史の分野において研究を開始した私は、民族問題に対して以前から関心を持ち続けてきた。前著『オリエントへの道――ドイツ帝国主義の社会史』(藤原書店)でも、問題意識の中では、民族排外主義の社会的意味を問うことが、大きな位置をしめていた。私は朝鮮民族史や在日朝鮮人史を専門としてきたわけではないが、それでもいつかこの問題を、自分の生きる場に即して考えてみたいという思いは、その後少しずつ大きくなってきた。このことを具体的な形をとって進めるに至ったのは、一五年前のふたりの梁さんとの出会いからである。

お一人は梁永厚先生である。先生は、関西大学の先輩にあたり、これまでさまざまな質問に常に丁寧に答えてきて下さった恩人だが、先生の温かくも厳しいエッセイ「朝鮮人の多い街・『猪飼野』の昨今」(『思想の科学』一九八三年十一月号)は、忘れようにも忘れられない論説である。そこでは、大阪と済州島の深い関係が描かれるとともに、生野の「民族祭り」の企画の進行のかげで、この地域に「日本的復権」の動きが見られることに警鐘をならされた上で、「帳をともにあげ、心琴の弾みをつけ合う関係を急いでつくっていきたいと思う。日本人側の応答を望むものである」と結ばれていた。この末尾の一文にせき立てられ、突き動かされるようにして、私は思い切って先生に連絡をとり、そして街を歩き出し、まずは「君が代丸」について一から調べ始めたのである。多くの資料に「尼ヶ崎汽船」と記されている尼崎汽船部の「尼崎」を、大阪市に隣接する尼崎市所在の船会社と思い込んでしまい、それが人名であると気づくまでに費やした時間は、正直なところ、短いものではなかった。

もうお一人は梁川(梁)儀昭さんである。梁川さんは、常に軽妙な語り口で、くらしと仕事と卓球と、そして何よりも人情の機微を話してくれる兄貴分であり、お互いの子どもたちが通う今里の東中川小学校ＰＴＡ卓球部員として、生野区ＰＴＡダブルス卓球大会で精一杯戦って勝ち取った優勝は、私にとって忘れがたい思い出である。梁川さん自身は戦後の生まれだが、父君が、やはり「君が代丸」に乗って来られたお一人であった。なじみの居酒屋でのいつもながらの楽しい語らいのなかで聞いた、「まあ言うたら、あの船が自分たちのここでのくらしをもたらしたんやな」というさりげない述懐が、実は本書の組み立てに影響していることを、目を通して下さった方は理解していただけるであろう。

このようなきっかけから始めた調査研究のねらいについては、序章と終章に記したとおりである。

ここで本書のタイトルについて一言しておきたい。『越境する民――近代大阪の朝鮮人史研究』というからには、近代大阪から出ていった人びと、入ってきた人びととの織りなす、さまざまに多面的な行き交いが念頭におかれてしかるべきであろう。在阪朝鮮人史は、いうまでもなくその一部ではあるが、だがしかし近代大阪にとって最大の「越境する民」であり続けてきたにちがいない。独自の歴史と文化を背負った朝鮮の人びとが、植民地支配をはじめ国民国家の圧倒的な規制を受けてさまざまな意味で鎖にしばられたり、あるいは逆にこれに抗って鎖をふりほどいたりしてきたダイナミックな苦闘のなかでこそ、他ならぬ「近代大阪」が作りだされてきたありさまを、本書は問題としてきたつもりである。こうした方法意識は、一国史的枠組みを乗り越え、二十一世紀に向かって新たに立ち向かうべき文化交流史研究にとって、不可欠なものであろう。そうした意気込みを込めて掲げた看板であると考えていただければ幸いである。

本書の各章は、既発表の論稿に、全面的な加筆修正を加えた上で構成されているが、関係する論稿を執筆順に掲げておきたい。

「在阪朝鮮人の渡航過程――朝鮮・済州島との関連で」杉原薫・玉井金五編『大正／大阪／スラム――もうひとつの日本近代史』新評論、一九八六年（増補版、一九九六年）、所収。

「旧制関西大学に在籍した朝鮮人学生の修学状況」『関西大学人権問題研究室紀要』第一三号、一九八六年。

"Colonial Voyages to the "Manchester of the Orient": A Social History of the Korean Migration to Osaka, 1923-1945", in: *Kansai University Review of Economics and Business*, Vol. 20, No. 2, 1992.

「大阪・今里からの世界史」板垣雄三編『世界史の構想』朝日新聞社、一九九三年、所収。

「在阪朝鮮人の定着過程――大阪市東成区ゴム工業における朝鮮人労働者を中心に」『大阪産業経済の研究』関西大学経済・政治研究所研究双書、第九四冊、一九九五年、所収。

「朝鮮人をめぐる対面=言説空間の形成とその位相――一九三〇年代の大阪を中心に」伊豫谷登士翁・杉原達編『日本社会と移民』明石書店、一九九六年、所収。

"The Integration of Koreans into Japanese Urban Environment――The Growth of Foreign Workforce in the Rubber Industry of Prewar Osaka", in: *Nihon Gakuho*, Osaka University, Faculty of Letters, No. 15, 1996.

「春玉たちの大阪――在阪朝鮮人史研究序説」『ほるもん文化』新幹社、第七号、一九九七年。

最後になるが、証言をいただいた方々、本文や注で記載した方々をはじめ、執筆にあたってご教示を受けてきた方々に改めて謝意を表させていただきたい。

故・朴慶植、曺基亨、韓晳曦先生は、朝鮮史専攻ではないため、直接の指導を受けることを控える私を叱咤激励するように、専攻なるものの垣根を越えて分け隔てなくご教示をいただいた。心より先生方に追悼の意を表したい。そして同じく貴重なご教示をいただいた李哲、金石範、姜在彦、辛基秀、金賛汀先生に御礼申し上げたい。とくに李哲先生は、版元の高二三さんを通じて初稿にわざわざ目を通して下さり、厳しいご叱正をいただいた。身に余る光栄である。

今里の近くの新深江で溶接業を営み、生野・東成・東大阪の地場産業の実情に詳しく、民衆史を歩いてつくろうとしている清水良平、天使の園保育園とアジア・ハウスの辻本慶子・重哲雄、ものにならない朝鮮語を毎週月曜日夜に教えてくれた李東石と、共に学んだ山田隆嗣、「代書」の世界について私の眼を開かせてくれて以来、上方芸能に関する資料収集や聞き取りの裏方を黙々とつとめてくれた吉田太郎、論文の内容や構成について忌憚ない提言を出してくれた高正子・佐藤典子・宋英子、個別論文の執筆過程で編集者の立場からご意見を頂戴した藤原良雄・大内要三、そしてなにわ民衆史の生き字引き・平井正治の諸先輩・友人に感謝する。執筆の最終段階で思いもかけず病を得た時に、的確に導いてくださった生野の精神科医・荒川幸博医師の他、名前を省略させていただくが、さまざまな意味でお世話になってきた共同作業所こさり、同ウィールチェアー、いどばた共同保育所、じゃがいも学童保育所、東中川小学校ＰＴＡ卓球部の皆さんに深謝する。

また現在の職場である大阪大学文学部、ならびに以前の職場である関西大学経済学部（および人権問題研究室、経済・政治研究所）のスタッフの方々のご援助に、心よりお礼を申し述べたい。

本書を、困難な出版状況の中で文字通り孤軍奮闘する済州島出身二世の高二三さんの新幹社から刊行できることを、今私は本当に嬉しく誇りに思っている。高さん、つきあい続けてくださって、ありがとうございました。

一九九八年七月

杉原　達

岩波現代文庫版あとがき

本書の原著は、『越境する民――近代大阪の朝鮮人史研究』として、一九九八年九月に新幹社より刊行された。このたび、新幹社の高二三さんが岩波書店に再版の可能性について打診してくださり、岩波現代文庫編集長の吉田浩一さんが増補版という形で受け入れてくださったことから、新たな装いで出版されることになった。

付け加わったのは補章である。これは、増谷英樹編『移民・難民・外国人労働者と多文化共生――日本とドイツ／歴史と現状』(有志舎、二〇〇九年)に寄稿した論文「在日朝鮮人の歴史的形成・展開と日本の社会意識――大阪の場から考える」のタイトルを変更し、若干の修正を加えたものである。原著の問題意識を継承した論文であり、本書の内容をより立体的に示すうえで意味があると考えて、この機会に補章として編入した。

また本文のほうでは、原著の第二刷(一九九九年二月発行)にみられた誤字などの訂正につとめるとともに、内容上の改訂を試みたので、その点について記したい。一九九九年秋に、「君が代丸」の関係者である金秉浩氏の五男・金必煕さんから連絡をいただき、東京の金さんのお宅をお訪ねした。話題の中心は、ご兄弟の金秉浩・金秉訓両氏に関わる事実関係と歴史的評価であった。金さんは、私の引用した証言や両人の位置づけに誤りがあることについて詳しく指摘され、その後もご親族の間で交わされた会話の記録や、族譜をはじめとする文献資料、さらに貴重な写真を幾度も送付してくださった。長く本書を改訂する機会がなかったが、今回の刊行に際して、自身の考え方を整理して、不充分ながら提示した。長期にわたって非礼を重ねた金必熙さんおよびご親族にお詫びを申し上げたい。

岩波現代文庫版への収録にあたり、本書の問題意識や分析・記述の方法について補足をしておきたい。執筆時に考えていたことに加えて、その後の教育研究活動の中で向き合った論点もあわせて記すことにする。

私は、勤務校の日本学講座で「文化交流史」という授業科目を担当することが多かった。その内容はさまざまだったが、底流にあるモチーフは「越境する人びと／交錯する文化」の諸関係を具体的に確かめるところにあった。つまり近現代日本を、世界とくにアジアとの関係を意識しながら異文化交流の相互作用の中でとらえること、とりわけ人の移動・越境が文化の接触や交流・摩擦にどのように関連しているのかを検討することをめざしたのである。在日・在阪朝鮮人史は、もとより重要なテーマのひとつであった。と同時に、その歴史を、隣接する異なるテーマとあわせて論じるところに、この授業の持ち味を出そうと考えたのであった。ここでは、やや一般的な形でこうした問題の立て方について述べてみたい。

移動に関わる研究は多彩であり、移民研究もそのひとつであって、その蓄積は分厚いものがある。だが、〈モノ〉の移動、〈カネ〉の移動、〈情報〉の移動と並ぶ形で、〈ヒト〉の移動はそれらと同列に論じられるのだろうか。人というのは、脱色され得ない存在ではないだろうか。人の移動という観点から世界や歴史をとらえるということは、貿易論や海外投資論、情報メディア論、国際関係論等に、移民研究をプラスアルファとして付け加えることではない(この点は、伊豫谷登士翁編『移動という経験――日本における「移民」研究の課題』有信堂高文社、二〇一三年、ほか、同氏の研究に触発されてきた)。

また境界についてもきびしく考える必要があるだろう。国境の設定はきわめて政治権力的で暴力的な線引きだが、さまざまな分断線(境界)を突破しようとする主体のこまやかな動きにも注目してこそ、文化交流史的、越境文化論的な問題領域が浮かび上がってくると思う。

では、どのような方法で問題を掘り下げるのか。試行錯誤しながら私は、個別の出来事を、法則の一つの事例として分類・配置・了解する傾向でもなく、百人が百人の異なる物語をもつというところで分析を閉じる傾向でもなく、関係の中で、文脈の中で、重なりあい絡まりあう姿を見出していく具体的な作業が求められるのではないかと考えるようになった。大げさにいえば、移動をめぐる人びとの歴史経験の痕跡から「日本」を照射するという試みである。ある個別の経験の中に、政策、制度、立法、あるいは戦争の痕跡がいかに埋め込まれ、刻み込まれ、そしてそこに矛盾、葛藤、断念があることを、そして密かに希望が潜在しているかもしれないことを、痕跡に即して具体的に記述していく方法を探ろうとした。本書で繰り返し言及した「君が代丸」は、まさにそうした痕跡のひとつに他ならない。

補章の冒頭に記したように、ドイツ留学の体験は私の問題意識に深く刻まれ、帰国後、経験という領域に向き合う道を模索し始めた。大阪市生野区における日常生活の中から、対面関係の歴史が今に痕跡を残すような問題を探り出し、自分なりに咀嚼しながら考え行動するスタイルを心がけようとした。具体的な社会矛盾の先端に問題意識を鋭く設定して、それを「学術研究の言葉」と「日常生活の言葉」の両方において展開すること。困難は承知で、その二つの水路を同時に切り開くことこそ、自分のやり方であり課題だと信じてきた。その気持ちは今にいたるまでかわらない。

では、研究の言葉と生活の言葉を、どのように語り出していくのか。両者を架橋するのは容易ではない。両者の関係はこうであると整理して提示するのではなく、方法としては、試行錯誤の具体的な過程を示し書き連ねていくことが、ひとつの道ではないだろうか(この点は、大門正克『増補版　民衆の教育経験――戦前・戦中の子どもたち』岩波現代文庫、二〇一九年、ほかの著作に学ぶとともに、同氏との対話から示唆を得てきた)。
学術研究の言葉と日常生活の言葉。両者を意識的に入り組ませるような思考スタイル、研究の言葉の中に生活の言葉が、生活の言葉の中に研究の言葉が、摩擦をかかえながら、問題として何かを新たに差し出していくような方向性はないだろうか。こうしたことを考えるなかで、原著の副題にあった「研究」という言葉を本書では削除することにした。研究の言葉と生活の言葉は二者択一ではないという思いからである。

序章の冒頭で、落語家・桂米團治について紹介した。あとがきを結ぶにあたり、近年の動きについて記しておこう。「代書」初演から七〇年の節目にあたる二〇〇九年五月二日に、「四代目桂米團治顕彰碑」除幕式と記念落語会が大阪市東成区で開催された。碑は、かつて米團治の住居兼仕事場であった中濱代書事務所の跡地で、現在は東成区役所内に編入されている場所に建立された。碑には「儲かった日も代書屋の同じ顔」という本人直筆の川柳が刻まれている。午後の記念落語会では、前年に五代目を襲名した米團治が、(旧)東成区民ホールで「代書」を原型のままに熱演して、参加した多くの聴衆の拍手喝采を浴びた。地域に根づいた芸能の歴史を大切にする「東成芸能懇話会」をはじめとする市民の力が、こうした活動を支えてきたことの意義を深く感じることができた一日であった。

本書の刊行にあたってたいへんお世話になった吉田浩一さんと高一三さんには、改めて心よりお礼を申し上げたい。

二〇二二年六月

杉原　達

本書は一九九八年九月、『越境する民――近代大阪の朝鮮人史研究』として新幹社から刊行された。「岩波現代文庫」への収録に際し、書名を『越境する民――近代大阪の朝鮮人史』とあらため、「在日朝鮮人の歴史的形成・展開と日本の社会意識――大阪の場から考える」（増谷英樹編『移民・難民・外国人労働者と多文化共生――日本とドイツ／歴史と現状』有志舎、二〇〇九年）を「補章」として収録し、「岩波現代文庫版あとがき」を付した。

越境する民 近代大阪の朝鮮人史

2023年3月15日 第1刷発行

著 者 杉原《すぎはら》 達《とおる》

発行者 坂本政謙

発行所 株式会社 岩波書店
〒101-8002 東京都千代田区一ツ橋2-5-5

案内 03-5210-4000 営業部 03-5210-4111
https://www.iwanami.co.jp/

印刷・精興社 製本・中永製本

ISBN 978-4-00-600463-7 Printed in Japan

岩波現代文庫創刊二〇年に際して

二一世紀が始まってからすでに二〇年が経とうとしています。この間のグローバル化の急激な進行は世界のあり方を大きく変えました。世界規模で経済や情報の結びつきが強まるとともに、国境を越えた人の移動は日常の光景となり、今やどこに住んでいても、私たちの暮らしは世界中の様々な出来事と無関係ではいられません。しかし、グローバル化の中で否応なくもたらされる「他者」との出会いや交流は、新たな文化や価値観だけではなく、摩擦や衝突、そしてしばしば憎悪までをも生み出しています。グローバル化にともなう副作用は、その恩恵を遥かにこえていると言わざるを得ません。

今私たちに求められているのは、国内、国外にかかわらず、異なる歴史や経験、文化を持つ「他者」と向き合い、よりよい関係を結び直してゆくための想像力、構想力ではないでしょうか。

新世紀の到来を目前にした二〇〇〇年一月に創刊された岩波現代文庫は、この二〇年を通して、哲学や歴史、経済、自然科学から、小説やエッセイ、ルポルタージュにいたるまで幅広いジャンルの書目を刊行してきました。一〇〇〇点を超える書目には、人類が直面してきた様々な課題と、試行錯誤の営みが刻まれています。読書を通した過去の「他者」との出会いから得られる知識や経験は、私たちがよりよい社会を作り上げてゆくために大きな示唆を与えてくれるはずです。

一冊の本が世界を変える大きな力を持つことを信じ、岩波現代文庫はこれからもさらなるラインナップの充実をめざしてゆきます。

（二〇二〇年一月）

岩波現代文庫［学術］

G425
岡本太郎の見た日本
赤坂憲雄

東北、沖縄、そして韓国へ。旅する太郎が見出した日本とは。その道行きを鮮やかに読み解き、思想家としての本質に迫る。

G426
政治と複数性
―民主的な公共性にむけて―
齋藤純一

「余計者」を見棄てようとする脱‐実在化の暴力に抗し、一人ひとりの現われを保障する。開かれた社会統合の可能性を探究する書。

G427
増補 エル・チチョンの怒り
―メキシコ近代とインディオの村―
清水透

メキシコ南端のインディオの村に生きる人びとにとって、国家とは、近代とは何だったのか。近現代メキシコの激動をマヤの末裔たちの視点に寄り添いながら描き出す。

G428
哲おじさんと学くん
―世の中では隠されているいちばん大切なことについて―
永井均

自分は今、なぜこの世に存在しているのか？友だちや先生にわかってもらえない学くんの疑問に哲おじさんが答え、哲学的議論へと発展していく、対話形式の哲学入門。

G429
マインド・タイム
―脳と意識の時間―
ベンジャミン・リベット
下條信輔
安納令奈 訳

実験に裏づけられた驚愕の発見を提示し、脳と心や意識をめぐる深い洞察を展開する。脳神経科学の歴史に残る研究をまとめた一冊。〈解説〉下條信輔

G430
被差別部落認識の歴史
―異化と同化の間―
黒川みどり

差別する側、差別を受ける側の双方は部落差別をどのように認識してきたのか――明治から現代に至る軌跡をたどった初めての通史。

G431
文化としての科学/技術
村上陽一郎

近現代に大きく変貌した科学/技術。その質的な変遷を科学史の泰斗がわかりやすく解説、望ましい科学研究や教育のあり方を提言する。

G432
方法としての史学史
―歴史論集1―
成田龍一

歴史学は「なにを」「いかに」論じてきたのか。史学史的な視点から、歴史学のアイデンティティを確認し、可能性を問い直す。現代文庫オリジナル版。〈解説〉戸邉秀明

G433
〈戦後知〉を歴史化する
―歴史論集2―
成田龍一

〈戦後知〉を体現する文学・思想の読解を通じて、歴史学を専門知の閉域から解き放つ試み。現代文庫オリジナル版。〈解説〉戸邉秀明

G434
危機の時代の歴史学のために
―歴史論集3―
成田龍一

時代の危機に立ち向かいながら、自己変革を続ける歴史学。その社会との関係を改めて問い直す「歴史批評」を集成する。〈解説〉戸邉秀明

2023. 3

岩波現代文庫［学術］

G435
宗教と科学の接点
河合隼雄
「たましい」「死」「意識」など、近代科学から取り残されてきた、人間が生きていくために大切な問題を心理療法の視点から考察する。〈解説〉河合俊雄

G436
増補 軍隊と地域
―郷土部隊と民衆意識のゆくえ―
荒川章二
一八八〇年代から敗戦までの静岡を舞台に、矛盾を孕みつつ地域に根づいていった軍が、民衆生活を破壊するに至る過程を描き出す。

G437
歴史が後ずさりするとき
―熱い戦争とメディア―
ウンベルト・エーコ
リッカルド・アマデイ訳
歴史があたかも進歩をやめて後ずさりしはじめたかに見える二十一世紀初めの政治・社会の現実を鋭く批判した稀代の知識人の発言集。

G438
増補 女が学者になるとき
―インドネシア研究奮闘記―
倉沢愛子
インドネシア研究の第一人者として知られる著者の原点とも言える日々を綴った半生記。「補章 女は学者をやめられない」を収録。

G439
完本 中国再考
―領域・民族・文化―
葛兆光
辻康吾監訳
永田小絵訳
「中国」とは一体何か？ 複雑な歴史がもたらした国家アイデンティティの特殊性と基本構造を考察し、現代の国際問題を考えるための視座を提供する。

2023. 3

岩波現代文庫［学術］

G440
私が進化生物学者になった理由
長谷川眞理子

ドリトル先生の大好きな少女がいかにして進化生物学者になったのか。通説の誤りに気づき、独自の道を切り拓いた人生の歩みを語る。巻末に参考文献一覧付き。

G441
愛について
―アイデンティティと欲望の政治学―
竹村和子

物語を攪乱し、語りえぬものに声を与える。精緻な理論でフェミニズム批評をリードしつづけた著者の代表作、待望の文庫化。〈解説〉新田啓子

G442
宝塚
―変容を続ける「日本モダニズム」―
川崎賢子

百年の歴史を誇る宝塚歌劇団。その魅力を掘り下げ、宝塚の新世紀を展望する。底本を大幅に増補・改訂した宝塚論の決定版。

G443
新版 ナショナリズムの狭間から
―「慰安婦」問題とフェミニズムの課題―
山下英愛

性差別的な社会構造における女性人権問題として、現代の性暴力被害につづく側面を持つ「慰安婦」問題理解の手がかりとなる一冊。

G444
夢・神話・物語と日本人
―エラノス会議講演録―
河合隼雄
河合俊雄訳

河合隼雄が、日本の夢・神話・物語などをもとに日本人の心性を解き明かした講演の記録。著者の代表作に結実する思想のエッセンスが凝縮した一冊。〈解説〉河合俊雄

2023. 3

岩波現代文庫［学術］

G445-446
ねじ曲げられた桜（上・下）
―美意識と軍国主義―
大貫恵美子

桜の意味の変遷と学徒特攻隊員の日記分析を通して、日本国家と国民の間に起きた「相互誤認」を証明する。〈解説〉佐藤卓己

G447
正義への責任
アイリス・マリオン・ヤング
岡野八代
池田直子 訳

自助努力が強要される政治の下で、人びとが正義を求めてつながり合う可能性を問う。ヌスバウムによる序文も収録。〈解説〉土屋和代

G448-449
ヨーロッパ覇権以前（上・下）
―もうひとつの世界システム―
J・L・アブー＝ルゴド
佐藤次高ほか訳

近代成立のはるか前、ユーラシア世界は既に一つのシステムをつくりあげていた。豊かな筆致で描き出されるグローバル・ヒストリー。

G450
政治思想史と理論のあいだ
―「他者」をめぐる対話―
小野紀明

政治思想史と政治的規範理論、融合し相克する二者を「他者」を軸に架橋させ、理論の全体像に迫る、政治哲学の画期的な解説書。

G451
平等と効率の福祉革命
―新しい女性の役割―
G・エスピン＝アンデルセン
大沢真理監訳

キャリアを追求する女性と、性別分業に留まる女性との間で広がる格差。福祉国家論の第一人者による、二極化の転換に向けた提言。

2023. 3

岩波現代文庫[学術]

G452
草の根のファシズム
―日本民衆の戦争体験―
吉見義明

戦争を引き起こしたファシズムは民衆が支えていた――従来の戦争観を大きく転換させた名著、待望の文庫化。〈解説〉加藤陽子

G453
日本仏教の社会倫理
―正法を生きる―
島薗進

日本仏教に本来豊かに備わっていた、サッダルマ(正法)を世に現す生き方の系譜を再発見し、新しい日本仏教史像を提示する。

G454
万民の法
ジョン・ロールズ
中山竜一訳

「公正としての正義」の構想を世界に広げ、平和と正義に満ちた国際社会はいかにして実現可能かを追究したロールズ最晩年の主著。

G455
原子・原子核・原子力
―わたしが講義で伝えたかったこと―
山本義隆

原子・原子核について基礎から学び、原子力への理解を深めるための物理入門。予備校での講演に基づきやさしく解説。

G456
ヴァイマル憲法とヒトラー
―戦後民主主義からファシズムへ―
池田浩士

史上最も「民主的」なヴァイマル憲法下で、ヒトラーが合法的に政権を獲得し得たのはなぜなのか。書き下ろしの「後章」を付す。

2023. 3

G457
現代《いま》を生きる日本史
須田努
清水克行

縄文時代から現代までを、ユニークな題材と最新研究を踏まえた平明な叙述で鮮やかに描く。大学の教養科目の講義から生まれた斬新な日本通史。

G458
小国
―歴史にみる理念と現実―
百瀬宏

大国中心の権力政治を、小国はどのように生き抜いてきたのか。近代以降の小国の実態と変容を辿った出色の国際関係史。

G459
〈共生〉から考える
―倫理学集中講義―
川本隆史

「共生」という言葉に込められたモチーフを現代社会の様々な問題群から考える。やわらかな語り口の講義形式で、倫理学の教科書としても最適。「精選ブックガイド」を付す。

G460
〈個〉の誕生
―キリスト教教理をつくった人びと―
坂口ふみ

「かけがえのなさ」を指し示す新たな存在論が古代末から中世初期の東地中海世界の激動のうちで形成された次第を、哲学・宗教・歴史を横断して描き出す。〈解説＝山本芳久〉

G461
満蒙開拓団
―国策の虜囚―
加藤聖文

満洲事変を契機とする農業移民は、陸軍主導の強力な国策となり、今なお続く悲劇をもたらした。計画から終局までを辿る初の通史。

2023. 3

岩波現代文庫[学術]

G462

排除の現象学

赤坂憲雄

いじめ、ホームレス殺害、宗教集団への批判——八十年代の事件の数々から、異人が見出され生贄とされる、共同体の暴力を読み解く。時を超えて現代社会に切実に響く、傑作評論。

G463

越境する民

近代大阪の朝鮮人史

杉原達

暮しの中で朝鮮人と出会った日本人の外国人認識はどのように形成されたのか。その後の研究に大きな影響を与えた「地域からの世界史」。

2023. 3